Ernst Christian Einar Reventlow

Der Vampir des Festlandes

Eine Darstellung der englischen Politik nach ihren Triebkräften, Mitteln und Wirkungen

Ernst Christian Einar Reventlow

Der Vampir des Festlandes

Eine Darstellung der englischen Politik nach ihren Triebkräften, Mitteln und Wirkungen

ISBN/EAN: 9783955641856

Auflage: 1

Erscheinungsjahr: 2013

Erscheinungsort: Bremen, Deutschland

EHV
HISTORY

Der Vampir des Festlandes

Eine Darstellung der englischen Politik nach ihren Triebkräften, Mitteln und Wirkungen

Von

Graf Ernst zu Reventlow

Dritte Auflage

Berlin 1915

Ernst Siegfried Mittler und Sohn

Königliche Hofbuchhandlung

Vorwort.

Der Zweck der vorliegenden Schrift ist im einleitenden Kapitel dargelegt. Hier sei nur gesagt, daß es sich nicht um eine Vorgeschichte des jetzigen Krieges im landläufigen Sinne handelt. Die unmittelbaren Anlässe des Krieges, sein sozusagen technisches Zustandekommen, sind mit Absicht nicht berührt worden. Ebensofern hat es dem Verfasser gelegen, auf Großbritanniens Politik während des Krieges und auf die Methoden seiner Kriegführung einzugehen. Das alles sind Dinge, die erschöpfend und im ganzen erst später behandelt werden können.

Charlottenburg, im März 1915.

Der Verfasser.

Inhaltsverzeichnis.

Der Schützer der Neutralen, — der Befreier Europas.

Zweite Hälfte des 18. Jahrhunderts.

Die große Ernte.

Zeit der Napoleonischen Kriege.

Der Raub wird verdaut, — das Festland wird unbotmäßig.

Zeit von 1815 bis 1890.

Deutsch-britische Freundschaft und Entfremdung nach Bismarck.

1890 bis 1895.

„Und willst du nicht mein Diener sein ....“

Bis zur Entente cordiale.

Delenda Germania.

König Eduards Anfänge.

Eduard VII. organisiert deutsche Erniedrigung und Vernichtung.

1905 bis 1908.

Der Brandstifter arbeitet.

Die Zeit der Flottenlüge.

König Eduards VII. mißlungene Orientbrandstiftung.

Die Zeit der bosnischen Krisis.

Seite

Der Brand wird sorgfältiger vorbereitet.

Das letzte Halbjahrzehnt.

Weshalb diese Schrift entstand.

Es ist eine merkwürdige Erscheinung, daß das deutsche Volk trotz seiner Neigung und Befähigung, die Dinge aus ihrem Werden zu erklären und der Geschichte dieses Werdens deshalb verständnisvoll nachzugehen, selbst den größten politischen Tatsachen und Ereignissen, gerade von diesem Gesichtspunkte betrachtet, häufig mit merkwürdig geringem Verständnisse gegenübertritt. Niemals ist diese Eigenschaft oder dieser Mangel so ausgesprochen und politisch so nachteilig in die Erscheinung getreten, wie in der Beurteilung der Beziehungen zwischen dem Deutschen Reiche und Großbritannien. Noch nach Ausbruch des Krieges, nach den großen Kriegsreden Sir Edward Greys und seiner Ministerkollegen, nach der Demaskierung, welche die englische Presse uns gegenüber vornahm, als ihr die Maske nicht mehr nötig erschien, war in Deutschland die Auffassung weit verbreitet und tief gewurzelt: es sei ganz unbegreiflich, daß Großbritannien sich am Krieg gegen Deutschland beteilige. Hochstehende deutsche Vertreter der Wissenschaft, die — leider — gewohnt waren, sich auch mit der Politik zu beschäftigen, erklärten, daß die Teilnahme Großbritanniens am Kriege nur einer kleinen Clique mit Sir Edward Grey an der Spitze zuzuschreiben sei. Diese Männer brauchten nur gestürzt zu werden, was keineswegs unwahrscheinlich sei, und der Weg der „Verständigung“ zwischen Großbritannien und dem so nahe verwandten deutschen Volke werde offen und geebnet daliegen.

Ein Kriegsgrund liege ja gar nicht vor — wie oft ist das bei uns im Tone entrüsteten und bedauernden Erstaunens ausgerufen worden! Wie kommt England nur dazu, Deutschland und gerade Deutschland anzugreifen, dessen Bevölkerung den Briten die freundschaftlichsten und verwandtschaftlichsten Gesinnungen entgegenbrachte und nichts sehnlicher wünschte, als mit dem „Vetter“ in engen, womöglich vertraglich geregelten Beziehungen zu leben. Da wollte man dann gemeinsam zum Heile der Zivilisation und der Kultur und natürlich für das „Wohl der Menschheit arbeiten“, und vor allem gemeinsam den Weltfrieden erhalten.

Man war auch um Entschuldigungen nicht verlegen, und noch zu Anfang des Jahres 1915 standen in ernsthaften deutschen Schriften und Publikationen tiefgründige Untersuchungen und Apologien. Ja, sogar diplomatische Broschüren gingen von dem gleichen Gesichtspunkte aus:

England habe den Krieg nicht gewollt, sondern den Frieden. Im besonderen sei Sir Edward Grey durchaus Gegner des Krieges gewesen und habe Schulter an Schulter mit der deutschen Diplomatie für die Erhaltung des Friedens und für wachsende Annäherung Großbritanniens und Deutschlands treu gearbeitet. England, vor allem Sir Edward Grey, sei in harmloser Unkenntnis und Arglosigkeit den bösen Diplomaten Frankreichs und Rußlands in die Schlingen geraten und habe sich aus ihnen nicht mehr befreien können. Man glaubte schon, einen schweren Vorwurf zu erheben, wenn man Großbritannien eine „Mitschuld" am Ausbruche des Krieges zur Last zu legen sich erkühnte. Im Laufe der Monate ist darin vielleicht eine gewisse Wandlung eingetreten; vielleicht, denn es ist während der Zeit des Krieges nicht immer ganz leicht, die wahren Meinungen zu ergründen. Auf alle Fälle wird der Leiter der auswärtigen Politik Großbritanniens als ein Mann von ungewöhnlicher Beschränktheit, als ein Musterbild politischer und diplomatischer Charakterschwäche dargestellt — weil er der Urheber der britischen Kriegserklärung an das Deutsche Reich gewesen ist!

Versucht man der Frage auf den Grund zu gehen, weshalb dieser Wunsch, Großbritannien und seine Politik und seine Staatsmänner gewissermaßen zu entlasten, scheinbar so unausrottbar in Deutschland lebt, so ist die Antwort nicht einfach. Hauptsächlich ist es wohl die alte sehnliche Neigung weitester Kreise in Deutschland, gerade mit Großbritannien in guten Verhältnissen zu leben, die alte, stille oder laute, deutsche Liebe und Bewunderung für großbritannische Einrichtungen, der untertänige Respekt vor englischen Lebensgewohnheiten und Lebensannehmlichkeiten, das Gefühl, daß das englische Volk gewissermaßen das unter günstigeren Verhältnissen und deshalb weit besser und reicher entwickelte Kind desselben Stammes sei, und daß der Deutsche schon deshalb eine gewisse Pflicht habe, zum wohlhabenden und wohlgenährten Bruder anschmiegend hinaufzuschauen. Die deutsche Bewunderung für das Englische ist ja alt. Man erinnere sich nur des abgöttischen Respektes, den der Deutsche vor einem Jahrhundert und länger irgendeinem Engländer und gar einem englischen Lord entgegenbrachte. In den Romanen der damaligen Zeit pflegte der englische Lord in die Intrigen der Schlechten und die Wirrsale der Schwachen als rettender Halbgott zu treten, um die Guten zu belohnen und die Bösen zu bestrafen oder der Verachtung preiszugeben.

Die Britenbewunderung in Deutschland hat neue Formen angenommen, indem sie sich gleichzeitig erhöhte, als Deutschland in steigendem Maße zur See Handelsmacht wurde und, daraus sich ergebend, seine Verflechtung in die Weltwirtschaft und Weltpolitik immer unauflöslicher wurde und sich weiter verzweigte. Man glaubte wieder die Analogie des jüngeren Vetters zu sehen, der verspätet, aber darum nicht erfolglos die Pfade des älteren rüstig beschreitet. Man erwartete im stillen Herzen so etwas wie wohlwollende Anerkennung von seiten des großbritannischen Volkes. Man erwartete das Wort: Wir Engländer freuen uns, mit Deutschland zusammen die Zivilisation in der Welt zu verbreiten und einer wie der andere dabei zu verdienen. Man glaubte, als später die „Mißverständnisse" kamen, es sei nur nötig, den Engländern in Ruhe, in Ausdauer und in Aufrichtigkeit verständlich zu machen, daß Deutschland nicht beabsichtige, England anzugreifen — dann müsse ja Freundschaft und Vertrauen kommen. Deutsche Staatsmänner, unzählige deutsche Redner und Publizisten hatten im Laufe der vergangenen zwanzig Jahre „festgestellt" — viele tausend Male, damit man es auch wirklich glaube —: daß es tatsächlich keine Frage zwischen Großbritannien und Deutschland gäbe, welche ein Kriegsgrund für die beiden Länder sein könne. Deutschland wolle nichts, was England besäße, und das englische Volk habe sicherlich keine Absichten auf deutschen Besitz. Sollte mithin eine ernstere Verstimmung zwischen die beiden Völker treten, so könne diese — mit mathematischer Sicherheit ließ sich das ja sagen — nur auf Mißverständnissen beruhen. Gelang es, die Mißverständnisse zu ersticken oder zu beseitigen, so war die deutsch-englische Freundschaft und damit der Weltfriede gesichert. Die Aufgabe lag also ungemein einfach, nur guter Wille gehörte dazu. Allerdings die deutsche Flotte! Viele gute Leute in Deutschland fragten, freilich meist noch mit leiser Stimme, ob es denn wirklich richtig und „weitsichtig" gewesen sei, diese deutsche Flotte zu bauen, und wenn schon: hätte sie nicht ein wenig kleiner sein können? Dann wäre wahrscheinlich alles in Ordnung, das englische Mißtrauen wäre nicht erwacht, die deutschen Flottenhetzer würden keine Gelegenheit für ihre verderbliche Tätigkeit erhalten haben, und ohne Schwierigkeit hätte man auch hohe amtliche Persönlichkeiten, welche England unangenehm gewesen wären, beseitigen können. Auch heute noch gibt es Deutsche, die glauben: lediglich die deutsche Flotte und die deutsche Flottenpolitik haben eine dauernde, festgegründete deutsch-englische Freundschaft gehindert. Als in den Jahren 1913 und 1914 jene später zu erörternden Verhandlungen zwischen dem Deutschen Reiche und Großbritannien über gewisse Abmachungen über afrikanische Kolonialpläne und über allerhand Eisenbahnfragen im nahen Orient stattfanden und sich lange hinzogen und als englische Zeitungen schrieben: das alles würde schon längst beendet sein, wenn nur die unheilvolle deutsche Flottenbaupolitik und ihr Träger beseitigt wären, da leuchtete diese „Wahrheit" besonders jenen Verständigungspolitikern ein, welche das eigentliche Wesen des englisch-deutschen Gegensatzes und seine Wurzeln niemals begriffen hatten, sondern sie eben lediglich als aus Verstimmungen entstanden ansahen. Über die Ursache dieser angeblichen Verstimmungen ließen sie sich, anstatt ihnen in voraussetzungsloser Forschung nachzugehen, von den klugen Männern an der Themse belehren und erhielten ebenfalls von diesen die unfehlbaren Rezepte, um die bedauerlichen Mißverständnisse aus der Welt zu schaffen und eine gemeinsame Arbeit der „beiden blutsverwandten Völker“ zu ermöglichen.

Im Verlaufe des Krieges wird vielleicht die Erkenntnis schon mehr in die große Masse der gebildeten deutschen Bevölkerung eindringen, wie sehr vor dem Kriege das Verfahren des bekannten Vogels mit dem langen Halse die Schuld daran getragen hat, daß der größte Teil des deutschen Volkes, darunter hochstehende Persönlichkeiten und hervorragende Intelligenzen, im Sinne des Wortes aus den Wolken gefallen ist, als Großbritannien uns den Krieg erklärte, ja, daß es nicht ohne weiteres sich zur Innehaltung einer strikten Neutralität verpflichtete. Man hatte in der Tat bei uns für möglich gehalten, nicht nur daß die britische Regierung sich in diesem Sinne verpflichten könnte, sondern — was ein noch viel größerer Fehler und noch eine viel größere Verkennung der politischen Seele Großbritanniens bedeutete — daß die britische Regierung eine solche Verpflichtung auch loyal einhalten würde.

Wo lagen aber die Wurzeln dieser Verkennung und dieser Irrtümer, welche nach dem Kriege allgemein in Deutschland als ganz unbegreiflich gelten werden? Es kann jetzt während des Krieges aus naheliegenden Gründen nicht der Zweck einer Schrift sein, diese Frage nach all ihren Seiten hin zu beantworten. Diese Schrift hat sich nur die Klärung nach einer einzigen Richtung hin vorgesetzt, nämlich die Begründung der englischen Todfeindschaft gegen Deutschland aus ihren wahren Ursachen und treibenden Kräften. An die Stelle des üblichen deutschen Meinungsstreites über die jeweilige Richtung der neuzeitlichen Politik der großbritannischen Regierung bis zum Kriege, an die Stelle der Diskussion von gelegentlichen Äußerungen englischer Diplomaten soll ein Rückblick auf die Geschichte der englischen Politik, zumal während des letzten Menschenalters, dazu dienen, um eine einwandfreie Stellung und einen festen Boden zur Beurteilung des heutigen Weltkrieges und seiner eigentlichen Ursachen zu gewinnen.

So verlockend es an und für sich wäre, die vier vergangenen letzten Jahrhunderte englischer und großbritannischer Politik im Zusammenhange zu betrachten, so verbietet sich dieses leider durch die Rücksicht auf den Umfang, welchen eine solche Betrachtung beanspruchen müßte, wenn sie von tatsächlichem Werte sein sollte. Deshalb konnte diese Vorgeschichte nur im Fluge berührt werden. In der Tat, und so merkwürdig es immer klingen mag, ist das heutige Großbritannien, sei es als Inselmacht, sei es als Weltmacht, nur zu verstehen auf der Grundlage jener nunmehr bald vierhundertjährigen Entwicklung. Steht aber diese Entwicklung wennschon in großen Zügen als organisches Ganzes vor unserem geistigen Auge, dann sind auch mit einem Male die inneren und maßgebenden Ursachen dieses Krieges klar und einfach. Alles diplomatische Beiwerk verschwindet, und die unmittelbaren Anlässe treten als unwesentlich, teils als zufällige Nebenerscheinungen, weit zurück.

Im Laufe dieses Krieges wird ein Zeitpunkt eintreten, wo sich die Frage aufwirft, welche Sicherheiten das Deutsche Reich und Volk für den Schutz und damit die Freiheit ihrer zukünftigen friedlichen Entwicklung brauche. Diese Frage und ihre Beantwortung wird über das Schicksal der deutschen Zukunft von großer, in mancher Beziehung von entscheidender Tragweite sein. Auch sie kann einwandfrei und richtig nicht aus der augenblicklichen Lage heraus, nicht allein auf Grund des Charakters und der Stimmung jeweilig leitender Staatsmänner und Diplomaten richtig beantwortet werden. Wenn ein Volk mit seinen Leitern über seine Zukunft zu entscheiden hat, wenn von dieser seiner Entscheidung vielleicht mittelbar abhängt, ob der Krieg sein Ende findet oder noch Jahre dauert, ob man sich mit dem Erreichten begnügen kann, oder ob noch fernere Anstrengungen und Entsagungen erforderlich sind, dann müssen dieses Volk und seine Leiter vor allem und unbedingt wissen, wie die Kräfte beschaffen sind, wie ihre naturgegebene Richtung ist, gegen die es in Zukunft Sicherheit und Schutz braucht, um frei gedeihen zu können. Manche dürften meinen, der jetzige Krieg an sich werde vollkommen genügen, um die englische Maske zu durchschauen. Es mag sein, aber trotzdem fehlt dann noch etwas, nämlich das sichere Verständnis für die tieferen Ursachen des Krieges, für das Wesen der Kräfte, die als Motive unter diesen Ursachen lagen. War es selbst in den letzten Tagen vor der englischen Kriegserklärung, also nach der französischen und russischen, noch möglich, daß in Deutschland die hoffnungsvolle rhetorische Frage gestellt wurde: aber England habe doch keinerlei Kriegsgrund gegen Deutschland; keine einzige Frage bestände zwischen den beiden Mächten, die sich nicht auf gütlichem Wege mit Leichtigkeit schlichten ließe, — da wäre es mehr als verwegen, anzunehmen, daß heute oder in Jahresfrist das Urteil ohne weiteres über die ungeheuersten deutschen Zukunftsfragen in Beziehung auf die englische Politik wesentlich klarer sein sollte, als es kurz vor Ausbruch des Krieges über das Wesen der Gegenwart und Vergangenheit war. Die Diplomatie Großbritanniens und in bewundernswertem Einklange mit ihr die großbritannische Presse ist ein Proteus. Sie beide haben stets in höchster Vollkommenheit verstanden, ihr Gesicht und ihre Sprache den jeweiligen Erfordernissen der Lage anzupassen. Mit intuitiver Sicherheit fanden sie ohne weiteres und stets das Gesicht, welches dem englischen Interesse jeweilig am meisten entsprach. Und dieses Gesicht hat immer in dem meist erfolgreichen Bestreben gestanden, das wahre Wesen und die wahre Richtung der Politik Großbritanniens zu verbergen. Einer der fähigsten englischen Staatsmänner, Disraeli, sagte einmal, d. h. nicht in seiner Eigenschaft als Diplomat und als Staatsmann, sondern als Romanschriftsteller: „Unser Einfluß kann sich dann am stärksten geltend machen, wenn seine treibende Kraft nicht erkannt wird."

Die treibende Kraft des englischen Einflusses der Welt zu verbergen, ist in der Tat unausgesetzt das Streben der leitenden Staatsmänner des Inselreiches gewesen. Sie haben es häufig so gut verstanden, daß die große Masse der eigenen Bevölkerung weit vom tieferen Verständnisse entfernt war. Um so williger ließ sie sich durch Schlagworte und Phrasen berauschen und hinhalten, ließ sich besonders einbilden, der Kurs Großbritanniens habe selbstlosen Idealismus zum Leitsterne. Nur vor einer Macht vermag diese englische Kunst des Verbergens und Maskierens nicht standzuhalten, jedenfalls nicht auf die Dauer. **Diese Macht ist die eigene Geschichte.** Ihre Wahrheiten werden häufig spät erkannt, aber einmal immer, besonders wenn es sich um die Grundrichtung der Entwicklung eines Volkes und einer Macht handelt; denn sie läßt sich auf die Dauer durch Worte nicht verschleiern, da Taten, Ereignisse und Wirkungen ihre Bahn untrüglich bezeichnen.

Das „heroische Zeitalter" der Briten.

16. Jahrhundert.

Die Vernichtung der spanischen Armada betrachtet der Durchschnittsdeutsche als eine große, edle und befreiende Tat, für die der Erdkreis England immer dankbar zu sein habe. So hat der Deutsche es auf der Schule gelernt. So liest er es in unzähligen Geschichtsbüchern. Spanien und vor allem der spanische König Philipp II. wollte die europäische Welt in die katholischen Banden hineinzwingen, die Entwicklung freier Kultur zurückdämmen, — da schickte die jungfräuliche Königin ihre Flotte, und die Welt war befreit: afflavit deus et dissipati sunt; der Hauch Gottes wurde zum wütenden Orkane und zerstreute die Flotte des Unterdrückers!

Wann wäre die Geschichte dieses großen Ereignisses jungen Deutschen in anderem Sinne vorgetragen worden? In der rauhen Wirklichkeit der Geschichte sehen die Dinge anders aus. Sie zeigen das folgende Bild:

Um das Jahr 1500 waren Spanien und Portugal die beiden Weltmächte. Die Entscheidung des Papstes hatte den Erdball durch eine gedachte Linie, die Demarkationslinie, in zwei Hälften geteilt. Die eine gehörte Spanien, die andere Portugal. Im Lichte der damaligen Zeit betrachtet, war diese naive Aufteilung des Erdballes so ungerecht nicht. Von Spanien und Portugal waren die großen Entdeckungen des vorigen Jahrhunderts ausgegangen. Unerhörte Perspektiven hatten sie eröffnet. Weder Spanien noch Portugal verstanden aber, daß für eine solche weltgebietende Rolle auf die Dauer kein Dekret des Papstes genügte, sondern nur eine eigene schlagbereite Macht. Beide Mächte vernachlässigten ihre Seemacht und sahen erst zu spät, daß im Norden Europas ein Volk herangewachsen war, das mit eingeborenem Instinkte den Seeraub als seine Domäne erkannt hatte. **Das war England.**

Unter den Bahnbrechern des großen Jahrhunderts der Entdeckungen findet sich kein Engländer, auch „kühne Wikingerfahrten", die unternommen worden wären für den Reiz des Unbekannten und des Abenteuers, finden wir bei den Engländern nicht. Hoch entwickelt dagegen war im englischen Volke und bei ihren Herrschern schon damals der Sinn für den Wert des Goldes und des Silbers. Die Kunde von den unerhörten Reichtümern, welche Spanien und Portugal aus den von ihnen entdeckten überseeischen Besitzungen bezogen, ließ die Engländer nicht schlafen. Sie hatten selbst nichts entdeckt, nichts in Besitz genommen: was lag diesem Volke näher als der Gedanke, den anderen das wegzunehmen, was ihnen gehörte, zumal diese anderen, wie gesagt, ihre Wehrkraft zur See vernachlässigt hatten! So begann, wie die großbritannischen Geschichtschreiber, voll von den erhebendsten Gefühlen, feierlich betonen, das „Heldenzeitalter" des britischen Volkes, ein Zeitalter, angefüllt von organisiertem See- und Landraube, erst geduldet, dann sanktioniert von den englischen Herrschern, besonders von der jungfräulichen Königin, der Vorkämpferin des Protestantismus.

Unter der Flagge des Protestantismus, seiner Befreiung von Rom, segelte der englische Seeraub. Führer wie Hawkins, Frobisher und vor allem Drake rüsteten ihre seegehenden Flotten aus und fuhren hinüber nach den spanischen und portugiesischen Besitzungen oder fingen noch lieber unterwegs die gold- und silbergefüllten spanischen Galeonen ab und führten sie im Triumphe von dieser „Entdeckungsreise" nach England zurück, dort hochgepriesen vom ganzen Volke und der Königin als Vorkämpfer für das protestantische Bekenntnis, für Kultur und Fortschritt der Menschheit.

Oder sie fuhren auch — wohl gemerkt, ohne daß Kriegszustand zwischen England und Spanien bestand — nach den spanischen Küsten, stürzten sich wie die hungrigen Wölfe auf die in Cadix oder Vigo liegenden spanischen Schiffe, raubten sie aus, verbrannten und versenkten sie, zerstörten die Werften und Magazine und massakrierten, was sie an Menschen vorfanden. So ging es jahrzehntelang weiter. Ließ sich aber einmal einer dieser „Flottenführer“ beikommen, ohne reiche Beute an Gold und Silber oder Kolonialerzeugnisse in die englischen Häfen zurückzukommen, dann ging es ihm übel. War nicht sein Leben verwirkt, so konnte er sich auf lange Kerkerhaft und dauernde Ungnade der Königin gefaßt machen. Wenn sie so heldenhaft ihren Kampf für die Freiheit des Religionsbekenntnisses führte, so wollte sie wenigstens gold- und silbergefüllte Galeonen dafür haben.

So ermannte sich schließlich Spanien zum Entschlusse, dem englischen Räuberkrieg ein Ende zu machen, und so wurde die Armada gebaut. Es gelang den Engländern nicht, den Bau der spanischen Flotte in der üblichen Weise durch Überfälle der spanischen Häfen und durch Verbrennen der Werften und in Bau befindlichen Schiffe zu hindern, obgleich Drake noch im Jahre 1587 — immer im Frieden — hundertfünfzig spanische Schiffe und gewaltige Vorräte in Cadix zerstört hatte. 1588 versuchte Philipp von Spanien dann mit der großen fertig gewordenen Flotte das britische Räubervolk zu bestrafen und ein für allemal das Eigentum Spaniens zu sichern. Der unglückliche Ausgang der Expedition ist bekannt, nur soll in diesem Zusammenhange darauf hingewiesen werden, daß der Herzog von Parma mit einem Heere in den spanischen Niederlanden bereit stand, außerdem eine Flotte zu seiner Verfügung hatte, um sich mit der Armada zu vereinigen und in Großbritannien zu landen. England kämpfte aber wiederum nicht in der einzig ihm anstehenden Haltung des gestellten Seeräubers, sondern in der Pose des Verteidigers der Protestantischen Kirche. Noch heute lesen wir in englischen Geschichten jenes Krieges: Philipp von Spanien habe die Armada ausgerüstet, um die Engländer mit Gewalt zum Übertritt in die katholische Kirche zu zwingen. Die braven europäischen Festlandprotestanten waren voller Begeisterung für die Opfer, welche England brächte, um die reine Lehre nicht vergewaltigt werden zu lassen.

Jene durch viele Jahrzehnte sich hinziehende englisch-spanische Zwistigkeit und ihr schließlicher Ausgang durch die Vernichtung der spanischen Armada und die Vereitelung einer Invasion nach England von den Niederlanden aus zeigen bereits alle Grundzüge der Insularpolitik Großbritanniens, auch wenn diese — nach Clausewitz — mit „anderen Mitteln“ fortgesetzt wurde:

Als die englischen Seefahrer unter dem Schutze und auf Anregung der Königin systematisch in spanisches Eigentum einbrachen, sei es an den spanischen Küsten, sei es gegen die spanischen Galeonen, die auf dem Meere schwammen, oder gegen die spanischen Besitzungen auf der anderen Seite des Meeres, handelte es sich kein einziges Mal um ein britisches Recht oder ein berechtigtes britisches Interesse oder um die Verteidigung von Haus und Herd oder um die Verteidigung des Glaubens. Man wollte einfach haben, was der andere hatte, weil er es hatte und nicht der Engländer. Vor allem wollte man Gold haben. Nicht nur die englischen Geschichtschreiber früherer Jahrhunderte, sondern auch die neueren führen das als etwas Selbstverständliches an. Wenn ein englischer Flottenführer monate-, selbst jahrelang auf den Ozeanen kreuzte, um eine spanische Gold- und Silberflotte abzufangen, wenn er sich mitten im Frieden in spanische und portugiesische Häfen stürzte, um dort zu rauben und zu brennen und zu morden, so wurde er bei seiner Rückkehr wie ein Glaubensheld empfangen, falls das Unternehmen geglückt war. Kam er mit leeren Händen nach Hause, so fiel er der Verachtung anheim. Die „Schatzschiffe", die Gold- und Silbergaleonen spielen in den Schilderungen jenes „heroischen" Zeitalters eine große und für den deutschen Leser zunächst ganz erstaunliche Rolle. Die Gedanken der englischen Glaubenshelden beschränkten sich aber nicht auf die Galeonen allein, sondern richteten sich mit dem uns untrüglichen Instinkte des großzügigen Räubers auf die Ursprungsorte des Goldes und des Silbers. Die Drakesche „Weltumsegelung", die noch heute in Deutschland als die Tat eines seinen Idealen folgenden Kulturpioniers bewundert wird, war lediglich ein Raubzug. Der englische Admiral Fremantle schrieb vor einigen Jahren hierzu: „Drake kreuzte in dieser riesigen Ausdehnung und verbrannte und plünderte dabei die reichen Städte der spanischen Besitzungen, beginnend mit Valparaiso, der Hauptstadt von Chile. So ging er seinen Weg, nahm an Schätzen, was er nur bekommen konnte..... Er kehrte nach Plymouth zurück, ein triumphierender Seemann, der erste Engländer, der die Erde umsegelt hatte, beladen mit Beute im Werte von einer Million. Geehrt von seiner Königin, angebetet von seinen Landsleuten, ging er dann wieder in See, um dem König von Spanien den »Bart abzusengen«, aber nicht mehr als privater Abenteurer, sondern als englischer Admiral, gestützt durch die Autorität der Königin."

Dieser Mann verkörperte das Heldenideal Englands und tut es noch heute, geändert hat sich seitdem nur die Form und auch sie weniger, als man von vornherein anzunehmen geneigt wäre.

Die drei Mittel oder Methoden wiederholen sich immer wieder in der englischen Geschichte bis hinein in die Gegenwart: Vernichtung der

Mittel der zu beraubenden Nation, um ihr Eigentum auf See und Übersee zu verteidigen, also Vernichtung der Kriegsflotte, der Kriegshäfen, der Werften usw., ferner Wegnahme oder Vernichtung der Handelsschiffe der zu beraubenden Nation. War dieses Ziel ganz oder annähernd erreicht, so fielen die überseeischen Besitzungen des zu Beraubenden dem Räuber ohne weiteres zu. Es ist wohl zu merken, daß diese Politik und diese Kriegführung die Wurzeln ihrer Erfolge im Kampfe gegen die jeweiligen Festlandmächte haben mußten. Wurde da die Kraft zum Seefahren und zum Seekämpfen gebrochen, so reifte die überseeische Frucht von selber.

Wir sehen hier zum erstenmal in der englischen Geschichte deutlich ausgeprägt die Beziehung zu den Niederlanden, dem heutigen Holland und Belgien. Die Niederlande gehörten bekanntlich damals ganz zu Spanien bis 1579, wo das heutige Belgien bei Spanien blieb und die Nordniederlande, das heutige Holland, sich selbständig machten. England betrachtete von Anfang an die spanischen Niederlande als einen gefährlichen Außenposten der Großmacht Spanien. England tat alles, um in dem Befreiungskampfe der Niederlande diese zu stützen, um sie von Spanien abzusprengen. War das geschehen, so hoffte man, einen schwachen Staat auf der anderen Seite des Ärmelkanals zu haben, der England von selber dienstbar wurde. Die von den Niederlanden aus geplante spanische Landung auf den großbritannischen Inseln ist für die englische Politik ein für allemal ein Denkmal und Symbol geworden: nie darf Belgien und Holland unter einem anderen Einflusse stehen, als unter dem englischen. Als dann die spanische Seemacht, wenn sie sich auch später wieder etwas erholte, in der Hauptsache gebrochen war, wandte sich Englands Interesse der neuen Frage zu: die Niederlande nun nicht selbst zur See stark werden zu lassen.

Die Unterstützung der Niederlande in ihrem Kampfe gegen Spanien leistete England selbstverständlich wieder unter der Flagge des Protestantismus und dessen Befreiung. Der eigentliche Grund, die eigentliche Triebfeder war: auf der festländischen Seite des Ärmelkanals und in dessen Nähe keine seefahrende Großmacht — damals Spanien — Eigentumsrecht und Einfluß besitzen oder gewinnen zu lassen. Es ist sehr denkbar, daß die damaligen Leiter der englischen Politik sich dieses Prinzip nicht theoretisch destilliert und dann in die Praxis übersetzt haben. Im Gegenteil, sie und ihre autorisierten Seeräuber handelten unmittelbar den Anforderungen der Praxis gemäß. Dazu kamen aber, und das darf nicht verkannt werden, die mehrhundertjährigen Erfahrungen, welche England gemacht hatte, als es seinen Ehrgeiz darin setzte, nicht Inselmacht, sondern Festlandmacht zu sein, als es Eigentumsrecht an der französischen Küste und auf dem französischen Boden beansprucht und mit wechselndem Erfolge aufrechterhalten hatte. Die Abkehr von dieser Politik ging im Grunde und letzten Endes aus der Erkenntnis hervor, daß England im Verkehr mit dem europäischen Festlande nicht auf die Schwächen der Inselnatur, sondern auf deren Stärken fußen müsse. Aus eben dieser Erkenntnis ergab sich ganz im Gegensatze zu den früheren Jahrhunderten: wachsende englische Abneigung, Truppen nach dem europäischen Festlande zu senden. Man behielt die Menschen im Lande, sie sollten Gegnern auf dem Festlande keine Angriffspunkte mehr bieten, außer bei besonders günstigen Gelegenheiten. Die Vernichtung der spanischen Armada machte die zweite große Erkenntnis volkstümlich in England: daß eine Invasion der britischen Inseln so lange nicht befürchtet zu werden brauchte, wie Englands Flotte die See beherrschte; die andere Seite der Erkenntnis war, daß jede Festlandflotte als Gegner von Englands Wohlfahrt und Sicherheit anzusehen sei und daß diese Gefahr als um so größer angesehen werden müsse, je näher die Häfen und Stützpunkte einer solchen Flotte an den englischen Küsten sich befänden, je geringer der freie Seeraum zwischen den großbritannischen Häfen und ihnen sei.

So ergab sich zugleich für die englische Politik die Lehre, sich für Kämpfe auf dem Festlande fremder Soldaten zu bedienen, da man die eigenen auf der Insel behalten wollte. Die Schlußfolgerung mußte wiederum sein, Festlandmächte zu veranlassen, ihre Soldaten im englischen Interesse fechten zu lassen. Dazu mußte man den betreffenden Staat oder dessen Herrscher glauben machen, daß er durch die Bekämpfung von Englands jeweiligen Feinden auch für sein eigenes Interesse oder womöglich für seine eigene Existenz kämpfe. Damit waren der Politik der britischen Herrscher und ihrer Minister die Ziele für das Festland gewiesen. Die Mittel machten sie ganz von den Umständen, von den Zeiten und von den Gegnern abhängig, wie wir sehen werden. Es verstand sich von vornherein, daß es nichts Unvorteilhafteres für die englische Politik und ihre Ziele geben konnte, als Einigkeit unter den Festlandstaaten und somit Ruhe in Europa. Ruhe in Europa bedeutete gleichzeitig Gedeihen und Wohlstand in Europa, mit der natürlich zwingenden Folge entsprechenden Wachsens der festländischen Seefahrt in den heimischen Gewässern sowohl wie auf die Ozeane hinaus. Gerade die Seefahrt bildet die typische Folgeerscheinung von innerer Kraft und Einigkeit eines Landes, sie bedeutet ausstrahlende Kraft, die sich auf und über den Meeren betätigen muß, weil sie da ist und sich durch diese Betätigung von selbst vervielfältigt. Solches Gedeihen des europäischen Festlandes konnte England nicht brauchen.

Die englischen Könige haben früh begriffen, welchen Wert die Industrie für ein Land und Volk hat. Da auch auf diesem Gebiete der englische Geist und die englische Fertigkeit nicht produktiv waren, so wurden im späteren

Mittelalter schon systematisch Kräfte aus dem Auslande herangezogen. Das Tuchgewerbe, die Seidenweberei, die Weberei, überhaupt der Bergwerksbetrieb, die Eisenbearbeitung, die Anfänge des Maschinenwesens, die Kunst, auf Baumwolle zu drucken, die Färberei — das alles brachten deutsche, niederländische und französische Handwerker, Künstler und Bahnbrecher in ihrem Fache, nach England. Die englischen Könige scheuten kein Mittel, auf diese Weise die Unfähigkeit ihres eigenen Volkes auszugleichen. Die Kleinlichkeit, die Zanksucht und Unduldsamkeit der Deutschen kamen ihnen dabei sehr zustatten: die unzufriedenen, verfolgten oder aus anderen Gründen erwerbslosen Gewerbetreibenden der bezeichneten Art gingen nach England. Als die Religionsstreitigkeiten und Kriege begannen, wurde dieser Strom, besonders aus Deutschland und den Niederlanden, nach England immer breiter. Die englischen Könige erzogen die insulare Industrie hinter einem unübersteiglichen Zollschutze gegen den ausländischen Wettbewerb. Solange im Deutschen Reiche Gewerbe, Handwerk und Kunst noch ruhig blühen konnten, hatten sie in England nicht ihresgleichen; die deutschen Erzeugnisse waren denen der englischen Industrie weit voraus. Als das Reich dann mit der Kaisergewalt immer schwächer wurde und immer zerrissener, da folgte auch der gewerbliche Niedergang bald, und England tat alles, um ihn zu beschleunigen. Während England im Laufe des 16. Jahrhunderts den skizzierten Raubkrieg gegen Spanien führte und zur See immer mächtiger, zeitweise schon absolut seebeherrschend geworden war, da wurde auch die Macht der deutschen Hansa zerschlagen, und in den letzten Jahren des 16. Jahrhunderts verschwand als letztes lebendes Zeichen ehemaliger Größe der hanseatische Stahlhof in London.

Während der anderthalb Jahrhunderte, als die englischen Schiffe und Flotten auf der See, auf den Ozeanen und an den Küsten sengten, mordeten und ungeheure Goldschätze auf ihre Insel führten, unter der Flagge der Religion, zum Schutze der protestantischen Glaubensfreiheit, da schlugen sich die Deutschen einander die Köpfe ein, gingen in religiösen Streitigkeiten auf, und der Dreißigjährige Krieg machte eine Wüste aus dem blühenden Lande und vernichtete die Industrie mit dem ganzen gewerblichen Leben, wie es die Bewunderung der Welt gebildet hatte. Von England aus ermutigte man den deutschen Eifer zu blutigen und ruinösen Religionsstreitigkeiten auf alle Weise. Die Engländer waren fromme Leute, am meisten ihre Könige und Königinnen; sie fanden, daß die Deutschen allen Anlaß hätten, zur Ehre Gottes und der protestantischen Religion ihr eigenes, das deutsche Land zur Wüste zu machen. So brauchte England seinen beneideten Wettbewerber nicht mehr zu bekämpfen. Die Deutschen besorgten das ganz allein. Die deutschen Religionskämpfe, in Verbindung mit aller deutschen Uneinigkeit, haben das spätere englische

Industriemonopol gründen und aufrichten helfen. Dazu kam das gestohlene spanische und portugiesische Gold: die Grundlage der englischen Kapitalkraft späterer Zeiten. Diese Kapitalkraft wiederum bildete die Grundlage und das Mittel der billigeren Herstellung und Lieferung und damit der späteren Konkurrenzlosigkeit der englischen Industrie. Schon bald genügte der innere Markt nicht mehr, und die englische Ware, das englische Industrieerzeugnis wurde unter dem Schutze der seebeherrschenden englischen Flotten in die anderen Länder hineingetragen. —

Ende des 16. Jahrhunderts noch wurde die Ostindische Kompagnie gegründet. Zwanzig Jahre später raubte England den Portugiesen im Persischen Golfe ihren großen Handelsplatz Ormuz. Ein englischer Geschichtschreiber sagte trocken dazu: „Diese Aktion bezeichnet den Beginn unserer Oberherrschaft in jenen Gewässern.“ Der gleiche bemerkt um die gleiche Zeit: „Es wurde ein Versuch gemacht, die spanischen Besitzungen in Deutschland und in Holland durch Einfall zu besetzen. Das Unternehmen ging aber fehl durch die Ungeschicklichkeit des Grafen Mansfeld. Nach diesem Fehlschlag bot der englische Hof alle seine Hilfsmittel auf, um eine Flotte auszurüsten, deren Zweck war: Cadiz zu plündern und die spanischen Schatzschiffe zu erbeuten.“ — Es herrschte große Trauer und Entrüstung in England, als ausnahmsweise dieser Raubzug fehlschlug und die Expedition mit leeren Händen (empty-handed) zurückkehrte.

So hatte England in seinem „heroischen Zeitalter“ durch Raub und Diebstahl, durch Gewalt und List, nachdem es gelernt hatte, die Stärken der insularen Lage zu erkennen und auszunutzen, den Grund zu seiner späteren beherrschenden Stellung gelegt. Seine Herrscher hatten den Wert einer nationalen Industrie erkannt, eine Erkenntnis, die ebenfalls durch die Inselnatur des Landes erleichtert wurde.

Übermenschen sind die Engländer jener Zeit nicht gewesen, sie waren nicht reicher begabt als die anderen Völker, im Gegenteil: im Zeitalter der Entdeckungen haben sie nichts entdeckt, im Zeitalter der Erfindungen nichts erfunden. Verstanden haben sie aber, mit den Kälbern anderer zu pflügen, und was sie im höchsten Maße vor den anderen europäischen Völkern auszeichnete, das war die Tatkraft der Habsucht.

Der fromme Seeräuber.

17. Jahrhundert.

Während im Dreißigjährigen Kriege die gesamte blühende deutsche Industrieproduktion unterging und ein großes Vakuum hinterließ, in das sich die englische Produktion ungehindert stürzen konnte, war dem nicht so mit den Niederlanden. Sie entwickelten sich nach der Losreißung von Spanien zu einer unerhörten industriellen und kommerziellen Blüte. Sie hatten und erwarben koloniale Niederlassungen in Ostindien, auf den Gewürzinseln, in Nordamerika und in Südafrika. Als die Glaubenskriege, und was an deutschem Zwiste unter diesem Namen ging, in Deutschland überhand nahmen, bildeten die Niederlande für viele vorzügliche deutsche Elemente und auch für deren Geld eine Zuflucht. Diese trugen zur Blüte und zum Gedeihen des kleinen Landes in hohem Grade bei. Dieses kleine Land hätte bei normaler Entwicklung des Deutschen Reiches und Volkes nichts als dessen naturgegebener Exponent, nichts als der deutsche Auslaß und Brückenkopf an der Pforte zu den Ozeanen sein können. Dazu hat die Natur die Niederlande, einschließlich Belgiens, bestimmt. Das Deutsche Reich aber war zur Wüste, zum Hexenkessel geworden und kam auch als Absatzgebiet und Markt nur sehr wenig mehr in Betracht; denn wer kaufte dort, wer konnte dort noch kaufen.

Um so erstaunlicher und beachtenswerter ist geschichtlich die Erscheinung, daß jenes kleine Land damals die erste seefahrende Macht und eine Großmacht in Europa sein konnte. Wir denken unwillkürlich: was hätte sein und werden müssen, wenn die Niederlande ihren natürlichen Anschluß und ihre naturgebotene Zugehörigkeit zum Deutschen Reiche hätten behalten können.

England fand die Niederlande überall auf seinen Wegen: als Seemacht und Seehandelsmacht, an den europäischen Festlandküsten nahe gegenüber der britischen Küste, als Flottenmacht und Seehandelsmacht auf den Meeren, als Kolonialmacht jenseit der Meere. Das war nicht zu ertragen, und am allerwenigsten verzieh man es den Holländern, daß sie bereits Besitzrechte hatten, wo England erst Ansprüche erhob, so in Indien und Nordamerika, so vor allem auch für den Handel zwischen Indien und China. Nach bewährtem Rezept faßte England den beginnenden Kampf an: die Wurzeln holländischer Seemacht mußten abgeschnitten werden, dann fielen die Früchte von selbst in die Hände dessen, der sie aufzufangen wußte. Unglücklicherweise war nun Holland nicht katholisch, England konnte mithin den Handelsvernichtungskrieg gegen die Niederlande nicht unter der Maske des Kampfes für die Freiheit des evangelischen Bekenntnisses führen. Das sah man ein und wählte einen anderen Standpunkt.

Es war die Zeit des Puritanismus in England. Der fromme Königsmörder Cromwell hatte den schönen Spruch ausgegeben: „Betet und haltet euer Pulver trocken.“ Wer über die Art der damaligen Feuerwaffen unterrichtet ist, weiß, daß das Trockenhalten des Pulvers große Sorgfalt und ständige Aufmerksamkeit verlangte, viel größere jedenfalls als nebenamtlich dabei betriebenes Beten. Die Deutschen haben im englischen Puritanismus nach ihrer Art ein Quantum von Idealismus darin gesucht, welches er nicht enthielt, abgesehen von wenigen persönlichen Ausnahmen. Im Sinne des Begriffs Ideales hat der englische Puritanismus nicht in sich gehabt. Nach außen und nach innen gipfelte er in der fanatischen Überzeugung, daß das englische Volk das auserwählte Volk Gottes sei, bestimmt zur Beherrschung der anderen Völker der Welt und des Handels auf der Welt. Jene „religiöse Begeisterung“ mit den Taten und Ergebnissen, die sie hervorbrachte, diente letzten Endes immer nur dem Egoismus im großen. Etwas anderes kannte sie nicht; sie war also im Kern irreligiös. Der Puritanismus hielt sich für berufen, das Reich Gottes auf Erden herzustellen. Dieses Reich Gottes aber war die von England beherrschte Erde unter der Hauptbedingung, daß der Handel der Welt ausschließlich vom auserwählten Volke Gottes betrieben wurde, ausgeübt und beherrscht wurde. Das war tatsächlich der Geist, der den Puritanismus durchdrang. Es ist keine Übertreibung und keine Entstellung, die Summe seiner Kräfte und sein Wesen so zu schildern, wie das mit den obigen Zeilen, kurz andeutend, geschehen ist. Aus diesem Pharisäertum des habgierigen, raubgewohnten Volkes, das auf seiner Insel saß, den Blick auf die Ozeane und auf das europäische Festland geheftet wie ein Geier, selbst unangreifbar hoch in der Luft, ergab sich naturgemäß und zwingend, daß, gar nicht zu reden vom Katholizismus, auch der Protestantismus anderer europäischer Völker nicht annähernd an die religiöse Höhe des auserwählten Volkes heranragen konnte. Ein christliches Volk, welches verwerflich und verblendet genug sein konnte, sich nicht von selbst dem auserwählten englischen Volke unterzuordnen und gar sich unterstand, in Seehandelswettbewerb mit diesem auserwählten Volke zu treten — ein solches Volk verdient nichts anderes als Vernichtung. Der Gott Englands wollte das, und jeder Engländer wußte das.

So war es kein Zufall, daß gerade jene frommen Männer, welche im Namen ihres Gottes und ihrer Frömmigkeit jede Gewalttat und jeden Raub für ihre Nation zu begehen bereit waren, sich immer mehr gegen das frevelhafte Holland entrüsteten. Sie hatten auch sicher allen Grund, denn gerade in der ersten Hälfte des 17. Jahrhunderts, als in England ein gewisser Rückschlag nach dem „heroischen Zeitalter“ im Inneren eingetreten war, hatte sich Holland als Seemacht und als Seehandelsmacht und Kolonialmacht hoch emporgeschwungen. In rein friedlicher Tätigkeit war es den Niederländern gelungen, den überseeischen Handelsverkehr wenn nicht zu beherrschen, so doch zu einem überwiegenden Teile mit ihrer Wirksamkeit, nämlich mit den Handelsschiffen, die ihnen gehörten, zu erfüllen. Ihre Handelsschiffe liefen die gesamten Küsten der damaligen Welt an und vermittelten auch einen sehr bedeutenden Teil des Frachtverkehrs nach den englischen Häfen. Die holländische Industrie blühte und machte auf den Festlandmärkten der englischen Konkurrenz. Das vermochte das auserwählte Volk Gottes jenseit des Kanales nicht zu ertragen. Der Engländer Cooper, ein Puritaner, sprach das in der heutigen Zeit besonders denkwürdige Wort: „Delenda Carthago“, Carthago muß zerstört werden. Das protestantische Holland muß vernichtet werden, denn es ist uns im Wege!

Cromwell war an erster Stelle dieser Ansicht. 1651 erließ er die berühmte Navigationsakte: Fortan war verboten, auswärtige Frachten auf anderen Schiffen als auf englischen Schiffen nach englischen Häfen zu bringen, oder auf solchen Schiffen, welche dem jene Güter exportierenden Lande gehörten. Das war der Todesstoß gegen das holländische Frachtgeschäft. Dazu kam die Forderung Englands, daß alle fremden Schiffe, sobald sie der englischen Flagge an Bord eines Schiffes begegneten, ihre Flagge grüßend zu senken hätten. Das auserwählte Volk beanspruchte hiermit die Anerkennung seiner Beherrschung der Meere von den anderen seefahrenden Staaten. Diesen Anspruch erhob England also schon vor rund 250 Jahren! Das auserwählte Volk beanspruchte aber noch mehr von den seefahrenden Mächten und in erster Linie von Holland. Cromwell verlangte als Recht für die englischen Kriegsschiffe in Kriegszeiten die Durchsuchung aller Kauffahrteischiffe neutraler Nationen, um festzustellen, ob diese neutralen Schiffe Fracht an Bord führten, welche dem Feinde gehörte. Da die holländischen Schiffe, wie gesagt, überaus zahlreich waren und oft sehr wertvolle Fracht an Bord führten, so war das, wie sich denken läßt, eine besonders gute Gelegenheit für die frommen und sittenreinen Männer der Insel, ihre Habgier unter dem Vorwande des „Rechtes der Durchsuchung“ zu befriedigen. Zahllose neutrale Schiffe wurden beschlagnahmt, nach englischen Häfen übergeführt und dort von der schönen Einrichtung des englischen Prisengerichtes abgeurteilt. Genau wie im Jahre 1915, so hatte auch damals das englische Prisengericht die für englische Augen unschätzbare Eigenschaft, daß es den Angeklagten, nämlich das eingebrachte Schiff, immer verurteilte, wenn Schiff und Ladung etwas wert waren und falls nicht gewichtige Momente, die unter den Begriff der Machtfrage fielen, dagegen sprachen. Auch diesen Brauch wollten sich die ruchlosen Holländer nicht gefallen lassen. Das nahm

England wiederum so übel, daß Cromwell den Admiral Blake die holländische Flotte plötzlich im vollen Frieden einfach angreifen ließ, als der holländische Admiral Tromp sich weigerte, die britische Flagge zu grüßen. So begann der große Kampf Englands gegen Holland, der mit Unterbrechungen bis zum Jahre 1674 dauerte.

Hätte dieser Krieg heute seinen Anfang genommen, so würden gestern wahrscheinlich holländische Staatsmänner gesagt haben: Es bestehe tatsächlich keine einzige Frage zwischen Holland und England, welche zu einem Kriege zwischen den beiden zivilisierten und verwandten Nationen führen könne, und eine Menge Urteilsloser würde dieser bequemen Weisheit mit Begeisterung zugestimmt und alle Vertreter gegenteiliger Ansichten als Kriegshetzer, als Überpatrioten, als Panzerplattenpatrioten, als Flottenfanatiker und als Chauvinisten beschimpft haben. Um so wichtiger zur Beurteilung der Rolle Großbritanniens im heutigen Weltkriege ist es, daß wir uns klar machen, wie das England der Königin Elisabeth einen Raubkrieg zur See und über See führte, weil es den Besitz anderer neidete, und wie das England Cromwells und nach ihm ein Jahrhundert später einen Raubkrieg unter veränderten Formen, aber mit genau dem gleichen inneren Wesen führte. Ein „Handelskrieg" ist der Vernichtungskrieg Englands gegen Holland von Engländern und von deutschen Englandbewunderern beschönigend und rechtfertigend genannt worden. Ja, was ist denn ein Handelskrieg? Eine Macht hat sich durch Fleiß, Unternehmungsgeist und Geschicklichkeit eine Stellung als Seehandelsmacht erworben. Die andere, weniger geschickte und weniger tüchtige Macht gerät darüber in neidische Wut und sagt: Das ist gegen unsere Würde und gegen die Ehre Gottes, also muß dieser Verbrecher vernichtet werden! — Zu Anfang der neunziger Jahre des vorigen Jahrhunderts schrieb eine britische Zeitschrift angesichts der ersten Anzeichen des Aufstrebens des deutschen Handels: In früheren Jahrhunderten habe England um den Besitz einer Stadt oder eines Besatzungsrechtes jahrelang gekämpft, und jetzt solle man nicht um einen Handel Krieg führen sollen, der nach Milliarden zählte? Wenn heute Deutschland vom Erdboden verschwände, so gäbe es morgen keinen Engländer, der nicht reicher geworden sei! — In Deutschland meinten Viele hierzu damals, man könne solche exaltierten Äußerungen irgendeines Engländers natürlich nicht ernst nehmen, denn das heutige England sei eine Kulturmacht und liebe den Frieden. Inzwischen dürften auch diese belehrt worden sein, daß sie sich geirrt haben.

Hier ist auch der Ort, eine Äußerung einzuschalten, welche der Verfasser um das Jahr 1909 in der preisgekrönten Arbeit eines britischen Seeoffiziers fand: „Wir (Großbritannien) ziehen nicht aus sentimentalen Gründen in den Krieg. Ich bezweifle, daß wir das jemals taten. Krieg ist das Ergebnis von Handelsstreitigkeiten; sein Ziel ist, unseren Gegnern mit dem Schwerte diejenigen wirtschaftlichen Bedingungen aufzuzwingen, welche wir für notwendig erachten, um uns Handelsvorteile zu verschaffen. Wir bedienen uns aller denkbaren Vorwände und Anlässe für den Krieg, aber zugrunde liegt allen der Handel. Ob als unmittelbarer Anlaß die Verteidigung oder die Erringung einer strategischen Stellung vorgegeben wird, ob der Bruch von Verträgen oder was sonst noch — alle diese Anlässe und Vorwände begründen sich letzten Endes auf dem Handel, aus dem einfachen und maßgebenden Grunde, daß der Handel für uns das Lebensblut bedeutet." —

Jeder englischen Geschichte, jeder Betrachtung der englischen Politik und der in ihr treibenden Kräfte müßten diese Ausführungen vorgesetzt werden. Sie sind in ihrer Kürze, Wahrheit und Klarheit klassisch, und sie kommen aus dem Munde nicht eines übelwollenden und minderwertigen Ausländers, sondern eines britischen Seeoffiziers, dem eine Kommission von Politikern, Wirtschaftlern und Seeoffizieren einen Ehrenpreis für seine Arbeit zuerkannt hat.

War England seinerzeit mit den Niederlanden gegen Spanien gegangen, mit der Maske der „evangelischen Freiheit" angetan, so nahm es während seines Raub- und Vernichtungskrieges gegen das protestantische Holland die Hilfe des katholischen Frankreichs in Anspruch. Hatte England als Vorkämpfer der „politischen Freiheit des Volkes" seinerzeit seine ganzen Sympathien begeistert den Niederlanden geschenkt, so verbündete es sich jetzt ebenso begeistert mit dem absolutistischen Frankreich, um die freien Niederlande zu vernichten.

Damals zuerst trat jene typische Inselpolitik Englands ganz klar in die Erscheinung: das europäische Festland lediglich als Objekt anzusehen und die Parteinahme für oder gegen die eine oder die andere europäische Festlandmacht lediglich von dem englischen Interesse abhängig zu machen. Die Frage, was denn das englische Interesse bedeute, und der Einwurf, daß dieses doch in jedem Jahrhundert, unter dem Gesichtspunkte seiner Beurteilung, nicht über denselben Kamm geschoren werden könne, sondern von Fall zu Fall besonders festgestellt werden müßte, sei dahin beantwortet: Nein, das englische Interesse ist im Laufe der Jahrhunderte immer das gleiche gewesen, immer führte es sich auf den englischen Handel zurück. Dieser Handel aber, und das ist die Erscheinung, welche sich mit jedem Jahrhundert klarer herausarbeitet, gedieh um so besser, machte England um so reicher, je schlechter es dem Festlande ging. Und dem Festland ging es um so schlechter, je zerklüfteter es war, je größer die Uneinigkeit unter den Festlandmächten war. Für den Raubkrieg gegen Holland muß noch hervorgehoben werden, daß Holland nie eine auf Landeroberungen ausgehende Festlandmacht gewesen war und noch viel weniger eine der großen Mächte des europäischen Festlandes. England hatte nicht einmal den Vorwand für seinen Krieg, daß Holland etwa auf dem Festlande Kriege geführt und deshalb um des „europäischen Friedens" willen hätte geduckt werden müssen. Von allem war nicht die Rede, aber „Carthago delenda".

Von tiefer geschichtlicher Bedeutung ist es auch, daß die beiden ersten Raub- und Vernichtungskriege Englands sich gegen Spanien mit seiner Lage am freien Ozean und an den großen Seehandelsstraßen nach dem Mittelmeere und nach der Nordsee richtete und gegen die Küstenmacht am Ärmelkanale. Diese beiden Teile des europäischen Kontinentes bleiben seitdem für England dauernd zwei strategisch-kommerzielle Punkte von höchster, oft beherrschender Bedeutung.

Cromwells Admiral Blake tat um die Mitte des 17. Jahrhunderts den ersten Schritt zur britischen Seeherrschaft im Mittelländischen Meere. Den Anlaß und Vorwand gaben angebliche Strand- und Seeräubereien an der tunesischen, algerischen und tripolitanischen Küste. Blake einigte sich mit dem Bey von Tunis darüber, daß keine englischen Schiffe mehr belästigt werden dürften. Auf die Schiffe anderer Nationen kam es nicht an. Dieses Ereignis ist an und für sich unbedeutend, aber es stellt, wie gesagt, einen geschichtlichen Augenblick dar. Englands Herrschaft im Mittelländischen Meere ist seitdem, wenn nicht vollständig und anerkannt, so doch immer ein Problem von höchster Bedeutung geblieben. Derselbe Admiral Blake ging dann mit seiner Flotte in den Atlantischen Ozean, um vereint mit Admiral Montagu die von Südamerika und Westindien kommende spanische Goldflotte abzufangen. Es gelang den beiden Admiralen schon bald, reiche Beute zu nehmen, und Montagu wurde damit nach Hause geschickt. Blake aber wartete auf den Rest der spanischen Goldflotte bis zum Frühjahr 1657. Nach mehr als zwei Jahren, wie die englischen Geschichtschreiber rühmend hervorheben, wurde sein Warten belohnt, und er überfiel die spanische Schatzflotte im Hafen von Teneriffa, Santa Cruz. Die Spanier, welche so ruchlos waren, ihr Eigentum zu verteidigen, wurden massakriert, ihre Schiffe und Hafeneinrichtungen verbrannt. Wir erzählen diese kleine Episode, weil sie einen lebendigen Beweis dafür bildet, wie das fromme puritanische England mit seinem himmelwärts gerichteten Idealismus und der intuitiven Gewißheit, das auserwählte Volk Gottes zu sein, das göttliche Reich auf Erden vorbereitete.

Mitten im Niederwerfungskampfe gegen Holland ergab sich die Gelegenheit für England, ein Bündnis mit der damals großen Seemacht Schweden und mit Holland zu schließen, um Ludwig XIV. von Frankreich zu bekämpfen. Auch diese kurze Episode sei nur erwähnt, um unsere alte

These zu belegen, wie England von jeher mit selbstverständlicher Leichtigkeit, je nach der Gelegenheit, seine Bündnisse und seine Gegner wechselte. Um solche „Wendungen" nach außen und innen zu erleichtern, pflegte man Ministerwechsel eintreten zu lassen. Nur vier Jahre darauf überfiel eine englische Flotte unter dem Admiral Sir R. Holmes eine große holländische Kauffahrteiflotte, als sie, reich beladen, aus den Levantehäfen in den Ärmelkanal einfuhr. Den Ärmelkanal ist die englische Arroganz schon früh gewohnt, den „Englischen" Kanal zu nennen. Der letzte entscheidende Teil des Kampfes folgte hiermit: England und Frankreich standen einmütig zusammen. Würdig, wie immer, war dieser Feldzug durch Seeraub eröffnet worden. 1674 erkannte Holland im Frieden von Westminster die englische Suprematie zur See an. Der Nebenbuhler war erledigt.

Von nun an wurde Holland der Verbündete Englands und dann der Schützling, über dessen „Freiheit" das englische Volk und seine Führer eifersüchtig wachten, ganz durchtränkt von Achtung für die Rechte des Schwachen, für die Heiligkeit von Verträgen und das Gleichgewicht der Macht (balance of power). Dieses Gleichgewicht der Macht ist im Laufe der Jahrhunderte für die britische Politik nicht nur zu einem Dogma geworden, sondern zu einer praktischen Richtschnur, die man als untrüglich und bewährt, unbeirrt durch irgendwelche anderen politischen Gesichtspunkte verfolgt. Der Welt pflegt England zu verkünden: Seine Politik strebe ein Gleichgewicht der Macht auf dem Kontinente an, damit dort Frieden herrsche und kein Festlandstaat auf Kosten der anderen stärker werde. Für Gerechtigkeit und Billigkeit und Freiheit zu sorgen, sei das schöne Vorrecht, welches Großbritannien sich im Laufe der Jahrhunderte in seinen Kämpfen für diese Ideale der ganzen Menschheit erworben habe. In Wirklichkeit bedeutet die britische Politik des Gleichgewichtes der Macht auf dem europäischen Festlande die Gegnerschaft möglichst aller europäischen Mächte gegen diejenige Macht, welche Großbritannien jeweilig als der Feind, als das zu vernichtende Carthago erscheint. Diese Macht ist aber jeweilig diejenige, welche durch ihre Kraft und Blüte das gottgewollte britische Handelsmonopol zu beeinträchtigen droht.

Durch das Ergebnis des Kampfes mit Holland, an welches sich die dynastische Verbindung zwischen den beiden Ländern anschloß, ferner durch die Verbindung mit Hannover faßte England wieder auf dem europäischen Kontinente festen Fuß, aber in einer viel vorteilhafteren Weise als in früheren Jahrhunderten, wo man mit dem Schwerte in der Hand Frankreich zu erobern und sich dort zu behaupten bestrebt gewesen war. Die neue Manier des Fußfassens war deshalb so viel vorteilhafter, weil sie billiger und ohne Risiko war. Holland und Hannover wurden so britische Außenposten auf dem Festlande, ein Teil des Nordseeufers und der Festlandseite des Ärmelkanales wurde de facto britisch. Für alle Festlandhändel waren diese zwei Brückenköpfe von unschätzbarer Bedeutung und ebenfalls zwei politische Trümpfe erster Ordnung. Dazu kam die britische Beteiligung an europäischen Festlandkämpfen. Das kostbare englische Blut durfte nicht verspritzt werden. Aber um so freigiebiger war man mit den gekauften Soldaten des Festlandes. Sie durften die Ehre haben, sich für die englische Idee des Gleichgewichtes der Macht in Europa zu schlagen. Daß durch diese Festlandverbindungen der dynastische Einfluß Englands und in Verbindung damit auch derjenige der Regierung auf die politischen Angelegenheiten Europas gewaltig wachsen mußte, liegt auf der Hand.

Wie Spanien, so verlor auch Holland einen großen Teil seiner besten Kolonien an England. Das Übergewicht der holländischen Handelsflotte war schon während des Krieges gebrochen worden. Nach alter guter Sitte haben englische Flotte und Kaper die holländischen Handelsschiffe in Massen aufgebracht und vernichtet. Die in jedem Kriege neutralen Seemächte mußten das Recht der Durchsuchung ihrer Schiffe über sich ergehen lassen, und diese verschwanden dann zum großen Teile auf Nimmerwiedersehen in den englischen Häfen. Hatte dann das Prisengericht mit Feierlichkeit und Unparteilichkeit den üblichen Spruch gefällt, daß das Schiff gute Prise sei, so gingen Schiff und Ladung in englischen Besitz über und unter englische Flagge, und die englische Handelsflotte hatte wieder eine Vermehrung erfahren.

Diese Methode rentierte sich ausgezeichnet. Sie bahnte das spätere englische Frachtmonopol an, indem sie die fremden Handelsflaggen von den Ozeanen und aus den europäischen Gewässern verschwinden ließ und an deren Stelle englische setzte. Auf diese einfache Weise fiel auch der vorher erwähnte blühende holländische Seehandel mit dem fernen Osten in Englands Hand.

Der Raubzug gegen den „Feind des Friedens".

Zeit Ludwigs XIV.

Nunmehr wandte England sich gegen die dritte europäische Festlandmacht, deren Macht und Gedeihen dem auserwählten Volke mehr und mehr höchste Besorgnis einflößte: Frankreich. Unter seinen Königen war Frankreich zu einem straff geschlossenen, einheitlich regierten Staatswesen geworden. Eine kluge, skrupellose Festlandpolitik, in Verbindung mit einer auf allen Gebieten aufstrebenden Bevölkerung, zog zielbewußt und leicht ungeheuren Nutzen aus der Schwäche, Uneinigkeit und Zerfahrenheit des Deutschen Reiches und Volkes. Die deutschen Religionskriege, vor allem der Dreißigjährige Krieg, waren für Frankreich Möglichkeiten zur eigenen Machterweiterung von unschätzbarem und beinahe grenzenlosem Werte. Weitaus die stärkste Festlandmacht, war Frankreich als Seemacht und Kolonialmacht von außerordentlicher Kraft, Geschicklichkeit und Regsamkeit. Der große französische Minister Colbert zeitigte unter seiner weitblickenden Verwaltung eine nie dagewesene Blüte des Handels, des Handwerks und vor allem auch der Industrie. Dazu kam eine weit ausgreifende Kolonialpolitik nach Indien, Nordamerika und Südamerika. In Kanada und in den heutigen amerikanischen Südstaaten hatte Frankreich sich durch kühne Entdeckungsreisen gewaltige Gebiete erschlossen und stand auf dem amerikanischen Festlande ebenso wie in Indien bei weitem an erster Stelle. Das damalige Frankreich befand sich auf dem Wege zur Weltmacht von seiner Basis als anerkannte Vormacht auf dem europäischen Festlande. Gerade darin, daß Frankreich diese beherrschende festländische Stellung besaß, daß es im Inneren konsolidiert und daß seine Bevölkerung im höchsten Maße produktiv war, lag seine Stärke und der Anspruch auf Weltmacht. Als man während der zweiten Hälfte des 17. Jahrhunderts sich in England von dieser Tatsache Rechenschaft gab, fand man, so schreibt ein englischer Historiker: die Gebildeten hätten damals erkannt, Ludwig XIV. sei der Feind des Friedens von Europa und der eigentliche Gegner Englands. Die inneren englischen Verhältnisse machten aber die Durchführung des hierin liegenden Programmes vorläufig noch unmöglich. Außerdem brauchte man Frankreich und insbesondere Ludwig XIV., den „Feind des Friedens", zur Niederwerfung Hollands und verbündete sich folgerichtig mit ihm. Ludwig XIV. führte nicht nur zu Lande Krieg gegen die Holländer, sondern auch zur See im Verein mit England. Ludwig hatte es dabei besonders auf den holländischen Handel abgesehen und ließ einen eifrigen Kaperkrieg gegen die Kauffahrteischiffe der Niederlande führen. Als England mit Holland Frieden geschlossen hatte, mithin neutral war, fiel der englischen Schiffahrt das Frachtgeschäft zu, das die Franzosen den Holländern genommen hatten. Die Handelsmarine Frankreichs hatte keinen Vorteil davon, und Ludwig mußte erkennen, daß er zu Lande wie zur See für England gearbeitet hatte. Jener Krieg, den Frankreich nicht zum wenigsten für seinen Seehandel führte, ließ eben diesen Seehandel zum großen Teile in englische Hand gelangen.

Die Natur hat Frankreich zu einer Seemacht und Seehandelsmacht ersten Ranges bestimmt. Seine atlantischen Küsten werden frei und ausgedehnt vom Weltmeere bespült, seine Nordwestküsten liegen am Ärmelkanale; auf der anderen Seite öffnet sich das Mittelländische Meer. Als nördliche Fortsetzung des immer machtloser werdenden Spaniens schien Frankreich bestimmt zu sein, auch die Iberische Halbinsel bis zu den Säulen des Herkules zu beherrschen. Nach Norden mußte das damalige Frankreich ebenfalls mit Naturnotwendigkeit sein Auge auf die noch zu Spanien gehörenden südlichen Niederlande, das heutige Belgien, und darüber hinaus auf Holland richten. Die beiden See- und Handelsmächte mithin, auf deren Trümmern England zur ersten See- und Handelsmacht emporgestiegen war, drohten nunmehr, Anhängsel des Ludwigschen und Colbertschen Frankreichs zu werden. Der Spanische Erbfolgekrieg drehte sich um diese Frage, ob Spanien ein verlängertes Frankreich werden solle. Bekanntlich beanspruchte Ludwig XIV. nach der Erledigung des spanischen Thrones diesen für seinen Enkel. Durch diese Vereinigung wäre nicht nur Frankreich als Landmacht ganz ungeheuer gestärkt worden, nicht nur hätte es die gesamten Küsten von Dünkirchen bis Gibraltar und von Gibraltar bis Toulon beherrscht, sondern auch die spanischen Kolonien über See wären zu dem großen, bereits vorhandenen französischen Kolonialbesitze hinzugekommen. Schließlich hätte Frankreich den Handelsverkehr mit diesen neuen Kolonien übernommen. Dieser Punkt: der Handel mit den überseeischen Kolonien, war seit dem Zeitalter der Entdeckungen deshalb von ganz besonderer, ja von ungeheurer Bedeutung, weil jede der damaligen Kolonialmächte ihre Kolonien nicht nur auch wirtschaftlich als Monopol beanspruchte und behandelte, sondern auch den ganzen überseeischen Handelsverkehr mit ihnen. Spanien und Portugal besaßen trotz allem, was England ihnen bereits geraubt hatte, noch einen großen und reichen Kolonialbesitz. In Verbindung mit dem französischen würde er der überseeischen Welt ihr herrschendes Gepräge gegeben haben.

In den englisch-französischen Kämpfen vom Ende des 17. bis in das 18. Jahrhundert hinein zeigte sich die englische Kunst, sich „festländische Degen“ dienstbar zu machen, wie Bismarck später sagte, schon in der Vollendung. Die Niederlande, Preußen, vor allem Österreich wurden auf Frankreich gehetzt, und nichts wurde versäumt, um Frankreich immer aufs neue in Festlandkriege zu verstricken. Englands Staatsmänner wußten damals schon genau, daß solche Kriege alle Festlandmächte zerrütteten und schwächten, sie in Schulden stürzten, ihre Industrie und ihren Handel lähmten, zum mindesten schwächten und ihre Kraft auf der See, sei es zum Handeln, sei es zum Schlagen, auf das äußerste beeinträchtigten. England wußte von seinen holländischen Kriegen her, daß, wie vor einigen Jahren ein englischer Imperialist, Sir Harold Wyatt, schrieb, die Seekriege für England stets eine Zeit der Ernte gewesen seien. Der englische Admiral Fremantle und andere sprechen in Geschichtswerken mit Stolz von der Epoche, als die englischen Flotten begonnen hätten, die „Polizei" der Meere zu übernehmen und die pax britannica allen aufzulegen, die sie nicht ohne weiteres anerkannten; diese „Polizei der Meere" hat man seitdem als ein weiteres der gottgewollten Rechte des auserwählten Volkes angesehen: ein Recht, das eben darin bestand, auf die eine oder andere Weise, unter diesem oder jenem Vorwande die neutralen Mächte oder auch ganz unbeteiligte Staaten ihrer Handelsschiffe, ihrer Kriegsschiffe zu berauben, ihre Schiffbauwerften zu demolieren.

Österreich brauchten damals die Engländer vor allem, Österreich, den alten Gegner Frankreichs, Österreich, das durch Frankreich aus seiner festländischen Vormachtstellung verdrängt worden war. Der Kaiserstaat hatte in jenen Jahrhunderten eine besonders schwere Last zu tragen, nicht für sich allein, sondern auch für ganz Europa: das waren die Türkenkriege. Den Engländern waren diese Kriege so lange nicht unerfreulich, wie sie Österreich durch die Türken gefährdet glaubten. So besorgt England sonst für das Wohl Europas, des Christentums und des Fortschrittes der Menschheit war, so beobachtete es das Vordringen der Türken auf der Balkanhalbinsel und nach Ungarn hinein mit der Ruhe des Geschäftsmannes, der sicher hofft, etwas für sich herauszuschlagen. Der verstorbene Alexander v. Peez, einer der besten Kenner der englischen Wirtschaftspolitik und ihrer treibenden Kräfte, erzählt hierzu das Folgende: „Wohl aber hören wir aus dem Munde des Herzogs von Argyle, daß im Jahre 1683, als die Türken Wien bestürmten, die Sympathien der Whigs, also der die Kaufmannschaft vertretenden Partei des englischen Parlamentes, auf türkischer Seite waren. Die kaufmännischen Kreise wünschten und hofften, Wien werde von den Türken genommen werden." — Die Gründe für diese fromme Hoffnung lagen auf der Hand: ein Erfolg der Türken gegen Wien würde von ungeheuerstem Einflusse auf die Verhältnisse des östlichen Europas gewesen sein, ja ganz unabsehbar. Wie die Türken damals waren, so würde ihr Vordringen und ihre Besitznahme der Hauptstadt Österreichs überall die Industrie und das gewerbliche Leben überhaupt, alle Produktion usw. zerstört oder auf unabsehbare Zeit lahmgelegt haben. Das bedeutete an und für sich schon einen baren Gewinn und eine steigende Rente für die englische Geschäftswelt, denn sie würde dort nun ohne Wettbewerb dastehen, den Markt ausfüllen und den Preis bestimmen. Dazu kam die in den deutschen Religionskriegen und den französischen Protestantenverfolgungen gewonnene Erfahrung, daß sich unter solchen Verhältnissen die Kapitalisten des Festlandes auf die Insel England flüchteten und so die Kapitalkraft des Landes vermehrten.

Als nun gar die Österreicher die Anmaßung hatten, Wien erfolgreich zu verteidigen, bewog, wie Peez erzählt, die Kunst der englischen Diplomatie den Kaiser Leopold, den Lauf seiner Siege zu hemmen und im Interesse Englands nach dem Westen abzurufen. Ein englisches Blatt äußerte damals, nach Peez: „Das Gemeinwohl Europas (Englands?) höher stellend als seine eigenen Interessen, zog Leopold einen großen Teil seiner Truppen aus Ungarn und den unteren Donauländern nach dem Rheine, wodurch Belgrad und Nisch, bis wohin die Österreicher siegreich vorgedrungen waren, wieder verloren gingen." In der Betrachtung dieser und späterer Kämpfe sieht man sich immer wieder vor der Frage, was bemerkenswerter war: die Klugheit Englands oder die Dummheit des festländischen Europas? Wir möchten uns doch für das letztere entscheiden, und in Österreich wird man heute über jene Periode kaum anders denken. Die Balkanmacht Österreich-Ungarn wollte England nicht; jede machtvolle Ausdehnung, besonders wenn es sich dabei um Küsten, Häfen und schiffbare Ströme handelt, betrachtete England als eine Beleidigung, als eine Gefährdung des europäischen Friedens. So hat Österreich „selbstlos" seinen Siegeslauf aufgegeben, um im Dienste Englands gegen Ludwig XIV. zu kämpfen. Den Kampfplatz lieferten nach altgewohnter Weise wieder die deutschen Lande. Die einzige Macht, die erntete, war wieder England. Ohne die österreichisch-französische Verwicklung wäre Wilhelm von Oranien nicht auf den englischen Thron gekommen, und, wie wieder Peez mit Recht sagt: „So wurde die Freiheit Englands durch langwierige Kriege am Rhein, durch Verwüstung der Pfalz und Verzicht auf einen großen Teil der kaiserlichen Siege auf dem Balkan gerettet und von den mitteleuropäischen Völkern bezahlt." — Uns aber kommt wieder und wieder das unvorsichtige Wort Disraelis in den Sinn: Der Einfluß Englands sei nie stärker gewesen als zu den Zeiten, wo man seine treibenden Kräfte nicht erkannt habe. Wenn seine Interessen, zu Deutsch seine Habgier, England angezeigt erscheinen ließen, einen Festlandstaat zu vernichten oder zu schwächen, dann schuf es ihm Verwicklungen auf dem Festlande und unterstützte seinen Gegner in der einen oder anderen Weise. Bisweilen waren es auch mehrere Gegner. Diesen kam die Parteinahme Englands für sie dann als Geschenk eines gütigen Helfers, und man begeisterte sich für das freie England, welches bald für den Protestantismus, bald gegen Übermut und Tyrannei nur aus dem sittlichen Prinzip heraus Beistand leistete und dabei den Gegner, in diesem Falle Frankreich, zur See schädigte. Daß das Ganze eben immer nur ein britisches Geschäft war, und zwar ein sehr sicheres, das haben die Festlandvölker erst viel später begriffen und einige von ihnen heute noch nicht.

Der Spanische Erbfolgekrieg trug gleichfalls für England schöne Früchte. Als 1713 der Friede von Utrecht geschlossen wurde, da stand England als die einzige Seemacht der Welt da. Der bekannte, kürzlich verstorbene amerikanische Seegeschichtschreiber, Konteradmiral Mahan, gibt über Englands Stellung zu diesem Zeitpunkte das folgende Urteil ab: „England hatte während des Spanischen Erbfolgekrieges seine Flotte aufgebaut und seinen Handel gestärkt, ausgebreitet und geschützt, neue maritime Positionen an sich gerissen, kurz: seine Beherrschung der See gegründet und befestigt auf den Trümmern seiner Nebenbuhler, seiner Freunde und seiner Feinde." Das entspricht durchaus den Tatsachen und ist vielleicht unseren Lesern nach dem Vorhergegangenen nichts Neues mehr. Der Ausspruch ist aber hier deshalb interessant, weil Admiral Mahan ein begeisterter Verehrer der großbritannischen Seekriegsmethoden, des britischen Wesens überhaupt war und auf dem Boden der Ansicht stand: Ein unumschränktes anerkanntes britisches Weltreich sei etwas so Wundervolles, daß alle Mittel angewandt werden könnten, um es herzustellen und zu befestigen.

In den ersten Jahren des Spanischen Erbfolgekrieges eroberte die englische Mittelmeerflotte Gibraltar, ein Ereignis von weltgeschichtlicher Bedeutung. Die Tat war kein Rückfall in die früheren festländischen Eroberungskriege Englands, sondern bewies die neue Stellung Englands als Seemacht, verkörperte den Anspruch auf die Beherrschung der Meere. Die Flottenstützpunktpolitik begann damit, eine Politik, die wiederum ausgesprochen auf Kosten des europäischen Festlandes ging. Selbst an seinen Seeküsten sollte der Festlandstaat unter den Kanonen der englischen Flotte stehen. Frankreich hatte Spanien haben wollen — Spaniens südlichsten Punkt, den Türhüter der Durchfahrt vom Mittelmeere zum Ozeane, raubte England. Das bedeutete gleichzeitig den zweiten Schritt zur britischen Mittelmeermacht.

Ein weittragendes Ereignis jener Zeit war ein Handelsvertrag, den England mit Portugal schloß, den sogenannten Methuënvertrag. Mit dem schwachen Portugal hatte sich England wohlweislich verbündet, denn Portugal war eine große und dabei schutzlose Kolonialmacht. Dieser Methuënvertrag war ein Muster englischer Methode: Großbritannien machte Portugal das Zugeständnis, die bestehenden Einfuhrzölle auf portugiesischen Wein usw. herunterzusetzen, und erlangte dafür freien Eingang für die Erzeugnisse der englischen Industrie. Ein englischer Historiker sagt hierzu: „Unser Bündnis mit Portugal gab mit dem Methuënvertrag England das Monopol des ganzen portugiesischen Handels!" — Die Sache entwickelte sich so, daß die portugiesische Industrie durch die englische Konkurrenz vernichtet wurde. Portugal mußte deshalb seine Bedürfnisse auf dem englischen Markte decken, und zwar nicht nur seine eigenen, sondern auch die seiner Kolonien. Diese auszuführenden englischen Industrieprodukte wurden aber nicht auf portugiesischen, sondern auf englischen Schiffen verfrachtet, und so ging der portugiesische Kolonialhandel, also auch die Ausfuhr aus den portugiesischen Kolonien, in englische Hand über. Es ist eine geschichtliche, mit keiner Silbe übertriebene Tatsache, daß dieser eine Methuënvertrag Portugal zugrunde gerichtet hat. Er wurde im Jahre 1703 geschlossen, und seine Folge ist bis auf den heutigen Tag die absolute Abhängigkeit Portugals von Großbritannien.

Großbritannien hat also gute Gründe, wenn seine Staatsmänner und Könige mit geradezu zärtlicher Zuneigung vom verbündeten und engbefreundeten Portugal sprechen.

Nicht minder interessant ist der im Frieden von Utrecht zwischen England und Spanien geschlossene Assiéntovertrag. Dieser berechtigte England, jährlich eine gewisse Menge von Negern in die Kolonien Spaniens einzuführen und ebenso jährlich ein britisches Handelsschiff nach Portobello zu schicken. Damit hatte England sich auch die spanischen Kolonien als Markt eröffnet, denn nun ließ es seine Industrieerzeugnisse in immer größer werdenden Mengen dort hingehen. Der Assiéntovertrag hatte das spanische Kolonialmonopol ebenso gebrochen wie der Methuënvertrag das portugiesische. Ludwigs XIV. großer Plan war gewesen, Frankreich, Spanien und Portugal zu einem einzigen riesigen Festland- und Kolonialreiche zusammenzufassen. Der Assiéntovertrag und der Methuënvertrag allein zeigen in ihrer einfachen Gegenüberstellung, wie vollständig Ludwigs Plan gescheitert und wie riesengroß der Gewinn Englands war. Riesengroß war dieser Gewinn auch im Vergleiche zu den Opfern, die England während des Krieges gebracht hatte. Verschwindend gering war der englische Menschenverlust in den Seekämpfen und noch unmerklicher in den Landkämpfen, denn die „englischen" Heere, die auf dem Festland fochten, die Truppen Marlboroughs, waren durchweg keine Engländer, sondern Deutsche. Geopfert hat England nur Geld, aber nicht anders, wie jeder größere Geschäftsmann in ein Unternehmen etwas hineinstecken muß. Er weiß vorher, daß er es wieder herausbekommt. England bekam sein Anlagekapital mit ungeheuren Zinsen heraus, und nicht einmal sein Risiko war groß gewesen, denn der Feind konnte ihm nichts anhaben, das wußte man. Die Festlandgegner schlugen aber für Englands Geschäft so brav und so lange aufeinander los, daß außer den genannten Erfolgen und Gewinsten auch Frankreichs Stellung in Indien, in Nordamerika und in Kanada schwer beeinträchtigt und England die Vormacht wurde. Wie immer: auf den Schlachtfeldern Europas erkämpften die Festlandvölker auf ihre eigenen Kosten England seine Vormacht zur See und seine wachsende Kolonialmacht. Die englischen Staatsmänner waren sich über die Logik dieser Zusammenhänge vollkommen klar, und es wird ein Wort des Lord Chatham (des älteren Pitt) berichtet: Amerika wolle er in Deutschland erobern.

„In Deutschland haben wir Kanada erobert."

Friedrich der Große und Großbritannien.

Pitt, einer der bedeutendsten Minister, die England gehabt hat, vor allem ein Mann, dessen edle Gesinnung zu preisen man nicht müde geworden ist, tat um die Mitte des 18. Jahrhunderts den Ausspruch: „Frankreich ist uns hauptsächlich als See- und Handelsmacht gefährlich. Was wir in dieser Beziehung gewinnen, ist uns vor allem durch den Schaden wertvoll, den Frankreich davon hat. Sie lassen Frankreich die Möglichkeit, seine Marine neu ins Leben zu rufen." — So war der Standpunkt des edlen Mannes, welcher fand, man habe Frankreich lange nicht genug geschädigt und erniedrigt. Was für England wertvoll sei, das sei vor allem der Schaden, den Frankreich habe. Das war nach dem Ende des Österreichischen Erbfolgekrieges, währenddessen England sich Österreichs bedient hatte, um nach jetzt schon bewährter Methode eine Festlandmacht für sich kämpfen zu lassen. Der Erfolg war wieder der gleiche: Frankreich wurde durch den Landkrieg beschäftigt und in Anspruch genommen, während England wieder ungeheure Beute auf und über den Meeren gemacht hatte. Nach Mahan hatte der Handel aller drei Nationen, Englands, Frankreichs und Hollands, bedeutend gelitten, „aber der nach Abzug der eigenen Verluste übrigbleibende Gewinn Englands an Prisen wurde noch immer auf zwei Millionen Pfund Sterling geschätzt.... Alles in allem wurde Frankreich gezwungen, seine Eroberungen aus Mangel an einer Marine aufzugeben, während England seine Stellung mit Hilfe seiner Seemacht rettete, obgleich es nicht einmal den besten Gebrauch von ihr gemacht hatte". Das letztere war richtig, aber dafür hatte England seine festländischen Degen, die Frankreich in Anspruch nahmen und schwächten. Wie immer machte der Hauptfestlandhelfer Englands das schlechteste Geschäft: Österreich verlor Schlesien, ein großes Stück Norditalien für den König von Sardinien, kam außerdem nach dem Kriege eben durch diese Vorgänge in die Zwangslage, mit Frankreich zusammengehen zu müssen.

Während dieser plötzlichen und unerwarteten Veränderungen im politischen Systeme Europas gingen die englischen Schiffe rücksichtslos gegen die französischen vor und zwangen den König von Frankreich durch fortwährende Plackereien und Angriffe fast wider Willen zur Kriegserklärung.

Damit kommen wir zur Rolle Englands im Siebenjährigen Kriege. Den englischen Staatsmännern schien der Augenblick gekommen, den Raub des französischen Kolonialreiches, der noch Reste übrig gelassen hatte, zu vollenden. Auch von der französischen Handelsflotte war noch zu viel übrig geblieben. Sechs Monate vor der Kriegserklärung fuhr eine englische Kriegsflotte im Busen von Biscaya auf und ab und nahm 300 französische Kauffahrteischiffe im Werte von 24 Millionen Mark als Prisen fort. Im weiteren Verlaufe der Ereignisse blockierte England die französischen Häfen und nahm alle nach diesen bestimmten Schiffe, auch die neutralen, als Prisen fort. Wie immer erkannte man nicht nur, daß die Zeit der Ernte gekommen war, sondern nutzte diese Zeit mit Virtuosität, der angeborenen Naturanlage des Räubers, auf das gewissenhafteste aus. Friedrich der Große aber führte seinen Heldenkampf auf dem Festlande, erwarb unvergänglichen Ruhm und — behielt mit Mühe die Grenzen seines kleinen Landes, während England sich durch ihn die Taschen füllen ließ. „Ohne die Siege der preußischen Grenadiere gäbe es heute keinen englischen Welthandel", sagt Schmoller von dieser Zeit.

Friedrich der Große war gezwungen, sich mit England zu verbünden und englische Hilfsgelder anzunehmen. Er kämpfte um die Existenz Preußens, England kämpfte, wie immer, für den eigenen Geldbeutel, wohl wissend, daß die kleinen Hilfsgelder sich in ungeheurem Maße verzinsen würden. Das Ergebnis war, daß England Kanada und Florida bekam. Alles in allem erhielt England ein Kolonialreich, das, von Kanada abgesehen, die heutigen Vereinigten Staaten östlich des Mississippi begriff. Frankreich trat auch die Gebiete westlich des Mississippi an Spanien ab und begab sich in Indien jeden Rechtes, politischen Einfluß zu üben. Darauf war es England angekommen. Kurz: die britische Beute auf der See und über der See war riesenhaft, während die Festlandvölker einander wieder unter ungeheuren Menschen- und Geldverlusten bis zur Erschöpfung bekämpft hatten und die Gebietsverhältnisse annähernd ebenso blieben, wie sie gewesen waren. Von hohem Interesse ist, wie Friedrich der Große über die Haltung seines Verbündeten England während des Siebenjährigen Krieges dachte. Von Anfang an war dem großen König klar, daß England, wenn es wolle, ihm eine ungemein wirksame Hilfe leisten könne, um so mehr, weil Friedrich den großen Fehler Frankreichs erkannte, daß es den leitenden Gesichtspunkt seiner bisherigen Politik völlig aus den Augen verlor, nämlich die nachdrückliche Führung des Seekrieges mit England, und „sich nur noch von Launen und äußeren Einflüssen treiben ließ". Um so leichter mußte für England eine nachdrückliche Hilfe an Preußen sein: „Nichts war dem König von Preußen in diesem Augenblick wichtiger, als daß die Engländer Vorbereitungen zum Kontinentalkriege träfen." Was aus dieser Kontinentalhilfe wurde, weiß die Geschichte.

Friedrichs Endurteil über die Rolle Englands ist, wie er wiederholt niedergelegt hat: „Bei seinem Friedensschluß mit Frankreich opferte England schamlos die Interessen Preußens. Dann beging es eine noch unerhörtere Treulosigkeit. Es bot dem Hause Österreich die Eroberung Schlesiens an; für diesen Liebesdienst sollte der Wiener Hof seine alten Beziehungen zu England wieder aufnehmen. Ja, als ob der Niedertrachten noch nicht genug wären, setzte England in Petersburg alles in Bewegung, um den König von Preußen mit dem Zaren Peter III. zu verfeinden. Durch so viel Übelwollen im Vereine mit so offenbaren Verrätereien waren alle Bande zwischen Preußen und England zerrissen, und auf das Bündnis, das gemeinsame Interessen geknüpft hatten, folgte die erbittertste Feindschaft und der glühendste Haß." Von Anfang des Krieges an war es Friedrichs richtiger Gedanke und dringender Wunsch, daß England eine Flotte in die Ostsee schicken und den Hafen von Kronstadt in Brand schießen sollte. Der König von Preußen legte den höchsten Wert auf eine solche Entlastung. Aber „England gab wenig auf die Maßnahmen der drei nordischen Mächte, die den britischen Geschwadern die Einfahrt in die Ostsee sperrten. England beherrschte den Ozean und alle anderen Meere. Was lag ihm an der Ostsee und am Sunde! Die englischen Admirale hatten Kap Breton (am Eingang des St. Lorenz-Golfes) genommen und die Insel Gorea an der afrikanischen Küste besetzt. Indien bot ihnen Gelegenheit zu Eroberungen, die Küsten von Dänemark, Schweden und Rußland aber keine."

„Die großen Erfolge der Engländer nahmen dem Könige von Preußen nichts von der Last, die er trug, und schirmten seine Krone nicht vor Gefahr. Umsonst hatte er die Engländer um eine Flotte zum Schutze seiner baltischen Häfen gebeten, die durch die Rüstungen der russischen und schwedischen Flotte bedroht waren. Dieses hochmütige und vom Glücke begünstigte Volk, dem einzig die eigenen Handelsinteressen am Herzen lagen, sah auf seine Verbündeten wie auf Söldlinge herab. Was nicht mit dem Handel zusammenhing, ließ England kalt. So schenkte man dem Kriege in Deutschland und den preußischen Interessen niemals die geringste Beachtung, weder im Parlamente noch im Volke selbst. Alles, was nicht englisch war, wurde hochmütig verachtet. Ja, die Engländer waren so unzuverlässige Bundesgenossen, daß sie den Absichten des Königs selbst bei den Verhandlungen im Wege standen, wo der Anstand ihren Beistand erheischt hätte." — Friedrich meint damit seine Bemühungen, mit der Hohen Pforte ein Bündnis zu schließen, damit die Türken gegen Österreich vorgingen. England durchkreuzte diese Verhandlungen mit allen Mitteln, jedenfalls weil es fürchtete, der Einfluß Preußens im Orient könne auch dem preußischen Handel neue Aussichten bieten.

So dachte der große König über seinen ehemaligen Verbündeten England, dessen Hilfe anzunehmen er durch die beispiellose Ungunst seiner Lage gezwungen gewesen war. Wir wollen die obigen Mitteilungen ergänzen: Während und hauptsächlich gegen Ende des Krieges versuchten die englischen Staatsmänner mit sämtlichen Feinden Friedrichs auf Kosten Preußens zu unterhandeln, nicht nur mit Österreich und Rußland, sondern auch mit Frankreich. Dem russischen Zaren erklärte die englische Regierung, sie sei bereit, jede von Rußland gewünschte Gebietsabtretung von Preußen zu erwirken, und genau um dieselbe Zeit bot die englische Regierung Österreich preußische Provinzen an, während England gleichzeitig mit Frankreich verhandelte und den Franzosen freistellte, nach dem Friedensschlusse im Besitze von Wesel, von Geldern und der umliegenden Gebiete zu bleiben. Es ist leider unmöglich, auf das englische Spiel jener Zeit näher einzugehen. Seine Betrachtung zeigt Schritt für Schritt die alte, immer wiederkehrende und doch heute noch oft mißverstandene Wahrheit, welche Friedrich dahin ausdrückt, daß den Engländern einzig und allein ihre Handelsinteressen am Herzen lagen, daß es auf seine Verbündeten wie auf Söldlinge herabsah. Ja, man muß noch weiter gehen: Die englische Politik nimmt niemals wahrhaft Partei, auch wenn sie sich mit einer anderen Macht verbündet, sondern diese Macht oder diese Mächte scheinen für den Augenblick als brauchbar im Sinne des englischen Handelsinteresses. Dieses Handelsinteresse liegt nicht immer und nicht bei jeder politischen Kombination auf der Oberfläche, aber da ist es immer, auch immer auffindbar. Als im Siebenjährigen Kriege England seine ungeheuren Erfolge auf der See und über der See eingeheimst hatte und sicher war, daß sie ihm bei einem baldigen Friedensschlusse nicht beeinträchtigt werden würden, da ging es ohne weiteres mit aller jener niederträchtigen Selbstverständlichkeit über die Interessen des heldenmütigen Preußens und über die mit dessen großem Könige geschlossenen Verträge hinweg; desselben Preußens und desselben Königs, ohne dessen siegreiche Schlachten, hauptsächlich gegen Frankreich, England weder Frankreich aus Amerika, noch aus Indien usw. vertrieben haben würde. Ohne die Schwächung durch den Landkrieg hätte Frankreich zur See eine ganz andere Rolle spielen können. Aber das alles machte nichts aus: Preußen durfte nicht vermehrt und gestärkt werden, Frankreich war genügend geschwächt, Österreich und Rußland konnten, geschickt gebraucht, den Interessen Großbritanniens nützlich werden, also: schleuniger Friedensschluß, so wollte es Großbritannien. Niemand durfte in diesem Friedensschluß etwas Wesentliches gewinnen, nur Großbritannien.

Pitt aber sprach das wahre Wort: „In Deutschland haben wir Kanada erobert." Obgleich der Siebenjährige Krieg mit seinen überseeischen Expeditionen und den erwähnten Subsidien der englischen Regierung verhältnismäßig viel Geld gekostet hatte, zeigte sich schon beinahe unmittelbar nachher ein erstaunlicher Aufschwung auf allen Gebieten des gewerblichen und wirtschaftlichen Lebens. Wie Friedrich der Große in anderen seiner Schriften mit Verwunderung verzeichnete: die großbritannischen Staatsschulden waren nach damaligen Begriffen von geradezu ungeheuerer Höhe, nicht minder aber auf der anderen Seite der Wohlstand und die Reichtümer in privaten Händen. So wurde es nach dem Kriege leicht, die Staatsschuld regelmäßig zu vermindern, zumal immer riesiger werdende Einkünfte nicht nur dem Volke, sondern auch dem Staate als solchem zuflossen, besonders aus Indien. Auch aus allen anderen Kolonien kamen die Schätze des Bodens und des Meeres, die Erzeugnisse des Landes nach den großbritannischen Inseln zusammen. Die britische Handelsflotte beherrschte die Meere, denn die britische Kriegsflotte hatte mit aller ihrer historischen Gewissenhaftigkeit dafür gesorgt, daß Tausende von fremden Handelsschiffen, das Eigentum der Gegner Großbritanniens, der Neutralen und auch seiner Freunde und Verbündeten von den Meeren verschwanden. Wie immer nach den Festlandskriegen, lagen die Produktionskraft, die Industrie und der Handel bis auf die unmittelbare Küstenschiffahrt danieder. Nach dem Kriege wuchsen dann die Bedürfnisse der Bevölkerung wieder, ihre Kraft reichte aber nicht, um sie aus Eigenem zu befriedigen, sich eine eigene Schiffahrt wieder aufzubauen und eine eigene Industrie großzuziehen: die englische Industrie trat an die Stelle. Inzwischen war, und das muß immer wieder hervorgehoben werden, auch der Kapitalreichtum Großbritanniens immer überlegener und in seinen Wirkungen immer erdrückender für die Festlandstaaten geworden, je mehr Kriege sie für England führen mußten, desto stärker machte sich das naturgemäß bemerkbar, desto konkurrenzloser wurde durch die Preise, für die sie einerseits liefern, die sie anderseits zahlen konnten, die englische Industrie. Gold und Rohstoffe strömten jetzt ja kostenlos nach den britischen Inseln, denn entweder kamen sie aus Gebieten, welche England nunmehr gehörten, oder aus spanischen oder portugiesischen Kolonien, deren Nutznießung England sich durch jene Verträge erschlichen hatte, welche die beiden Mutterländer wirtschaftlich und politisch ruinierten, sie England auslieferten. So war das Geschäft in diesem Sinne ein doppeltes und doppelt einträglich. Dazu kam, daß die überseeischen Frachten vorzugsweise auf englischen Schiffen verfrachtet wurden, also auch dieses Geld im Lande blieb.

Durch die Kriege des europäischen Festlandes ließ England sich ein ungeheures Kolonialreich erobern, das heißt, es raubte dieses Kolonialreich zusammen, weil die gegeneinander gehetzten Festlandmächte auf und über See ohnmächtig waren. Aus demselben Grunde raubte England die Handelsschiffahrt, aus demselben riß es die Tyrannei der Meere an sich und vertrat sie als ein gottgewolltes Recht.

Was Frankreich an Besitz und an Aussichten damals verlor, darüber sind sich, abgesehen von Napoleon I., die Franzosen erst später klar geworden und haben es schnell vergessen.

Ein interessantes Blatt in der Geschichte dieses Krieges ist auch das Verhalten Englands gegen Spanien. Frankreich hatte mit Spanien ein Abkommen geschlossen, das sich auf eine spanische Hilfeleistung bezog. Diese Hilfeleistung sollte erst ungefähr ein Jahr nach der Abmachung erfolgen, bedeutete einen Wechsel auf sehr lange Sicht. England benutzte diese Gelegenheit sofort, um einen Angriffskrieg gegen Spanien zu beginnen und sich in der bekannten geierartigen Weise auf die spanischen Kolonien und auf die spanische Schiffahrt zu stürzen, zugleich seine Raubzüge gegen die französische Schiffahrt fortzusetzen. Wie 200 Jahre vorher bildeten die spanischen Silberschiffe das besondere Ziel der frommen britischen Seehelden. Die englische Geschichtschreibung bedauert noch heute, daß man nicht, dem Rate Pitts folgend, Spanien schon früher angegriffen hatte. Sonst würde man noch viel entscheidendere Erfolge errungen haben, und Campbell schreibt in seinem „Leben von Admiralen" die schönen Worte: „Spanien ist gerade die Macht, gegen die England immer mit den besten Aussichten auf Erfolg und Ruhm kämpfen kann. Jenes ungeheure Reich ist im Herzen schwach, seine Hilfsquellen liegen weit entfernt, und diejenige Macht, welche die See beherrscht, wird auch den Reichtum und den Handel Spaniens beherrschen." Also dieses schwache Reich anzugreifen, bot Aussichten auf Ruhm (!) und Erfolg: deshalb griff man es bei jeder Gelegenheit an, plünderte das noch immer ungeheuere, reiche koloniale Größerspanien. Spaniens Herz war schwach. Das ist richtig, mit anderen Worten: Spaniens Schwäche lag darin, daß es als maritime Festlandmacht heruntergekommen war und irrigerweise glaubte, lokale Besatzungen von Häfen und Kolonien könnten durch Verteidigung von Küsten usw. ein großes Imperium zusammenhalten. Bildlich, aber richtig ausgedrückt: Zwischen Spanien und seine Kolonien hatte sich Großbritanniens Flotte gedrängt, ebenso war es mit dem französischen Kolonialreich. Großbritannien war durch diesen Raubzug auf Kosten des europäischen Festlandes zum Weltreiche geworden.

Der Schützer der Neutralen — der Befreier Europas.

Zweite Hälfte des 18. Jahrhunderts.

Mit bewundernswerter Elastizität machte sich Frankreich an den Wiederaufbau seiner Flotte, nachdem sie 1759 tatsächlich vernichtet worden war. Sein Entschluß aber kam zu spät, er konnte die verhängnisvollen Folgen früherer Unterlassungssünden nicht mehr gutmachen. Etwas besser stand es mit Spanien, aber England hatte längst verlernt, die Spanier zur See zu fürchten, und mit Recht: sie haben sich zur See den Engländern niemals gewachsen gezeigt.

Im dritten Viertel des 18. Jahrhunderts begann der Unabhängigkeitskrieg Nordamerikas, der England in seiner europäischen Rolle schwächte und für Frankreich zusammen mit Spanien noch einmal die Hoffnung erstehen ließ, des Tyrannen der Meere Herr zu werden. Die Hoffnung schlug fehl, wieder unterlag das Festland der Insel. Mehrere Male befand sich durch den ungeheuer ausgedehnten Kriegsschauplatz Großbritannien in schwieriger Lage; was aber seinen Kampf gegen Frankreich und Spanien anlangt, so war dieser jedenfalls für den heutigen Beurteiler schon entschieden, als er begann. Die dem Festlande entzogene Kraft für die Führung des Seekrieges war auf Großbritannien übergegangen. Ein sehr wesentlicher Punkt der großbritannischen Erfolge und Stärke war in allen diesen Kriegen, daß die britischen Staatsmänner und Admirale den Kontinent stets als ein Ganzes behandelten. Wie wir schon verschiedentlich anführen konnten, mußten unter den britischen Seekriegen nicht nur die Gegner, nicht nur die Neutralen, sondern auch die Freunde Großbritanniens leiden. Unter der Firma, den Feind zu schädigen, wurde ihnen die Schiffahrt nicht nur nach den feindlichen, sondern auch nach den neutralen Häfen verboten, und alle Schiffe wurden von den Engländern weggenommen, die sich blicken ließen. Dieses konsequente Verfahren verfolgte und erreichte immer mehr seinen alten Zweck, die neutrale und feindliche Handelsflagge von den Meeren verschwinden zu lassen und durch die englische zu ersetzen. Besonders rigoros hatte England seine alte Forderung aus den holländischen Kriegen aufrechterhalten: feindliches Gut in neutralen Schiffen fortzunehmen. Die neutrale Schiffahrt in der Nordsee und der Ostsee wurde im englisch-französisch-spanischen Kriege besonders schwer getroffen, weil England nicht wollte, daß Spanien und Frankreich Getreide und Schiffbauholz von den hieran reichen Ostseeländern erhielten. Daraufhin vereinigten sich unter Rußlands Führung diese Mächte mit Schweden und Dänemark zur „bewaffneten Neutralität der Ostseemächte". Wir haben hier also den Versuch eines Teiles des europäischen Festlandes, sich gegen die Willkür und Raubgier der Inselmacht zusammenzuschließen und rechtliche, billige Behandlung zu verlangen. Man verlangte im großen die folgenden Zugeständnisse: feindliches Gut unter neutraler Flagge sollte unantastbar sein, nur Waffen, Ausrüstungsgegenstände und Munition sollten Konterbande sein, nicht Lebensmittel und Schiffbauholz, wenn sie nicht für die Regierung der kriegführenden Macht bestimmt waren. Neutrale Schiffe sollten das Recht haben, nach unblockierten Häfen einer kriegführenden Macht zu segeln und auch an ihr Küstenseefahrt zu treiben. Blockaden aber sollten nur bindend sein, wenn eine Seestreitmacht von entsprechender Stärke in der Nähe des blockierten Hafens sich befände.

Man braucht kaum darauf aufmerksam zu machen, wie sehr diese Forderungen von 1780 der neutralen Mächte an die Verhältnisse des Jahres 1914/15 erinnern. Das bezieht sich nicht nur auf die Konterbande, sondern in erster Linie auch auf die Forderung: ein Hafen oder eine Küste ist in rechtlich bindender Weise nur dann als blockiert anzusehen, wenn tatsächlich eine zur Blockierung, also zur Sperrung genügende feindliche Streitmacht vorhanden und an Ort und Stelle ist. Diese Forderung traf beinahe den wundesten Punkt der überlieferten englischen Seekriegführung. Es war stets die englische Gewohnheit gewesen, einfach ein Küstengebiet als blockiert zu erklären, auch wenn die englischen Schiffe keineswegs an Ort und Stelle waren. Das war die sogenannte papierne Blockade, wie die Franzosen sie nannten: „le blocus anglais"; eine überaus bequeme Methode! Sie entband die englischen Flotten von den Lasten des Blockierenden, lieferte der englischen Kriegführung und dem englischen Seehandel aber alle Vorteile der Blockade, nämlich das „Recht" der Wegnahme aller Handelsschiffe, der neutralen wie der feindlichen, und wies das Festland für seine Seeverbindungen wiederum ganz auf die englische Handelsschiffahrt an. Hierüber und über die andere Forderung, daß die neutrale Flagge feindliches Gut decke — frei Schiff, frei Gut —, war schon seit über hundert Jahren zwischen England und den führenden Festlandseemächten verhandelt worden. England hatte sie verschiedentlich anerkannt, jedoch immer nur in Friedenszeiten. Als selbst kriegführender Macht galten dem damaligen Großbritannien solche vertraglichen Beschränkungen der Willkür ebensowenig wie im Jahre 1915.

Der bewaffneten Neutralität von 1780 schlossen sich nacheinander beinahe alle Festlandstaaten an, auch Preußen. Als Holland sich dem Bunde anschließen wollte, erklärte Großbritannien den vereinigten Provinzen den Krieg, und der britische Geier stürzte sich auf die holländischen Kolonien.

Mahan schreibt: „Die Hauptwirkung der bewaffneten Neutralität auf den Krieg war daher, daß sie die Kolonien und den Handel Hollands der Beute der englischen Kreuzer hinzufügte. . . . . Die Besitzungen Hollands fielen überall, wenn sie nicht von Frankreich gerettet wurden."

Dem starken Bunde der bewaffneten Neutralität von 1780 gegenüber verhielt sich England zunächst einigermaßen entgegenkommend, solange der nordamerikanische Unabhängigkeitskrieg dauerte. An den Friedensverhandlungen ließ die britische Regierung die nordischen Mächte nicht teilnehmen und erklärte nachher: Die Forderungen des Neutralitätsbundes, also im wesentlichen die Bedingungen des Utrechter Friedens, seien nur für die vertragschließenden Mächte gültig. Damit wurden also gerade diejenigen Mächte davon ausgeschlossen, welche sich seinerzeit gegen die rechtlose Behandlung der Neutralen aufgelehnt hatten. Im übrigen wurde im englischen Unterhause auch betont, daß die Lehre von der effektiven Blockade, von der Beschränkung der Konterbande auf Kriegsmaterial, und das „frei Schiff, frei Gut" englischerseits keineswegs als für zukünftige Kriege bindend betrachtet werden würden. So hatte die bewaffnete Neutralität wohl etwas zur europäischen Propaganda seekriegsrechtlicher Grundsätze getan, aber Praktisches nicht erreicht. Als ein Jahrzehnt nachher die kriegerische Probe auf das Exempel kam, fiel der Bund auseinander. Wie vorgreifend bemerkt sein mag, gelang es damals Großbritannien, die russische Zarin gegen das revolutionäre Frankreich aufzubringen und sie zu einem Abkommen mit England zu bewegen, demzufolge eine russische Flotte die Schiffahrtsverbindung der nördlichen Neutralen mit Frankreich zu hindern hatte.

Das alles sind Einzelereignisse, deren Bedeutung inmitten der ungeheueren Geschehnisse jener Zeit dem Leser vielleicht nicht so groß scheinen mag, als daß sie verdienten, in dieser kurzen Übersicht ausdrücklich besprochen zu werden. Und doch ist diese Bedeutung vorhanden, denn es reicht über die eines Einzelereignisses weit hinaus, daß der Versuch aller neutralen Mächte des Festlandes, sich gegen die englische Kriegführung des Raubes und der Willkür zu vereinigen und durch diese Vereinigung die erforderliche Stärke zu gewinnen, scheiterte. Heute, wo wir im Weltkriege von 1914/15 stehen, ist die neutrale Welt außer sich vor Verwunderung, Bestürzung und Entrüstung über die Selbstverständlichkeit, mit der Großbritannien über alle internationalen Rechtsregeln und Gebräuche hinwegschreitet und zur Erklärung und Entschuldigung nichts weiter vorbringt, als: es sei nun einmal nötig, daß die Neutralen litten, damit Deutschland, der Hauptgegner Großbritanniens, niedergeworfen werde. Gewiß, es liegen rund 130 Jahre zwischen dem heutigen Kriege und der bewaffneten Neutralität unter Führung der europäischen Nordmächte von 1780. Und in diesem Zeitraum sind viele internationale Beratungen abgehalten und Verträge geschlossen worden über Regelung des Seekriegsrechtes und vor allem über Sicherung der neutralen Schiffahrt im Kriege. Unendlich ist die Anzahl der juristischen Werke über diese Fragen, und in keiner anderen Verbindung ist wohl so viel von der zunehmenden Solidarität der Kulturvölker durch das Wachsen der Verkehrsmittel, vor allem der überseeischen, gesprochen und geschrieben worden. Das neunzehnte Jahrhundert und der Beginn des zwanzigsten war eine Periode der internationalen Phrase, der Kulturphrase und der Zivilisationsphrase. Die Staaten Europas, die schwachen nicht nur, sondern auch die starken, hatten geglaubt, daß all dieses bedruckte Papier über Rechte und Pflichten und über Solidarität die englische Willkür und den englischen Raubinstinkt unter sich begraben habe und daß die „Idee" internationalen Rechtes für die stammverwandte britische Kulturnation im Kriege eine unentwegt festzuhaltende Richtschnur darstellen würde. Um so größer und um so trauriger ist die Enttäuschung geworden. Man möchte beinahe sagen: um so verdienter! Wie konnte man glauben, daß die durch Hunderte von Jahren bewährten englischen Kriegführungsmethoden, daß die Grundinstinkte des britischen Volkes und die Wurzeln der großbritannischen Politik auf einmal zu einem Nichts werden sollten, nur weil die Festlandstaaten es hofften und zur Bekräftigung dieser Hoffnung gern davon redeten! In England ließ man sie reden und sprach auch selbst hohe Töne von Menschheit, Menschlichkeit und Kultur. Im Kriege, das verstand sich für jeden englischen Staatsmann und Admiral ohne weiteres, würde sich alles ganz von selbst ergeben. Es würde sich lohnen, die Stellung Englands nicht nur zu den angedeuteten Fragen des Seekriegsrechtes, sondern auch noch zu manchen anderen durch die Jahrhunderte hindurch zu verfolgen und das Ergebnis dem staunenden Europa vorzulegen. Da würde sich zeigen, daß, unter zeitgemäß veränderten Formen, vom 16. bis in das 20. Jahrhundert hinein die englische Grundmethode und deren Ziel immer sich gleich geblieben sind. Der Seekrieg soll, so will es die göttliche Vorsehung, für Großbritannien eine Zeit der Ernte bedeuten, und dieser göttlichen Willensrichtung nach Kräften und Möglichkeit gerecht zu werden, ist die Pflicht des britischen Volkes, seiner Admirale und Staatsmänner.

Reich waren die Ernten der britischen Raubkriege gewesen. Die große wirtschaftlich und politisch für die Weltstellung Großbritanniens entscheidende Ernte sollte bald kommen.

Nachdem 1789 die Revolution in Frankreich zum vollen und gewaltsamen Ausbruche gekommen war und 1791 Ludwig XVI. mit seiner Familie von seinem mißglückten Fluchtversuche als Gefangener nach Paris zurückgebracht worden war, schlossen sich die europäischen Festlandmächte gegen Frankreich zusammen mit dem Zweck, „alle Mittel anzuwenden, daß der König von Frankreich in den Stand gesetzt werde, in voller Freiheit die Grundlage einer monarchischen Regierung zu befestigen". Für Großbritannien erklärte der leitende Minister Pitt, man lehne jede Einmischung in die inneren Angelegenheiten eines anderen Staates ab.

Der Krieg gegen Frankreich begann, das Glück war mit den französischen Waffen, und schon nach kurzer Zeit rückten die französischen Truppen in den österreichischen Niederlanden, dem späteren Belgien, ein. Zugleich erließ der französische Nationalkonvent ein Dekret, daß auf Grund des natürlichen Rechtes hiermit die Öffnung der Schelde erklärt werde. Und um dieses Dekret sofort unmißverständlich in Kraft zu setzen, lief ein französisches Geschwader in die Schelde ein, das dann an der Belagerung Antwerpens durch die französischen Landtruppen teilnahm. Das geschah im November des Jahres 1792. Kurz darauf erklärte das britische Ministerium: Nie werde die Regierung ein gleichgültiger Zuschauer bleiben, wenn Frankreich sich direkt oder indirekt zum Souverän der Niederlande aufwürfe oder zum allgemeinen Schiedsrichter über die Rechte und Freiheiten Europas. Am 21. Januar 1793 wurde Ludwig XVI. hingerichtet, und kurz darauf erhielt der Gesandte der französischen Republik zu London die kurze und unhöfliche Benachrichtigung, daß er innerhalb acht Tage den englischen Boden zu verlassen habe. Die weitere unmittelbare Folge war der Krieg zwischen Frankreich und Großbritannien.

Selbstverständlich war von vornherein, daß Großbritannien diesen Krieg unter einem jener tönenden und edlen Schlagworte führen würde, durch welche die britische Regierung ihre eigentlichen Motive und Absichten zu verbergen immer gewohnt gewesen ist. Es konnte kaum einen größeren Glücksfall in diesem Sinne für die britischen Staatsmänner geben als die Hinrichtung Ludwigs XVI. Voll edelster Entrüstung erhob man sich jetzt in England, und die selbstlose englische Nation rief wie aus einem Munde: Für den Königsmord und die Greuel der Revolution müsse Frankreich gestraft werden, und angesichts dieser furchtbaren Verbrechen könne England natürlich nicht mehr seine bisherige Zurückhaltung beobachten, welche Pitt vorher als gegeben verkündet hatte. Jetzt nehme England Abstand von allen derartigen und auch natürlich von allen egoistischen Rücksichten und mache die Sache des monarchischen Europas zu der seinen! — Wir, die wir heute die Äußerungen englischer Staatsmänner und der englischen Presse richtiger beurteilen, als es früher meistens geschah, können uns ohne weiteres denken, mit welcher Virtuosität das „Interesse Europas" und die Greuel der Revolution damals verwendet wurden, um den eigentlichen Grund der Kriegsteilnahme Großbritanniens in den Hintergrund treten und dann in Vergessenheit geraten zu lassen. Dieser eigentliche Grund aber war, wie schon angedeutet wurde, die Besetzung Belgiens durch die französischen Truppen und vor allem die Öffnung der Schelde. „Nicht die Hinrichtung des Königs, sondern die Eroberung Belgiens trieb England in den Krieg.“ Und der englische Historiker Seely faßt die Frage weiter und grundsätzlicher mit den Worten: „Das Ringen um neue Märkte für englische Waren gegen Frankreichs Handel und aufstrebende Industrie war schärfer und volkstümlicher als der Kampf gegen die Revolution.“ Die Verfasser des ausgezeichneten Buches „Englands Vorherrschaft aus der Zeit der Kontinentalsperre“, A. v. Peez und Paul Dehn, fügen hinzu: „In diese Gedanken der Handelseifersucht mischten sich die Befürchtungen der englischen Politik. Wie einst England selbst, so konnte sich auch Frankreich durch die Revolution kräftigen und zu einem gefährlichen Nebenbuhler entwickeln. Eine je größere Rolle es in der Welt zu spielen begann, um so mehr fühlte sich England verletzt und bedroht. Nicht die Freiheit des Festlandes sahen die Engländer bedroht, sondern ihr eigenes Handels- und Industriemonopol.“ Das stimmt Wort für Wort.

Um Frankreich aus Belgien zu vertreiben, um die belgischen und holländischen Küsten und Häfen nicht in die Hand einer seefahrenden Großmacht gelangen zu lassen, setzte Großbritannien nunmehr wieder ganz Europa in Bewegung. Das britische Gold floß nach dem Festlande hinüber, wie ehedem, wenn es sich darum handelte, ein ganz großes Geschäft für England auf der See und über der See vorzubereiten und unter Dach zu bringen. Die französische Republik, das revolutionäre Frankreich hatten tatsächlich alles getan, um den Briten die schönsten Vorwände zu liefern: man hatte die Religion und die Gottheit abgeschafft. Wie mußte sich da der fromme Sinn der Briten aufbäumen. Für den Schutz der Religion allein gab Großbritannien ja gern sein Gold! — Nichts ist für die große Komödie, für jenes Schauspiel, dessen beschämenden Hintergrund Europa nie begriffen hat, bezeichnender, als die Literatur der Revolutionszeit und die der Napoleonischen Kriege. Der Edelmut des freien und frommen Englands wird mit einer rührenden Ergebenheit gepriesen: dieses edlen und selbstlosen Volkes, welches, obgleich sicher auf seiner Insel, die Leiden der Festlandvölker zu lindern bestrebt ist und opfermutig alles daransetzt, um für die Ideale der Religion, der Freiheit und der Ordnung zu kämpfen.

An dieser Stelle ist notwendig, kurz einen Rückblick auf Belgien zu werfen und im besonderen auf die Frage der Schelde. Seit dem Westfälischen Frieden war die Selbständigkeit der nördlichen Niederlande anerkannt und damit auch ihre tatsächliche freilich schon lange vorher bestehende Unabhängigkeit von dem machtlosen Deutschen Reiche. Die südlichen Niederlande, das heutige Belgien, blieben zunächst bei Spanien und gelangten durch den Frieden zu Utrecht 1713 an Österreich. Dort blieb Belgien bis zu dem Zeitpunkte, welcher uns hier beschäftigt, nämlich bis zu den Kriegen Frankreichs gegen die europäischen Koalitionen.

Im westfälischen Frieden mußte Spanien sich dazu verstehen, der Schließung des Scheldeflusses seine Zustimmung zu geben. Die nördlichen Niederlande, die Generalstaaten, hatten erklärt: Die Schließung der Schelde sei eine Lebensfrage für sie, denn wenn Antwerpen zu einem großen und blühenden Seehandelsplatz würde, so müßten Amsterdam und Rotterdam schwerer darunter leiden, als das kleine Land vertragen könne. So schloß man die Schelde, und die Folge war, daß Antwerpens Handel vernichtet wurde und der Wohlstand des kleinen Belgiens auf das allerempfindlichste darunter litt. In Wirklichkeit haben nicht nur die Generalstaaten, sondern hat vor allem England hinter der Sperrung der Schelde gestanden, denn die britischen Staatsmänner wußten seit Jahrhunderten, was Antwerpen in der Hand einer Großmacht bedeuten würde, ein blühendes Antwerpen am Ärmelkanal nahe allen großen Welthandelsstraßen, in der Scheldemündung, dicht an der Maas, am Rheine und an der Themse. Eine günstigere Seelage und günstigere Verbindungen nach einem unermeßlichen Hinterlande, wie Antwerpen sie besitzt und damals, als die Eisenbahn noch nicht vorhanden war, in noch viel höherem Maße besaß, lassen sich schwer denken. Die Schließung der Schelde bedeutete das Verstopfen einer unvergleichlich starken Quelle des Seehandels, des Reichtumes und unter Umständen auch der Seemacht. Das empfand der lebhafte und unruhige Geist Kaiser Josephs II. von Österreich, und er faßte den Entschluß, die Aufhebung der Scheldesperrung durchzusetzen. Holland, hinter dem England stand, widersetzte sich, und es kam zu Verhandlungen, die sich durch mehrere Jahre hinzogen. Mahan sagt dazu: „Und nun mußte Großbritannien 1784 wieder mit Unruhe — weniger Österreichs als Frankreichs wegen — die Scheldefrage aufwerfen sehen. Daß Österreich eine große Seemacht werden würde, hatte man jetzt, wo es die Niederlande dreiviertel Jahrhundert besaß, ohne es zu werden, keinen Grund zu befürchten; wohl aber hatte man guten Grund zur Besorgnis, daß die Unternehmungen im Werke eine Vergrößerung seines Einflusses — ja vielleicht sogar seines Landbesitzes — in den Niederlanden herbeiführen könnte.“ Mahan unterläßt leider zu erzählen, wie Englands Eifersucht auch damals und vorher schon sich gerade Österreich gegenüber geltend gemacht hatte: Österreich hatte zu Anfang des 18. Jahrhunderts eine ostindische Handelsgesellschaft zu Ostende gegründet. Das Unternehmen blühte, wie der Österreicher A. v. Peez erzählt, und reizte dadurch Englands Neid und Mißtrauen. „England zettelte dem Kaiser Verlegenheiten am Rheine an, gleichzeitig stellten seine Sendlinge bei dem Großmogul in Indien den Kaiser als Hauptfeind des Islam dar und verbreiteten zu diesem Zweck Schilderungen der Schlachten bei Peterwardein und Belgrad, so daß endlich die Gesellschaft auf drohende Vorstellungen von England im Jahre 1727 aufgelöst wurde." Es gibt, beiläufig bemerkt, wohl keine europäische Großmacht — das Deutsche Reich jener Jahre rechnen wir natürlich nicht als Großmacht —, welche derart wie Österreich-Ungarn von England mißbraucht und benutzt worden wäre.

Kaiser Joseph II. stand von der Öffnung der Schelde bald wieder ab, weil andere Dinge seinen unruhigen Geist beschäftigten. Er erhielt von Frankreich eine Geldentschädigung, während die französischen Staatsmänner die Folgerung zogen, nunmehr mit den Niederlanden in engste Verbindung zu treten und eine Militär- und Flottenkonvention mit ihnen zu schließen. Dieses Vorgehen Frankreichs richtete sich gegen England und zeigte, daß die französischen Staatsmänner den Grund der britischen Schmerzen und Sorgen durchschauten. Man mag sich gesagt haben, daß es für ein neues Akutwerden der belgischen Frage von höchster Bedeutung für Frankreich sein werde, die Niederlande nicht auf der britischen Seite zu sehen. Das war 1785, und in den folgenden Jahren tat die großbritannische Diplomatie alles, um Holland auf ihre Seite zu bringen.

So war im großen und ganzen der Stand der belgischen Frage, als im Jahre 1793 der Angriff der europäischen Festlandmächte auf Frankreich die Eroberung Belgiens durch die französischen Truppen und die Öffnung der Schelde zur Folge hatte.

Man wäre auf den ersten Blick vielleicht geneigt, in der Haltung Englands eine gewisse Parallele zum Ultimatum Großbritanniens an das Deutsche Reich 1914 zu erblicken. Berührungspunkte sind vorhanden, aber der grundlegende Unterschied besteht darin, daß 1793 Belgien, also die österreichischen Niederlande, österreichisches Gebiet war, mit Österreich aber Frankreich im Kriege lag. Frankreich schickte seine Truppen dorthin, um Belgien zu erobern, und seine Flotte, um einen unvergleichlich günstigen Welthafen für Frankreich zu öffnen. Die Absicht, Belgien mit Antwerpen zu behalten, war von Anfang an vorhanden, wie ja der Besitz der gesamten Niederlande seit Jahrhunderten eines der Hauptziele der französischen Könige gewesen war. Dieses Ziel war und konnte nur sein das Ergebnis einer Eroberung. Österreich hatte mit den anderen Festlandmächten Frankreich angegriffen, und so war es Frankreichs gutes Recht, in das österreichische Land Belgien einzurücken. Die französische Regierung erklärte nachher überdies, sie werde Belgien wieder räumen. Ob sie eine wiederholte Schließung der Schelde zugelassen haben würde, ist zu bezweifeln. Für Großbritannien genügte es aber, Frankreich den Krieg zu erklären trotz der kurz vorher tatsächlich bestehenden Absicht der britischen Regierung, sich aus den Festlandhändeln vollkommen fernzuhalten und nur in der üblichen Weise den Seehandel der Kriegführenden und der Neutralen zu vergewaltigen und je nach Gelegenheit eine Kolonie oder einen festen Punkt, Flottenstützpunkt, der kämpfenden Festlandvölker zu nehmen. Nach alter Weise hätte man längeres Abwarten vorgezogen, zumal auch der Stand der großbritannischen Flotte damals nicht ganz auf der Höhe war. Solche Mängel ließen sich in jener Zeit der hölzernen Schiffe und angesichts der ungeheuren Hilfsmittel Großbritanniens in sehr kurzer Zeit beseitigen.

Im Jahre 1914 wurde das Deutsche Reich von Frankreich und Rußland angegriffen. Die deutsche Regierung richtete an die Regierung des selbständigen, aber neutralisierten Belgiens das Ersuchen, die deutschen Truppen durchmarschieren zu lassen, gab die bindende Versicherung ab, daß man keinerlei Eroberungsabsichten habe, sondern nur durch militärische Gründe gezwungen sei, und versprach Belgien vollen Ersatz für allen Schaden und alle Unkosten, die der Durchmarsch anrichten konnte. Großbritannien schützte die internationale Garantie der belgischen Neutralität vor und erklärte als Garantiemacht, daß die Verletzung von Belgiens Neutralität durch Betreten des belgischen Bodens seitens deutscher Truppen die Kriegserklärung Großbritanniens zur unmittelbaren Folge haben würde. Daß dies ein verlogener Vorwand war, konnte schon nach kurzem dokumentarisch erwiesen werden, nämlich, daß Großbritannien, Frankreich und Belgien seit dem Jahre 1906 eine Militärkonvention untereinander festgelegt und einen gemeinsamen Angriff auf Deutschland vorbereitet hatten. De facto gab es seitdem also kein neutrales Belgien mehr, an dessen Stelle aber ein Belgien — und das ist die Hauptsache —, welches nichts weiter war als ein Fußpunkt Großbritanniens an einer strategisch ungeheuer wichtigen Stelle der europäischen Küste. Die großbritannische Regierung, die dortigen Generale und Admirale hatten für den von allen von langer Hand vorbereiteten Krieg gegen das Deutsche Reich Belgien eine ähnliche Rolle zugedacht, wie sie Portugal in den Napoleonischen Kriegen zugefallen war.

Lord Curzon hat vor einigen Jahren geschrieben, daß die Eroberung aller an Indien grenzenden Länder, daß die Beherrschung des Persischen Golfes und Arabiens, auf der anderen Seite Tibets ein Gebot der Verteidigungsnotwendigkeit Indiens für Großbritannien darstelle, denn alle diese Länder und Meere seien im Grunde nichts anderes als das Glacis Indiens. Ebenso betrachtet Großbritannien „grundsätzlich“ alle europäischen Länder, deren Küsten von der Nordsee, vom Ärmelkanale und Atlantischen Ozean bespült werden, als Glacis der großbritannischen Inseln und wirtschaftlich als britisches Hinterland.

Als mit dem Jahre 1793 der letzte große Kampf Großbritanniens gegen Frankreich begann, da waren Spanien und die Niederlande in britischen Augen tatsächlich britisches Glacis, Deutschland war es durch Hannover zum Teil auch, im übrigen corpus vile, während im Norden neben und hinter den skandinavischen Mächten Rußland stand. Sieht man von den wechselnden politischen und militärischen Kombinationen während der Jahre 1793 bis 1815 ab und löst man sich los von den herkömmlichen Geschichtslegenden, so ergibt sich, daß Frankreich in der Tat der Vertreter des Festlandes mit seinen wahren Interessen war, Großbritannien mit seinem Gefolge von Festlandstaaten die eigenen, also die Inselinteressen, im Gegensatze zu denen des europäischen Festlandes vertrat, während das halbasiatische Rußland bald auf die eine, bald auf die andere Seite trat. Selbstverständlich ändert diese Betrachtungsweise nichts an der Tatsache und an der Beurteilung der Napoleonischen Unterdrückung des europäischen Festlandes. Es ändert auch nichts an dem Charakter der Befreiungskriege. Wohl aber wirft es die Frage auf, ob die herkömmliche Geschichtsauffassung richtig sei, daß Großbritannien der „Befreier" des europäischen Festlandes gewesen sei. Diese Frage bleibt auch dann bestehen, wenn man zugeben will, daß Großbritannien einen wesentlichen Anteil an der Zertrümmerung der Napoleonischen Herrschaft gehabt habe, eine Auffassung, über die gestritten werden kann.

Mit freudiger Emsigkeit haben die großbritannischen Staatsmänner es in jenen beiden Jahrzehnten, zu Ende des 18. und zu Anfang des 19. Jahrhunderts verstanden, die Flamme des Krieges auf dem Festlande niemals erlöschen zu lassen. Für Großbritanniens Interesse und Vorteil konnte der europäische Boden niemals genug verwüstet und ausgebrannt werden. Die tatsächliche militärische Rolle, Tätigkeit oder Untätigkeit, Großbritanniens war die herkömmliche. Man führte den Krieg von Anfang an als Seekrieg, hetzte die Festlandvölker in den Landkrieg und zahlte Subsidien, welche freilich öfter versprochen als gezahlt wurden. Natürlich sind es gerade die Deutschen gewesen, welche nach den Napoleonischen Kriegen bis in die neueste Zeit hinein mit Begeisterung und Anerkennung vom herrlichen Kampfe des freien Inselvolkes für Europa und gegen den korsischen Unterdrücker geschwärmt haben.

Der häufig hier zitierte amerikanische Admiral Mahan, dieser Verehrer und Bewunderer des großbritannischen Wesens und des großbritannischen Werdeganges, der nur dann etwas an seinen Lieblingen auszusetzen hat, wenn sie seiner Ansicht nach nicht rücksichtslos genug vorgegangen sind, sagt u. a. über die Rolle Großbritanniens in den Napoleonischen Kriegen: „Große Unternehmungen zu Lande oder eine hervorragende Teilnahme an den kontinentalen Feldzügen waren für Großbritannien, wenn nicht schlechterdings unmöglich, so doch mindestens untunlich. Für die Zwecke der Verbündeten war es wirtschaftlich klüger, daß England die See beherrschte, den Handel der Welt unterhielt, Geld machte und die Finanzen verwaltete, während die anderen Staaten, deren Industrien den Verheerungen des Krieges ausgesetzt waren, das Kämpfen am Lande besorgten." Vorher sagt derselbe: „Ferner machte die blühende Lage der Fabriken und des Handels in England, begünstigt durch den Kriegssturm, der den Kontinent durchtobte, und die von so wesentlicher Bedeutung für die allgemeine Wohlfahrt Europas war, es untunlich, Mannschaften (Truppen) den Reihen der Arbeiter zu entnehmen, zu einer Zeit, in der die arbeitenden Klassen der anderen Nationen von den Armeen aufgesogen wurden." Schon mit diesen Gesichtspunkten kennzeichnet der Bewunderer Großbritanniens, ohne es zu wollen, die Rolle, welche dem Festlande zugeschoben worden war: kein englischer Fabrikarbeiter durfte auf dem Festlande kämpfen, denn darunter hätte die Industrie des Inselreiches gelitten. Das durfte unter keinen Umständen geschehen. Dafür hatte man die Völker des Festlandes. Wenn Mahan meint, auf dem Festland sei die Industrie sowieso durch den Krieg eine Unmöglichkeit und deshalb die Menschen frei gewesen, so vergißt er leider dabei, daß diese Kriege, welche Handel und Industrie der Festlandvölker zerstörten, mit allem Fleiß und aller Emsigkeit gerade von Großbritannien unterhalten wurden. Und was das Geld betrifft, so wiederholte sich auch in diesen Kriegen die alte britische Erfahrung, daß der Einsatz, nämlich die Subsidienzahlungen, sich einbrachte, und daß die wachsende riesige Kapitalkraft des Landes den unwiderstehlichen Bahnbrecher bildete, um mit den billigen Erzeugnissen der britischen Industrie die auswärtigen Märkte zu überschwemmen und später die schüchternen Ansätze zu nationalen Industrien auf dem Festlande zu ersticken. Immer ärmer wurde das Festland, immer reicher wurde England, und es war echt englisch, wenn Pitt nach Aufnahme einiger vertriebener französischer Geistlicher mit frommem Augenaufschlage sagte: „Das Land, das jene Priester aufnahm, ist vom Himmel gesegnet worden. In dem allgemeinen Elend, von dem die Mehrzahl der anderen Völker heimgesucht wurde, hat die Vorsehung Großbritannien mit Ruhm und Ehre überhäuft. In seinen Palästen hat Friede geherrscht, in seinen Hütten die Fülle. Alle Erdteile wurden seinem Handel tributpflichtig, alle Meere durch seine Siege ausgezeichnet." 1801 sagte derselbe Staatsmann im Parlamente: „Wenn wir dieses Kriegsjahr mit den vorherigen Friedensjahren vergleichen, so erblicken wir in den Staatseinkünften und in der Entwicklung unseres Handels ein Bild ebenso seltsam wie unerklärlich. Trotz beständiger Kriege haben wir unseren Außenhandel wie unseren Innenhandel auf eine höhere Stufe gebracht denn je zuvor, und wir können auf das gegenwärtige Jahr als auf das stolzeste blicken, das dem britischen Reiche jemals beschieden war.“

Kehren wir zum Jahre 1793 zurück. Bebend vor sittlicher Entrüstung über den französischen Königsmord und die Religion der Vernunft, über die Tatsache der Republik und die Bedrohung der Freiheit Europas, stürzte sich England — auf den französischen Handel und die französische Industrie. Frankreich sollte abgesperrt werden vom Verkehre mit der Außenwelt. Wie die britische Regierung erklärte, wollte man das französische Volk aushungern, hauptsächlich durch Sperrung der Getreidezufuhr. Bedenkt man, daß das damalige Frankreich eine viel geringere Bevölkerung hatte als später und daß sein Boden ebenso fruchtbar war wie jetzt, so ist schwerlich anzunehmen, daß diese Aushungerung ernst gemeint war. Man wollte, wie nachher, als es zu spät war, auch manche einsichtige Männer in Deutschland erkannt haben, durch den Aushungerungsvorwand den mit England verbündeten und ihm dienstbaren Festlandmächten nur ein gemeinsames Ziel zeigen und den eigentlichen Zweck der englischen Absperrungspolitik verbergen. Dieser Zweck war: die festländische Industrie zugrunde zu richten, denn es gelang England, die meisten europäischen Festlandstaaten zur Verpflichtung zu bewegen, nichts nach Frankreich hin zu verkaufen. Dadurch schlugen sie selbst ihren eigenen Ausfuhrhandel nach Frankreich tot, indem sie sich den Absatzmarkt verstopften. Die Folge war, daß besonders in Deutschland der Industrie eine wertvolle, unentbehrliche Stütze genommen wurde und sie, wo sie überhaupt konnte, so teuer arbeiten mußte, daß die billigere englische Ware die deutschen Märkte überflutete. Wir sehen hier mithin wieder die alte englische Politik, die den Krieg nur führt, wenn sie ein großes Geschäft damit machen kann. Je komplizierter und vielseitiger das staatliche Leben in Europa wird, desto raffinierter geht England vor. Hier gelang Großbritannien auf Anhieb, das gesamte europäische Festland mit Begeisterung gegen seine eigene Industrie und gegen sein eigenes wirtschaftliches Leben wüten zu lassen, nur weil man eben diesem Festland ein schönes Schlagwort vorhielt.

Damit begann jener ungeheure Wirtschaftskrieg, für die einen ein Mittel, für die Engländer der Zweck des wirklichen Krieges, der Kampf der Insel gegen das Festland. Die französische Republik vergalt die englische Blockade der französischen Seegrenzen und Landgrenzen durch Ausschluß aller englischen Ware, durch Erhöhung der eigenen Industriezölle.

Die Schutzmaßnahmen erwiesen sich für das industrielle Gedeihen Frankreichs als segensreich, und man versuchte nun auf dem Wege der wirtschaftlichen Vergeltung gegen England weiterzugehen. Man wandte sich an die neutralen Staaten, damit sie gegen den englischen Warenschmuggel Frankreich die Hand reichen, beschlagnahmte alle englischen Waren. Daß England nicht untätig blieb, und daß es diese berechtigten französischen Schutzmaßnahmen als unerhörten Frevel in die Welt hinausschrie, braucht kaum ausdrücklich gesagt zu werden. Die englischen Kriegsschiffe und Flotten übten rigoroser denn je die „Polizei der Meere“, d. h. sie nahmen alle französischen und neutralen Schiffe fort, deren sie habhaft wurden, und zwangen alle von Übersee kommenden Schiffe, erst englische Häfen anzulaufen, eine Maßnahme, welche später während der Zeiten der eigentlichen Kontinentalsperre noch durch eine hohe Abgabe verschärft wurde.

Den England verbündeten europäischen Festlandmächten waren Hände und Füße gebunden. Auf der einen Seite verpflichtete sie England in der gedachten Weise, ihre Industrie zugrunde zu richten, auf der anderen Seite vernichtete England in freundschaftlichster Weise ihre Schiffahrt, und litten sie, soweit sie Seehandel besaßen, unter den französischen Vergeltungsmaßregeln, die sich gegen England richteten. Kaum minder litten die neutralen Seemächte, und um das Jahr 1800 kamen diese zur Erkenntnis, daß es nicht ihre Sache sei, ihren Handel, ihre Industrie und ihre Getreideproduktion den englischen Wünschen zum Opfer zu bringen. Wieder waren es die nordischen Staaten, die sich auf den Trümmern des alten Neutralitätsbundes von 1780 jetzt zusammenschlossen. Wieder handelte es sich um die alte Frage der Freiheit von feindlichem Gut unter neutraler Flagge und um das von England geforderte Durchsuchungsrecht, insbesondere auch für den Fall, daß Handelsschiffe von Kriegsschiffen begleitet wurden. Die Neutralen vertraten den Standpunkt, ein Durchsuchungsrecht für diesen Fall grundsätzlich abzulehnen. Mehrere brutale Gewalttaten gegen die schwedische Handelsflotte und gegen preußische Handelsschiffe — Preußen war seit 1795 neutral —, eine gleiche Gewalttat gegen ein schwedisches Kriegsschiff gaben den letzten Anstoß. Rußland stellte sich nun an die Spitze, und so wurde die neue bewaffnete Neutralität im Jahre 1800 gebildet. Was sie forderte, war nichts Unbilliges, die Achtung des alten Satzes: Frei Schiff, frei Gut, abgesehen von Konterbande, Beschränkung der Konterbande auf Kriegsmaterial, Verbot des Durchsuchungsrechtes von Handelsschiffen, die durch Kriegsschiffe begleitet sind, freie Fahrt neutraler Schiffe überall hin, auch an feindliche Küsten, wenn nicht eine effektive Blockade besteht.

In England erregten diese Forderungen tobende Entrüstung. Die Regierung bezeichnete sie nicht nur als feindselig, sondern als ganz unerhört, als beschimpfend für die englische „Suprematie“. England werde unter keinen Umständen seine Rechte den durch Frankreich Mode gewordenen Jakobinischen Grundsätzen opfern.

Die bewaffnete Neutralität von 1800 blieb auf ihren Forderungen bestehen; Preußen, Dänemark und Schweden hatten sich um Rußland, als die Führermacht, gesammelt, und man ging mit Ernst und Energie daran, die Ostsee und Nordsee der neutralen Schiffahrt offenzuhalten, die Ostsee dagegen für die britische Schiffahrt zu sperren, solange Großbritannien den gerechten Forderungen der neutralen Mächte nicht nachgab. Man muß sich vergegenwärtigen, daß die Ostseeschiffahrt, überhaupt der Handel mit Nordeuropa und Osteuropa, für das damalige Großbritannien von ungeheurer Bedeutung war, als Markt für die britische Industrie und als Quelle für die Einfuhr von Getreide und Holz nach England. Großbritannien war schon damals auf Getreideeinfuhr angewiesen, in weit höherem Maße als Frankreich.

Die neutralen Mächte bereiteten nunmehr die Sperrung der deutschen Flußmündungen vor, in der Nordsee wie in der Ostsee. England forderte daraufhin von Dänemark, es solle seine Vereinigung mit den neutralen Mächten aufgeben, auf die vom neutralen Bunde geforderten Rechte verzichten und seine Häfen öffnen. Die dänische Regierung weigerte sich, und die Folge war die Beschießung Kopenhagens und der dänischen Flotte durch eine englische Flotte, ganz kurz nachdem der russische Zar, die Seele der bewaffneten Neutralität, ermordet worden war. Die Vorgeschichte seiner vielbesprochenen Ermordung ist nachweislich in ihren Einzelheiten nicht aufgeklärt worden, aber im Lichte der politischen Zusammenhänge betrachtet, darf man als sicher annehmen, daß die Mörder des Zaren, ebenso wie deren direkte Auftraggeber, durch die englische Regierung gedungen waren. Dieser Mord fällt mithin dem frommen und freien Inselvolke zur Last, welches lediglich aus sittlicher Entrüstung über die Hinrichtung Ludwigs XVI. Europa in einem zweiundzwanzigjährigen Kriege hielt. Die Ermordung des Zaren und die Beschießung Kopenhagens waren zeitlich so wunderbar abgepaßt, daß gerade während der Beschießung die Nachricht von der Ermordung in Kopenhagen bekannt gemacht werden konnte. Dänemark gab nach, die bewaffnete Neutralität von 1800 war erledigt, und Rußland trat in ein Sonderabkommen mit Großbritannien. Großbritannien hielt hinsichtlich der Handelsschiffahrt der Neutralen, hinsichtlich der Blockade usw. alle seine Forderungen und „Rechte“ aufrecht.

Wieder einmal war das Festland von der Insel besiegt worden, und zwar in diesem Falle ein Teil des Festlandes, der, wenn seine Glieder zusammengehalten hätten, eine sehr bedeutende Macht dargestellt haben würde. Es war die während der gesamten Koalitions- und Napoleonischen Kriege typische Doppelstellung Rußlands, welche den Bund sprengte. Wir können auf die übrigen Seiten der politischen Lage damals und der Geschehnisse nicht eingehen. Unparteilich betrachtend, wird man sagen können, daß ein festes Zusammenhalten der bewaffneten Neutralität von 1800 und eine Annäherung an Frankreich für das wirtschaftliche Leben des festländischen Europas von größtem Segen gewesen wäre. Aber das war es nicht allein. Der Zusammenbruch der bewaffneten Neutralität von 1800 bezeichnete eine neue Etappe in der Entwicklung der Seebeherrschung Großbritanniens auf Kosten des Festlandes. Wiederum zeigte sich erfolgreich der entschlossene Wille der britischen Seebeherrscher, das festländische Europa lediglich als Gegenstand der Ausnutzung zu betrachten und zu behandeln. Keine Mühe, kein Geld, keine List, keine Schurkerei ließen die britischen Staatsmänner unbenutzt, um die Festlandmächte in immer neue Kriege zu stürzen und sich gegenseitig durch wirtschaftliche Maßnahmen auch auf diesem Gebiete zu schwächen. Als „Entgelt" vernichtete Großbritannien in aller Kühle und Rücksichtslosigkeit auch noch den Seehandel seiner Freunde, mochten sie neutral oder ihm verbündet sein.

Der britische Kampf gegen die bewaffnete Neutralität hatte in jeder Beziehung den Charakter des Angriffes. Das gilt nicht allein von der Beschießung Kopenhagens, nicht allein von jener britischen Flottenexpedition nach der Ostsee, sondern von der Politik Englands, die dazu führte. Es bezeichnet auch die ungeheure Machtvermehrung Englands seit früher, daß es sich jetzt hierzu fähig fühlte; denn es war immerhin etwas anderes, eine Flotte gegen die Niederlande, ja auch gegen Spanien zu senden als durch die Nordsee in die von großen Seemächten umrahmte Ostsee. Die verzweifelte Energie, mit der Großbritannien durch Flotten und durch Mörder gegen den Bund der nordischen Mächte vorging, bewies außerdem, wie hoch es die Gefahr eines solchen Bundes einschätzte.

Die damalige Lage erinnert an die heutige, wenn auch die wirtschaftlichen Verhältnisse ja ganz andere geworden sind: Damals gab Großbritannien vor, Frankreich aushungern zu wollen, und enthielt den französischen Häfen jegliche Zufuhr vor. Die Grundabsicht war, die Industrie und den Handel Frankreichs und der Neutralen zu ruinieren. Heute versucht Großbritannien als eines der Hauptmittel seiner Kriegführung: Deutschland auszuhungern durch Verhinderung der überseeischen Nahrungsmittelzufuhr. Dazu sollte als indirekte Aushungerung noch die Verhinderung aller von über See nach Deutschland sonst eingeführten Rohprodukte kommen. Großbritannien erklärte vor der Öffentlichkeit: Diese Maßnahme diene dazu, um zu verhindern, daß die deutsche Industrie auf die Dauer Kriegsmaterial herstellen könne, aber im Grunde richtet sich die großbritannische Aushungerung weit über den Krieg und alles, was zum Kriege gehört, hinaus auf die ganze deutsche Industrie und den ganzen deutschen Handel. Sie soll zu Tode getroffen werden, damit sie für die Zukunft als Wettbewerber Großbritanniens auf dem Weltmarkte ausscheidet; also genau wie vor hundert Jahren Frankreich gegenüber. Wie Großbritannien damals eine große Anzahl von Festlandmächten veranlaßte, Frankreich gegenüber jeden Handel einzustellen, und zur See selbst das Geschäft der Sperrung des neutralen Handels nach Frankreich hin besorgte, so bewirkt Großbritannien heute das gleiche, indem es die neutralen Mächte und deren Handel völlig unter seine Kontrolle genommen hat. Den Niederlanden, den nordischen Mächten, ja selbst der Schweiz wird jedes eingeführte Pfund Kupfer von England zugewogen, oder, wenn es als zuviel erscheint, verweigert. Die Behauptung, man müsse verhindern, daß Deutschland durch diese neutralen Staaten Zufuhr erhielte, ist höchstens zur Hälfte wahr. Die andere verschwiegene Hälfte ist das alte Bestreben, die Gelegenheit einer möglichst großen Schädigung der Industrie der neutralen Länder nicht vorübergehen zu lassen, damit sie durch ihre Bedürfnisse hinfort Abnehmer der britischen Industrie werden. Damals schickte Großbritannien seine Geschwader in die Nord- und Ostsee, um die Neutralen zu kontrollieren und von selbständigem Handeln abzuhalten. Heute hat die britische Admiralität die Zugänge zur Nordsee als Kriegsgebiet erklärt, und jedes neutrale Schiff, welches in die Nordsee oder aus ihr heraus will, muß an der englischen Küste entlang auf genau vorgeschriebenem Kurse die britische Kontrolle und Durchsuchung passieren.

Damals war Rußland der gegebene Führer der neutralen Mächte, solange es neutral war. Heute gehört Rußland zu den kriegführenden Mächten und ist mit Großbritannien verbündet. Der natürliche Führer der von England gedrückten Neutralen wären 1914 die Vereinigten Staaten gewesen, um so mehr, weil ihre Lage, ihre wirtschaftlichen Hilfsmittel und ihre Macht ihnen auch Großbritannien gegenüber eine unvergleichlich unabhängigere Stellung geben als seinerzeit Rußland besaß. Umgekehrt leiden die Vereinigten Staaten weniger unter dem Kriege als Rußland seinerzeit. Der Ausfall seines Handels nach dem europäischen Festlande, insbesondere nach Deutschland, an Rohstoffen usw. wird zum Teile aufgewogen durch ungeheure Lieferungen an Kriegsmaterial an die Feinde des Deutschen Reiches. Dazu kommt die zum größeren Teile deutschfeindliche und englandfreundliche Volksstimmung in den Vereinigten Staaten und noch eine Reihe anderer politischer und persönlicher Momente. So lag es jetzt den Vereinigten Staaten noch näher als seinerzeit Rußland, in Neutralitätsstreitfragen gesondert mit Großbritannien zu verhandeln und neutralitätswidrige Geschäfte zu machen, nicht aber als ein Führer auch der kleinen neutralen Mächte deren Nöte und Interessen zu den ihrigen zu machen. Bis zum Monat März des Jahres 1915 jedenfalls haben die Vereinigten Staaten eine solche Neigung nicht erkennen lassen. Gleichwohl kann nicht bezweifelt werden, daß gerade wegen ihrer wirtschaftlichen und politischen Unabhängigkeit, wegen ihrer geographischen Bedingungen und wegen ihrer Seemacht die Vereinigten Staaten die Interessen eines neutralen Bundes mit unbedingter Aussicht auf Erfolg Großbritannien gegenüber vertreten könnten, wenn sie wollten. Das gilt in um so höherem Grade, weil Großbritannien heute viel abhängiger von überseeischer Nahrungsmittelzufuhr ist als vor 115 Jahren, und weil jetzt im Kriege beinahe diese ganze Nahrungsmittelzufuhr vom amerikanischen Kontinente ausgeht, nicht mehr, wie damals, aus der Ost- und Nordsee kommt. Aus dieser Umkehrung der Verhältnisse ergibt sich wiederum eine Erschwerung für enges Zusammengehen der Vereinigten Staaten mit den nordischen Reichen, der Schweiz und Holland: sie sind durch den Ozean voneinander getrennt, während die Mächte des alten Neutralitätsbundes dicht aneinander grenzten. Ein weiterer Unterschied liegt darin, daß die deutschen Küsten leichter abzusperren sind als die französischen, vor allem, daß durch die Sperrung der Nordsee der Ozeanhandel der neutralen Mächte genau ebenso betroffen wird und in der Faust Englands liegt. Einen — direkten und indirekten — Ozeanhandel, der mit dem heutigen vergleichbar wäre, gab es damals für die nordischen Mächte nicht. Um so schwerer werden sie heute getroffen. Einen erheblichen Unterschied zuungunsten der neutralen Seestaaten Europas gegen die Zeiten der bewaffneten Neutralität bildet die geringe Wehrkraft. Damals waren Dänemark, Schweden und Rußland, ja auch Holland beträchtliche Seemächte, welche, zusammengelegt, unter guter Führung eine große Macht darstellten. Im Laufe der letzten beiden Menschenalter haben diese Mächte so gut wie ganz darauf verzichtet, zur See etwas gelten zu wollen, teils aus Gründen der Kosten, teils weil sie der Ansicht waren, daß sie in einem großen Kriege unter allen Umständen neutral bleiben wollten, und daß die kriegführenden Großmächte ihre Neutralität achten würden. Gerade die kleinen europäischen Mächte, darauf verdient besonders hingewiesen zu werden, waren während der langen Friedenszeit die Hauptträger und Hauptverfechter internationaler Abmachungen über die Handhabung des Seerechtes im Kriege, vor allem hinsichtlich des Schutzes der Neutralen, ihrer Interessen und ihres schwimmenden Eigentums im Seekriege. Großbritannien war stets sorglich bedacht, die neutralen Seestaaten über diese Fragen zu beruhigen und sie glauben zu machen, daß gerade Großbritannien es sich zur Ehre anrechnen würde, die Rechte der Neutralen auf der See zu achten und zu schützen. Die großbritannische Regierung ist sich immer darüber klar gewesen, daß es nicht wünschenswert sei, wenn die Niederlande, Dänemark, Schweden und Norwegen sich eine leistungsfähige Wehrkraft zur See schafften, und deshalb hat man sich so sehr angelegen sein lassen, diesen neutralen Mächten fortgesetzt zu sagen, das würden große unnütze Ausgaben sein, denn der britische Seebeherrscher rechne es sich zur Ehrenpflicht, den Schwachen zu schützen. Auch deshalb ist die Lage der neutralen Mächte heute eine so sehr prekäre. Hätte jede von ihnen sich im Laufe der letzten Jahre die geringe Ausgabe von ein paar Dutzend Unterseebooten geleistet, so würden die kleinen neutralen Nordseemächte Großbritannien mit leichter Mühe zwingen können, ihre Rechte und Interessen zu achten. So, wie die Dinge liegen, bleiben ihnen somit vorläufig nur papierne Mittel.

Die große Ernte.

Zeit der napoleonischen Kriege.

Die in Deutschland landläufige Geschichtschreibung pflegt in der Schilderung der Napoleonischen Kriege die militärische Seite so gänzlich in den Vordergrund zu stellen, daß die wirtschaftliche verschwindet. Einzig die Kontinentalsperre Napoleons wird als ein Ereignis von Bedeutung gewürdigt. Dabei sind in Wirklichkeit zu einem viel größeren Teile, als gewöhnlich angenommen wird, die militärischen Ereignisse durch wirtschaftliche und wirtschaftspolitische Vorgänge und Verhältnisse begründet. Aus dem Jahre 1800 teilen Peez und Dehn einen überaus bezeichnenden Ausspruch Lord Granvilles vom Jahre 1800 mit: „Handel und Fabriken der Republik Frankreich werden sich im Frieden beträchtlich aufrichten, während Englands Lage dieselbe bleibt.“ Diese Besorgnis Lord Granvilles zeigt ein ungewöhnliches Maß von Aufrichtigkeit, ist allerdings nicht erschöpfend. Der edle Lord hätte hinzufügen müssen, daß die Zukunftsaussichten für den Handel und die Industrie Großbritanniens sich stark vermindern würden, wenn der Friede erhalten bliebe. Jeder Festlandkrieg, wie wir immer wieder haben feststellen können, füllte die großbritannischen Scheuern. Wurde aber Frieden auf dem Festlande, solange dort noch lebendige Kraft vorhanden war, dann erholte es sich wieder und versuchte mit eigenen Mitteln für seine wirtschaftlichen Bedürfnisse zu sorgen.

Frankreich hatte die frevelhafte Anmaßung, hinter dem Schilde einer wohlberechneten Schutzzollpolitik industriell zu gedeihen. Napoleon enttäuschte die englische Voraussetzung: Frankreich werde die früheren für England vorteilhaften Handelsverträge unbesehen erneuern, zeigte auch sonst nicht die Absicht, das Land in den Dienst der englischen Interessen zu stellen. Da entrüstete sich das großbritannische Volk aufs tiefste, und die ganze Nation war sich darin einig, daß Macht und Wohlstand dieses frevelhaften französischen Volkes unter allen Umständen gebrochen werden müßten. Die heiligsten Rechte des auserwählten Inselvolkes waren verletzt, und damit war naturgemäß auch die Freiheit Europas auf das schwerste und gefährlichste bedroht. Das edle England wollte Europa nun „vom Napoleonismus erretten". England wollte dafür nichts haben, ja es wollte sogar sein Geld geben, um möglichst viele europäische Mächte an seinem Freiheitskampfe zu beteiligen. Die Staaten, welche neutral blieben, versündigten sich wider Europa, und England handelte sicher im Auftrage der göttlichen Vorsehung, wenn es ihre Schiffahrt vernichtete und ihre Industrie vernichten ließ. Die Zeit, wo man bewaffnete Neutralität zu fürchten brauchte, war vorüber. Die großbritannischen Flotten beherrschten die Meere und blockierten die französischen und die spanischen Küsten, ja sie blockierten schon damals direkt oder indirekt die gesamten Westküsten Europas. Die Mittelmeerinsel Malta war in englische Hände gefallen. Der ägyptische Feldzug Bonapartes war einige Jahre früher fehlgeschlagen. Er mußte fehlschlagen, weil die französische Flotte nicht auf der Höhe stand, und die ägyptische Armee abgeschnitten war, nachdem Nelson das französische Geschwader bei Abukir überfallen und vernichtet hatte. Das Mißlingen des ägyptischen Planes bezeichnete zugleich eine Niederlage des Festlandes im Kampfe gegen die Insel. Auf dem scheinbaren Umwege über Ägypten, mit dem Auge auf Indien, wollte Bonaparte die Insel schwer treffen. Es wäre ihm gelungen, wenn er nicht, um nach Ägypten zu gelangen, das von den britischen Geschwadern beherrschte Mittelländische Meer hätte durchqueren müssen. Heute würde die Sache für eine Macht viel günstiger liegen, welche sich direkt oder indirekt in der Lage sieht, von Osten nach Ägypten zu marschieren, und zwar auf dem Landwege. Eine sehr bemerkenswerte und zeitgemäße Analogie! Zur Verwirklichung dieses Gedankens würde nur gehören, daß entweder die Türken nach Ägypten gingen, die Wüste durchquerend, oder aber daß nördliche europäische Militärmächte den Weg über die Balkanhalbinsel für ihre Truppen frei fänden, um durch die Türkei auf Ägypten zu marschieren. Sollten die hierzu nötigen Vorbedingungen sich einmal erfüllen, so würde die Insel kein Mittel mehr gegen das Festland haben, um Ägypten und Indien zu retten, um ihre Weltmacht zu verteidigen. Die Insel könnte die Meere mit ihren Geschwadern anfüllen, sie könnte Küstenstädte beschießen und Schiffe versenken — es würde ihr nichts helfen, sondern im Gegenteil: ihre Seeherrschaft würde damit teils gebrochen, teils entwertet worden sein. Die Seeherrschaft ist nur halb, ja unter

Umständen ein Schemen, wenn ihre Wirkung auf die Wasserfläche als solche beschränkt bleibt.

Jene mißlungene ägyptische Unternehmung Napoleons war im Grunde kein Angriff auf Großbritannien, sondern eine Maßnahme zur Verteidigung der bedrohten Mittelmeerstellung Frankreichs. Auf eine solche hat die Natur Frankreichs mehr berechtigten Anspruch gegeben als Großbritannien. Außerdem ist in Rücksicht zu ziehen, daß Großbritannien Frankreich aus seiner Stellung in Indien vertrieben und den französischen Handel dort entwurzelt hatte: durch eine Reihe von Raub- und Angriffskriegen, in denen die europäischen Festlandmächte die großbritannischen Geschäfte hatten besorgen müssen.

Napoleon war gescheitert, aber sein Entschluß, Frankreichs Stellung und seine Interessen im Lande wie außerhalb mit allen Mitteln gegen Großbritannien zu wahren, war darum nur um so entschiedener geworden. Nie hat ein festländischer Monarch und Staatsmann das Wesen der britischen Politik und ihre Methoden mit größerer Klarheit und Tiefe erfaßt als Napoleon. Er wußte, daß für England der Handel die Seele von allem ist, was es tut und läßt. Er durchschaute alle Masken und Verkleidungen, in denen die englische Politik von dem Augenblicke an sich als Meister gezeigt hat, seitdem sie anfing, das Festland lediglich als Objekt für großbritannische Ausnutzung zu betrachten und zu behandeln. Er kannte die Macht dieses seines Erzfeindes gut genug und wußte ebensogut, daß die französische Flotte weder der Menge noch der Güte nach auch nur annähernd mit der britischen sich messen konnte. Die Briten anderseits wußten, daß Napoleon zur See ein ungeheuer gefährlicher Feind werden würde, wenn man ihm Zeit ließe. Das ist mit einer der Gründe, weshalb die großbritannischen Staatsmänner den Kaiser nicht zu Atem kommen ließen, und weswegen sie auf dem Festlande einen Krieg nach dem anderen anzettelten und jede Friedenszeit als einen Verlust und als eine Gefahr für Großbritannien ansahen. Auch das wußte Napoleon, und seine Bemühungen, Frieden auf dem Festlande eintreten zu lassen, führen sich nicht zum wenigsten darauf zurück. Er kannte Großbritannien als den europäischen Brandstifter und wußte, daß diese Brandstiftung von den Briten seit 200 Jahren gewerbsmäßig betrieben wurde. Er ließ sich nicht durch Phrasen und Schlagworte täuschen, wie damals die Festlandmächte und wie hundert Jahre später ein großer Teil der Deutschen, die aus den Wolken ihrer Utopien fielen und ihre politischen Kartenhäuser zusammenstürzen sahen, als Großbritannien am 4. August 1914 dem Deutschen Reiche den Krieg erklärte.

Als im Jahre 1803 England den Krieg wieder aufnahm, faßte Napoleon den Entschluß, den Erbfeind Frankreichs auf seinem eigenen Boden anzugreifen, den Ärmelkanal zu überqueren und auf englischem Boden zu landen. Im größten Stile der damaligen Zeit vorbereitet, wurde der Plan bekanntlich vereitelt durch die Schlacht von Trafalgar an der spanischen Küste. Nelson schlug dort vernichtend die vereinte französisch-spanische Flotte. Damit war für Frankreich die Aussicht geschwunden, auch zeitweise die Seeherrschaft im Ärmelkanale zu gewinnen. Die noch übrigen französischen Seestreitkräfte lagen eingeschlossen von überlegenen englischen Streitkräften in den atlantischen Häfen. Wenn Napoleon den bekannten Ausspruch tat: eine sechs Stunden lange Beherrschung des Ärmelkanals würde ihn zum Herrn der Welt gemacht haben, so wird man das nicht so genau nehmen dürfen. Anderseits ist nicht zu bezweifeln, daß eine Möglichkeit der Landung durch ein Zusammentreffen günstiger strategischer und anderer Umstände, durch ein Zusammenwirken von Glück und Tüchtigkeit nicht von der Hand gewiesen werden kann. Das Problem einer Truppenlandung großen Maßstabes auf englischem Boden war damals sehr viel einfacher als heutzutage. Die Flotten standen, nur durch Segel vorwärts bewegt, ganz, Freund wie Feind gleichermaßen, unter dem beherrschenden Einflusse der Windverhältnisse. Ein ganz windstiller Tag oder eine Nacht konnte für ein derartiges Unternehmen mithin plötzliche und möglicherweise entscheidende Bedeutung gewinnen. Die Fahrtgeschwindigkeit der Schiffe betrug nur einen kleinen Bruchteil der der heutigen Kriegsfahrzeuge, welche vom Winde unabhängig sind. Die Tragweite der Geschütze ist mit der der heutigen nicht zu vergleichen. Im Kampf von Schiff gegen Schiff mußte man auf nächste Entfernungen aneinander herangehen, heute kann eine Seeschlacht auf Entfernungen von zwei deutschen Meilen und mehr bis zur Entscheidung durchgefochten werden. Dazu kommen Mine und Torpedo, kommen Unterseeboote und Luftwaffen. Wenn nun auch alle diese Waffen auf beiden Seiten vertreten sind, so ist doch klar, daß Truppentransporte über den Ärmelkanal schon angesichts der Entwicklung des Kriegsschiffs und seiner Waffen viel gefährlicher sind, anderseits viel schwerer geschützt werden können. Dazu kommt, daß eine vielfach größere Truppenmasse nötig wäre, um selbst eine gelungene Landung zu einem militärisch erfolgreichen Unternehmen zu gestalten. Diesen Truppenmassen müßte gesicherter dauernder Nachschub gewährleistet sein, sonst würden sie schon nach kurzer Zeit im feindlichen Lande rettungslos verloren sein. Dauernde Nachschubmöglichkeit aber würde folgerichtig ebenso dauernde Beherrschung des Ärmelkanals voraussetzen. Weiter kommt hinzu, daß im Vergleich mit dem Zustand vor 110 Jahren die großbritannische Bevölkerung enorm gewachsen ist. Das Land ist mit Waffen aller Art und Munition, mit allem denkbaren Kriegsmaterial angefüllt. Die Mengen waffenfähiger Mannschaften sind sehr groß, und wenn diese zum weit überwiegenden Teile als militärisch ausgebildet auch nicht betrachtet werden können, so sind sie doch meist imstande, mit Feuerwaffen umzugehen, und kennen jeden Winkel ihres Landes. Konzentrationen und Verschiebungen der im Lande befindlichen Truppen aber sind im Zeitalter der Eisenbahn, des Telegraphen und des Telephons auf englischem Boden mit einer Schnelligkeit zu bewerkstelligen, welche allein dadurch schon auch eine gelungene Landung zu einem Unternehmen macht von Schwierigkeiten, wie Napoleon sie nicht in Betracht zu ziehen brauchte. Wie die Dinge heute liegen, könnte schließlich kein Zweifel darüber obwalten, daß die großbritannische Bevölkerung gelandeten deutschen Truppen als eine geschlossene Masse von Franktireuren entgegentreten und den Kampf mit allen denkbaren Mitteln bis aufs Messer führen würde. Aus diesen selbstverständlich nur skizzenhaften Überlegungen ergibt sich, daß eine Landung auf großbritannischem Boden nur möglich ist, wenn in der einen oder anderen Form, an der einen oder anderen Stelle der Landenwollende und der Gelandete die See tatsächlich beherrscht. Ist das nicht der Fall, so sind alle Landungsgedanken Phantasien und Utopien und können unter Umständen gefährlich werden.

Daß angesichts der damaligen Verhältnisse aber Napoleon auch nach der Schlacht von Trafalgar seinen Landungsplan verwirklichen zu können glaubte, wenn er Muße und Ruhe hätte, eine neue Flotte aufzubauen und Personal heranbilden zu lassen, das kann man für wahrscheinlich oder unwahrscheinlich halten, aber die militärische Möglichkeit läßt sich nicht bestreiten.

Die Schlacht von Trafalgar besiegelte die Unbedingtheit der britischen Seeherrschaft und machte jene Suprematie unbestritten, welche seitdem rund ein Jahrhundert gedauert hat. In diesem Sinne stand Großbritannien am Ziele, als jene weltgeschichtliche Schlacht in den spanischen Gewässern, dem alten Kampffelde britischer Raubzüge geschlagen worden war. Großbritannien konnte sich damals in der Welt nehmen, was ihm gefiel. Niemand sah sich in der Lage zu widersprechen, abgesehen allein von den Vereinigten Staaten, der abgefallenen nordamerikanischen Kolonie. Die Bedeutung der Schlacht von Trafalgar ist erst gegen Ende des 19. Jahrhunderts gewürdigt und in weiterer Folge freilich auch übertrieben worden. Englische, amerikanische, französische und deutsche Geschichtschreiber sind sich im wesentlichen darüber einig geworden, daß Napoleons Glück und Erfolgmöglichkeiten nicht auf den russischen Schlachtfeldern und nicht bei Waterloo verschwunden, sondern in den Fluten von Trafalgar versunken seien. Man könnte hierüber doch wohl streiten, denn die Schlacht von Trafalgar hat eben nur die englische Seeherrschaft besiegelt und die napoleonischen Landungspläne vorläufig zum Scheitern gebracht. Wollte man sich denken, daß in den Befreiungskriegen acht Jahre später es keinen

Blücher, Gneisenau, Bülow, York usw. gegeben hätte, sondern nur Generale von der Qualität Schwarzenbergs und Bernadottes, so wäre Napoleon nicht niedergeworfen worden. Wäre der Winter 1812 nicht ein so anormaler gewesen, so würde der russische Feldzug möglicherweise anders verlaufen sein. Kurz, bei aller ihrer weltgeschichtlichen Bedeutung wäre es nicht richtig, die Schlacht von Trafalgar als den Angelpunkt für das Geschick des Napoleonischen Frankreichs deshalb anzusehen, weil es Mahan und andere getan haben. Selbstverständlich hat die großbritannische Nation von jeher nichts unterlassen, um Nelson bei Trafalgar und Wellington bei Waterloo als die Retter Europas vom napoleonischen Joche darzustellen. Auch damals ist das Heil für das Festland von der Insel gekommen, welche „Gut und Blut“ für das Ideal der Befreiung, für die Vertreibung des Tyrannen und für Aufrichtung der Legitimität eingesetzt hat. Noch heute gibt es keinen Briten, welcher nicht eine solche Geschichtsauffassung seitens des Festlandes als „heilige Pflicht“ ansähe.

Auf St. Helena hat Napoleon, wie Gourgaud und andere erzählen, gesagt, sein großer Irrtum wäre der Glaube gewesen, daß es noch möglich sei, die Völker des europäischen Festlandes auf die Dauer zu einem einzigen Reiche zusammenzuschweißen. Damit dürfte in der Tat der Kern des Problems getroffen sein, und dieser Denkfehler Napoleons hätte schließlich auch seinen Untergang herbeigeführt. Die nationalen und völkischen Kräfte der Festlandsmächte würden sich über kurz oder lang unter allen Umständen unwiderstehlich geltend gemacht haben, auch ohne die Schlacht von Trafalgar, auch ohne Wellington in Spanien. Die Folge des gleichen napoleonischen Fehlers: nämlich dauernd unterjochen und zusammenzuschweißen, was nicht mehr dauernd zu unterjochen und zusammenzuschweißen war, hat England auch auf der See den dauernden Sieg über Napoleon zufallen lassen. Denkt man sich ein im wesentlichen auf seine bisherigen Grenzen beschränktes Frankreich in der Hand eines Napoleon, so würde dieses schon nach einem Jahrzehnt friedlicher Regierung und systematischer Vorbereitung in der Lage gewesen sein, Großbritannien auf der See mit aller Aussicht auf Erfolg entgegenzutreten. Ein Land mit den Küstenverhältnissen und dem inneren Reichtum Frankreichs brauchte seine Vorzüge und Stärken nur in Ruhe aus sich heraus entwickeln zu lassen, um der Inselmacht gewachsen oder überlegen zu werden. Diesen der heutigen Betrachtungsweise meist fernliegenden Gesichtspunkt hatte Friedrich der Große klar erfaßt, als er in der Geschichte seiner Zeit gewissermaßen kopfschüttelnd meinte, wie töricht es von Ludwig XIV. gewesen sei, den Schwerpunkt seines Krieges auf das Festland zu legen und nicht vielmehr mit aller Kraft und allen Mitteln sich gegen den Inselfeind zu wenden. Und der große König anerkannte als von ihrem Standpunkte richtig die Kriegführung der Engländer, denn sie vereinigten ihre Kräfte ausschließlich auf die See und spannten die Festlandmächte für sich ein, um Frankreich auf dem Lande Kraft zu entziehen. Napoleon wäre in einen solchen Fehler nicht verfallen, denn er kannte England. Sein Irrtum war der Glaube an die Dauermöglichkeit seiner Eroberungen. Nur infolgedessen konnte Großbritannien immer wieder Mächte auf dem Festlande finden, die für den britischen Handel fochten. Diese Betrachtung gilt natürlich nur vom Gesichtspunkte des damaligen Frankreichs.

Die Schlacht von Trafalgar soll nach britischer Meinung Europa gerettet haben! Heute, reichlich ein Jahrhundert nachher, darf man wohl die Frage aufwerfen, ob die Folgen dieser Seeschlacht wirklich so heilsam für die Staaten und Bewohner des europäischen Festlandes gewesen sind. Wer, wie wir, auf dem Boden steht, daß der Traum Napoleonischer Weltherrschaft aus den Gründen, die Napoleon selbst erkannt hat, so oder so gescheitert wäre, kann in den Folgen der Schlacht von Trafalgar keine einzige finden, welche für Europa segensreich gewesen wäre. Die Schlacht von Trafalgar besiegelte die englische Beherrschung der Meere, machte sie unbestritten und damit absolut.

Nachdem Napoleon seine Landungspläne aufgegeben und sich mit seiner Landkraft gegen Österreich hatte wenden müssen, wußte er, daß ihm bis auf weiteres ein Mittel zur direkten Bekämpfung des Inselvolkes nicht mehr zur Verfügung stand. Wie die englischen Geschichtschreiber und der Amerikaner Mahan richtig erkennen, war alles, was Napoleon nun noch gegen England begann, ein System der Aushilfen in Ermangelung eines besseren. Das gilt auch für die Kontinentalsperre. Diese berühmte Sperre ist gerade für unsere Betrachtung von hohem Interesse, weil sie den britisch-napoleonischen Kampf in seiner Grundeigenschaft als Kampf zwischen Insel und Festland höchst anschaulich hervortreten läßt. Der leitende Gedanke für die Kontinentalsperre geht auf die Maßnahmen des republikanischen Frankreichs während der neunziger Jahre zurück. Diese wiederum gingen aus vom Gedanken, den französischen Markt gegen Überflutung durch englische Erzeugnisse zu schützen. Solchen Schutzmaßnahmen standen — und zwar schon lange vor der französischen Republik — die englischen Blockaden der Küsten des Feindes und aller Neutralen gegenüber, die England als „verdächtig“ anzusehen für praktisch befand. Die englischen Blockaden erfolgten ohne weiteres in jedem Seekriege, den England führte, teils um den Gegner zu schädigen, in erster Linie aber um den englischen Handel und die englische Schiffahrt zu bereichern. Dieses Mittel hatte sich als so probat erwiesen, daß die Leiter des auserwählten Inselvolkes es gar nicht oft genug anwenden und nicht genug ausdehnen konnten. Aus dem letzteren Grunde führte man denn auch anstatt der wirklichen effektiven Blockade die papierne, die englische Blockade ein.

Aus jenen Anfängen während der neunziger Jahre des 18. Jahrhunderts, die sich nur auf Frankreich bezogen hatten, bildete Napoleon sein ungeheures Sperrsystem gegen englische Einfuhr und englische Waren: die Kontinentalsperre. Die Möglichkeit ihrer Durchführung und damit ihrer Wirkung wurde zwingend bedingt durch Lückenlosigkeit. Die Engländer begriffen das sofort und richteten deshalb ihre Kraft und alle List darauf, Lücken zu schlagen. Die europäischen Küsten vom Eingange zur Ostsee bis Gibraltar und von dort im Mittelländischen Meere sollten gesperrt sein, sie sollten eine zusammenhängende Abwehrlinie bilden gegen alles, was aus England kam und englisch war. Die nordischen Staaten brauchte Napoleon dazu, hauptsächlich die Seemacht Dänemark, die Hüterin der Belte und des Sundes. Da erschien 1807 eine englische Flotte vor Kopenhagen und verlangte von dem noch völlig neutralen Lande die sofortige Auslieferung seiner Flotte. Großbritannien wolle sie „in Obhut nehmen" und später wieder zurückgeben. Dänemark lehnte zunächst ab, die Engländer beschossen sofort Kopenhagen mit ihrer Flotte und ließen von der Landseite Truppen gegen die dänische Hauptstadt vorgehen. Die Dänen mußten nachgeben und ihre aus 33 Linienschiffen und Fregatten bestehende Kriegsflotte dem englischen Admiral ausliefern, der sie nach England schleppen ließ. Die Schiffe waren alle unbemannt, ein unwiderleglicher Beweis, daß Dänemark im tiefen Frieden angegriffen wurde und nicht daran dachte, seine Neutralität aufzugeben. Ob Napoleon Dänemark nachher zu einer Aufgabe seiner Neutralität veranlaßt haben würde, ist eine andere Frage, denn Napoleon hatte sich damals zu Tilsit mit dem russischen Kaiser Alexander verständigt und eine Art Verteilung Europas in großen Zügen mit ihm abgemacht. Dänemark sollte eine erhebliche Vergrößerung auf Kosten Norddeutschlands zugesagt werden, wenn es sich auf seiten Frankreichs und seine Flotte in den Dienst Frankreichs stellte. Es lag mithin nur die Absicht eines Angebotes an Dänemark vor, dagegen keine dänische Absicht, aus der Neutralität zuungunsten Englands herauszutreten, geschweige denn Vorbereitungen dazu. Dänemark war wehrlos, als die Engländer nach Kopenhagen kamen, und jene in England hochgepriesene Tat war nichts als ein feiger, räuberischer und empörender Überfall. Zugleich nahmen die Engländer damals Dänemark die Insel Helgoland fort. Sie wurde im Laufe der kommenden Jahre ein großer Stapelplatz englischer Waren für den Schmuggel nach den Nordseeküsten.

Die Kopenhagener Gewalttat hatte für Napoleon zunächst den Vorteil, daß sie Rußland zur Kriegserklärung gegen England veranlaßte, denn nach der Wehrlosmachung Dänemarks lag die Ostsee frei vor der englischen Flotte, während bisher die russischen und dänischen Flotten schon infolge der geographischen Lage eine natürliche Solidarität besessen hatten. England aber hatte eine Bresche in den Bau des Napoleonischen Systems gelegt, die sich auch durch Rußlands Anstrengungen nicht ausfüllen ließ. Die zweite Bresche wurde im Süden geschlagen. Die ungeschickte und psychologisch unrichtige Behandlung des spanischen Volkes durch Napoleon hatte den spanischen Guerillakrieg zur Folge. Er ist bekannt und berühmt. Weniger bekannt ist, daß Spanien das Blut seines Volkes für englisches Wohl fließen ließ. Denn Spanien wurde damals ruiniert, der spanische Boden verwüstet, und als die Napoleonische Macht in und über Spanien militärisch und politisch gebrochen war, da befand sich das Land unter der wirtschaftlichen Fuchtel Englands, es war auf Englands Hilfe und auf Englands Industrie angewiesen. Der Triumph Englands über Spanien, die Niederwerfung dieses einst großen Volkes in den Staub hat Großbritannien gerade damals und mit den perfidesten Mitteln erreicht, als es in Spanien „für Spanien und für Europa" kämpfte. Nicht anders erging es dem schon vorher Großbritannien dienstbaren Portugal.

Napoleons Absichten lagen auf der Hand: Spanien sollte ihm nur das Mittel bilden, um auf dem Festland und mit dem Festlande Großbritannien zu bekämpfen. Die spanischen und portugiesischen Küsten sollten dann für Großbritannien ebenso gesperrt sein wie die nordeuropäischen. Gibraltar wollte Napoleon von der Landseite nehmen. Der Plan war also, im ganzen gesehen, großartig und einfach: das Festland sollte die Insel gewissermassen abstoßen und dem Inselvolke die Möglichkeit nehmen, an jenes zu verkaufen. Einen solchen Zustand, dachte Napoleon, würden die Engländer auf die Dauer nicht aushalten können. Es würden Unruhen auf den großbritannischen Inseln ausbrechen, Geldnot usw. Daß man in Großbritannien von den Folgen der Napoleonischen Kontinentalsperre nicht gering dachte, zeigen die sofortigen und vorgreifenden Gewaltmaßnahmen der großbritannischen Regierung Dänemark wie Spanien und Portugal gegenüber. Wie die europäischen Festlandmächte und Teile für Napoleon nichts weiter bedeuteten als Kampfesmittel gegen England, so benutzte Großbritannien sie umgekehrt gegen den Kaiser der Franzosen. Aber mindestens im selben Maße blieb gerade in jenen Zeiten die Bedeutung des Festlandes für England die des Mittels für den britischen Handel. Je mehr Festland verwüstet wurde, je mehr es verarmte, desto besser für Großbritannien: überall da hatte es sich für die Zukunft einen unbestrittenen Absatzmarkt gesichert. Daß die britischen Kriegsflotten auch den nur mit äußerstem Widerstreben Napoleon sich fügenden Festlandstaaten ihre

Handelsschiffe wegnahmen, versenkten oder kaperten, verstand sich ganz von selbst, das erheischte die „Befreiung Europas“.

Die französisch-russische Freundschaft dauerte nicht lange, nachdem sie auf dem Fürstentage zu Erfurt 1807 ihren Höhepunkt erreicht hatte. Die beiden Kaiser hatten ihren Aufteilungsplan der Welt weiter gefördert, sind sich aber anscheinend über Konstantinopel (Napoleons Denkwürdigkeiten) nicht einig geworden. Dazu kam der Verrat Talleyrands an Rußland und England. Als dann nachher tatsächlich die Abkehr Rußlands von Napoleon erfolgte, war das Kontinentalsystem erledigt. Großbritannien aber setzte unentwegt sein altes System fort und drängte mit Erfolg Österreich-Ungarn in den Krieg von 1809. Der Feldzug endete unglücklich, weil Österreich nicht bereit war und zuletzt gegen Frankreich und Rußland allein stand. Österreich-Ungarn wurde mit seinem nutzlosen Kampf zum zweiten Male leidendes Mittel für Großbritannien. In Großbritannien mochte man aber befürchtet haben, es könne sich eine Annäherung Österreichs an Frankreich und Rußland ergeben. Es gereicht der österreichischen Staatskunst von damals nicht zum Ruhme, sich nach so vielen Erfahrungen von England haben einwickeln zu lassen. Aber freilich, die damaligen Diplomaten Europas hatten einander nichts vorzuwerfen, mit Ausnahme der russischen.

Angesichts des heutigen Weltkrieges ist es nicht ohne Interesse, einen kurzen Blick auf die technisch-militärische Handhabung des englisch-französischen Kampfes jener Jahre zu werfen.

Den wirtschaftlichen Ruin Großbritanniens glaubte Napoleon also erreichen zu können, und so untersagte er 1806 allen ihm unterworfenen oder seinem Einflusse unterstehenden Ländern den Handel mit Großbritannien. Heere von französischen Beamten wurden längs den Küsten, hauptsächlich in den Hafenplätzen verteilt, überhaupt ist für die Beurteilung jener Sperre charakteristisch — dies muß festgehalten werden —, daß sie nur auf dem festen Lande, nicht, wie es eigentlich normal gewesen wäre, auf der See selbst ausgeübt werden konnte: die Briten beherrschten die See in vollem Sinne des Wortes. In diesem Verhältnis lag von vornherein eine große Schwäche des Napoleonischen Kontinentalsystems, denn die Sperre einer so langen und vielfach gegliederten Küste auf dem Lande selbst ist an sich ein Ding der Unmöglichkeit. Napoleon sagte selbst, er könne nicht das kleinste Fischerfahrzeug auf der See fahren lassen, ohne daß die Engländer es kaperten. Die großbritannische Regierung blockierte als Antwort auf die Landsperre alle Häfen des Festlandes, in welchen die Sperre erklärt worden war. Großbritannien verbot den Verkehr mit diesen Häfen allen neutralen Schiffen. Nur unter der Bedingung erhielten diese die Erlaubnis, solche Häfen anzulaufen, wenn sie vorher in einem englischen Hafen anliefen, dort eine hohe Abgabe entrichteten und englisches Eigentum als Fracht mitnahmen, und somit jedes Schiff, das einen der gesperrten Häfen anlief, gleichzeitig zum Sperrbrecher wurde. Napoleon antwortete seinerseits mit dem Befehle, alle diese neutralen Schiffe, welche den englischen Anordnungen nachkämen, zu beschlagnahmen. Nachher ging man noch weiter, indem auch englische Waren, die auf dem Festlande gefunden wurden, der Beschlagnahme verfielen. Die Folgen für den Seehandel brauchen nach allem bisher Gesagten nicht ausgemalt zu werden. Die trotz aller Kriege wieder aufgeblühte Schiffahrt Frankreichs verschwand von den Meeren bis auf geringe Bruchstücke einer Küstenschiffahrt. Von seinen Kolonien war Frankreich abgeschnitten. Die französischen Kolonien kamen dadurch ebenfalls in schwierige Lage, da sie alles, was sie an europäischen Waren und Lebensmitteln brauchten, von den Vereinigten Staaten beziehen mußten. Das französische Mutterland verlor durch die Trennung von seinen Kolonien seinen einträglichen Handel mit Kolonialwaren für Europa, den es bis zur englischen Blockade in Händen gehabt hatte.

Die Nachteile für England durch die Sperre bestanden einerseits darin, daß sich ungeheure Warenmassen im Lande häuften, die nicht verkauft werden konnten, daß anderseits die Rohstoffe, welche Europa — anstatt wie heute die transozeanischen Länder — an Großbritannien lieferte, wegen der Sperre sehr spärlich eingingen. Das händlerische und gewerbliche Leben in Großbritannien litt naturgemäß darunter, und gestöhnt und gejammert wurde weit über das Maß des Leidens hinaus. Die Engländer benutzten jede Gelegenheit, um sich als Märtyrer des Festlandes erscheinen zu lassen, während in der Tat das unglückliche Festland der leidengeübte Märtyrer war. England befand sich in der Lage eines großen und schwindelhaften Unternehmers, der in einer Unternehmung ein hohes Spiel spielt und spielen will, weil er vermöge seiner Erfahrung genau weiß, daß dieses Geschäft, das seine eigenen Helfer ruiniert und ruinieren soll, ihm eines Tages ungeheuren und dauernden Gewinn abwerfen wird. Die Wartezeit bis zur Ernte dauert ein wenig lang, er muß zeitweise etwas „krumm liegen", und so stöhnt und jammert er, um die Welt glauben zu machen, daß er schwer leide und ehrlich sei.

Der englische Schmuggel nach dem Festlande wurde in größtem Maßstabe betrieben, dazu kamen die erwähnten Abgaben der neutralen Schiffe. Beiläufig bemerkt, zeigen gerade diese Abgaben, in welch schrankenloser Despotie Großbritannien mit der neutralen Schiffahrt und ihren Eigentümern schaltete. Ja, es trieb die Erniedrigung noch weiter: dieselben Handelsschiffe mußten auf ihrer Rückkehr von europäischen Häfen wiederum englische Häfen anlaufen und sich durchsuchen lassen. Viel anders wurden die schwächeren Neutralen im Jahre 1914/15 übrigens auch nicht behandelt. Das Hauptgeschäft für England lag aber, wie gesagt, in der Vernichtung der neutralen Schiffahrt. Wie die englische Blockade auf deutsche Staaten wirkte, sei nur an ein paar Beispielen erläutert: Durch die englische Blockade der hannoverschen Küste und ganz widerrechtlicher Weise auch der Elbmündung ging die schlesische Leinwandindustrie annähernd zugrunde. Sie konnte nicht mehr über Hamburg exportieren, und die Ausfuhr über andere Häfen kostete so viel Fracht, daß das Ausland, vornehmlich Großbritannien, Amerika und Spanien, billigere Quellen suchten. Preußen erhob Vorstellungen in London gegen die Elbsperre, da es selbst gänzlich ohnmächtig war, auch naiv genug sein mochte zu glauben, daß diese Folge des Niederganges einer seiner Hauptindustrien nicht von England gewünscht werde. Ähnlich ging es der preußischen Ausfuhr von Wollwaren. Als später nach dem Sturze Napoleons die Sperren verschwanden und die Schiffahrt wieder frei wurde, da fand die preußische Industrie ihre früheren ausländischen Absatzmärkte ausgefüllt, und zwar durch die englische Industrie. Dazu kam, daß England damals die einzige Macht war, welche die Mittel zur Seefahrt, nämlich der Handelsschiffe, in seinem Besitz hatte. Die europäischen Festlandstaaten mußten also den Engländern auch noch die Fracht bezahlen. Ähnlich ging es den übrigen deutschen Staaten, vornehmlich Hannover, und der Durchgangshandel von Süddeutschland nach den norddeutschen Häfen hin verschwand. In ganz Deutschland sank die Lebenshaltung, die Staatseinkünfte verminderten sich in erschreckender Weise und alles lag danieder. Das napoleonische Genie fand für Frankreich und die eroberten Gebiete, freilich auch auf Kosten der anderen Länder, Mittel, welche Industrie und gewerbliches Leben in kurzer Zeit auf überraschende Höhe brachten. Er milderte für seine Länder außerdem die Sperre durch sogenannte Lizenzen, subventionierte in Zeiten höchster Not die Industrie mit barem Gelde und erzeugte damit eine Blüte, die auch auf manche Industrie und Handelszweige in Deutschland hebend und belebend wirkte. Gerade aber diese wurden nachher zugrunde gerichtet, als nach Zusammenbruch der Kontinentalsperre und dem Sturze Napoleons die Überfülle der in England aufgehäuften Waren die europäischen, vor allem die deutschen Märkte überflutete und alle Konkurrenz erdrückte.

Die englischen Minister und Parlamentsredner jener Zeit und nachher hoben fromm die Augen gen Himmel, um wieder und wieder zu erklären, wie wunderbar gut Gott es doch gerade mit England meine, indem er es reich und immer reicher werden lasse und es gnädig beschützt habe vor der Kriegsfurie, welche die armen europäischen Festlandmächte verheerend durchtobte. Sicherlich herrschte in manchen Augenblicken der Kontinentalsperre manchmal Niedergeschlagenheit in den Kreisen englischer Geschäftsleute. Alle Geschäftsleute sind nicht immer weitsichtig und erfreuen sich auch nicht immer einer unentwegbaren Stärke des Charakters. Die Proben, auf die sie gestellt wurden, waren bisweilen hart, und wenn Napoleon die Möglichkeit gehabt hätte, tatsächlich die gesamten europäischen Küsten ohne wesentliche Lücken auf die Dauer zu sperren, so kann sogar fraglich sein, ob England diese Probe ausgehalten hätte. Das Festland hätte sie ausgehalten, wenn nicht Napoleon seinen Grundsatz aufgegeben hätte, unterworfene Staaten, vornehmlich Preußen, zugunsten Frankreichs systematisch zu ruinieren.

Die Befreiungskriege zerbrachen das Joch, welches Napoleon Europa aufgelegt hatte. Die Völker Europas waren wieder frei. Sie wußten in jenen Tagen der Erhebung und des nationalen Hochgefühls nicht, daß ihnen in jenen langen Jahren des Kampfes ein anderes Joch auf den Nacken gelegt worden war, dessen Druck sie später von Jahr zu Jahr mehr empfinden sollten: das war die Abhängigkeit von der großbritannischen Industrie und die unbestrittene Beherrschung der Meere durch die großbritannische Kriegs- und Handelsflotte. Zur Zeit der Befreiungskriege war die europäische und Weltstellung Großbritanniens in der Tat einzigartig. Durch blutige Menschenverluste, durch geldliche Verarmung, durch wirtschaftliche Knechtung und Aussaugung, durch politische Unklarheit und Zerfahrenheit lag das festländische Europa, teils nur eine Reihe von Schlachtfeldern bildend, am Boden. Ein ungeheurer idealer Schwung hatte trotzdem das ärmste dieser Länder, Preußen, das Größte vollbringen lassen. Preußen kämpfte tatsächlich für die Freiheit, und man gab das Letzte her. Die Gefilde der auserwählten Inselgruppe waren vom Feinde nicht berührt worden. Menschenverluste hat Großbritannien während der Napoleonischen Kriege kaum gehabt, abgesehen von einigen Hunderten in den siegreichen Seeschlachten. Auf dem Festlande kämpften sehr wenige Engländer, meistens Deutsche. In Spanien ließ England außer den Deutschen Spanier kämpfen. Militärisch auf dem Lande geleistet hat Großbritannien nichts. Eine Expedition, die zur Einnahme Antwerpens unternommen wurde, war kläglich fehlgeschlagen. Aber immerhin, die Regierenden konnten sich auch da sagen, daß das kostbare britische Blut sorglich geschont worden war.

Die Existenz Großbritanniens als unabhängige Macht und als Seehandelsstaat hat Napoleon nicht von vornherein bedroht. Seine Versuche, eine Landung in England vorzubereiten und die großbritannische Nation dann durch die Kontinentalsperre zu erschöpfen, waren beides Verteidigungsmaßnahmen. Großbritannien hatte den Angriff auf Frankreich begonnen, und zwar aus Gründen, die sich, wie immer letzten Endes, unmittelbar und mittelbar auf Handel und Industrie zurückführten. Für seine immer maßloser werdenden Ansprüche auf der See und über der See setzte Großbritannien zwei Jahrzehnte lang die europäischen Festlandmächte in Bewegung und ließ sie einander zerfleischen. Nachher war es Großbritannien, welches „Europa befreit" hatte. Die guten Deutschen glaubten es und glauben es zum Teil noch heute. Unzählige geschichtliche Werke bestätigen das und die Auffassung, man sei dem Großbritannien von damals als Hort und Quelle der Völkerfreiheit ungemessenen Dank schuldig. Eben dahin gehört auch die deutsche Legende: das Britentum von früher, besonders auch das zur Zeit der Befreiungskriege, sei ein ganz anderes gewesen als das heutige. Andere meinen, die gute Zeit des Britentums habe eben mit den Revolutionskriegen aufgehört, sei vor diesen aber tatsächlich vorhanden gewesen. Das eine ist so unrichtig wie das andere, denn die Methoden und Ziele des Britentums sind ohne Unterschied die gleichen geblieben, seitdem Großbritannien sich als handeltreibendes Inselvolk vom Festland absonderte und in demselben Augenblicke in ewigen Gegensatz zu den wahren Interessen der Festlandmächte trat.

Der Raub wird verdaut, — das Festland wird unbotmäßig.

Nach der Leipziger Schlacht schrieb eine englische Zeitung: „Wer gab Deutschland das erste Beispiel des Abfalles von Napoleon? Die Preußen. Wer schlug die Schlachten von Lützen und Bautzen? Die Preußen. Wer siegte bei Haynau? Die Preußen. Wer bei Großbeeren, Katzbach und Dennewitz? Immer die Preußen. Wer bei Kulm, Wartenburg, Möckern und Leipzig? Die Preußen, immer die Preußen." Heinrich von Treitschke schreibt dazu: „Wie eine Drohung klang dieses stolze the prussians, ever the prussians! dem Kaiser Franz und den Fürsten des Rheinbundes. Welcher Zukunft ging Deutschland entgegen, wenn dieser Staat seine alte Macht zurückerlangte?"

Großbritannien ist immer bereit gewesen zu „bewundern" und, wenn es die Macht in der eignen Hand weiß, dem Gegenstande seiner Bewunderung das Rückgrat zu brechen. Hier glaubte es alle Mittel zur Niederhaltung dieses gefährlichen kleinen Preußens in der Hand zu haben, und deshalb kargte man auch nicht mit der Anerkennung, feierte damals und nach der Schlacht von Waterloo Blücher, Gneisenau usw. mit jener verlogenen Herzlichkeit und Begeisterung, welche den Engländer immer ausgezeichnet hat. Ähnlich wie Friedrich der Große, so hatte auch das Preußen der Befreiungskriege Großbritannien ungeheure Dienste erwiesen. Preußen war der Befreier des Festlandes, nicht Großbritannien, wie die überkommene Geschichtslüge noch heute behauptet. Anderseits hatte Preußen durch seine Tätigkeit Großbritannien dazu verholfen, daß das fromme Inselvolk seine riesige Ernte aus der Zeit der letzten zwanzig Jahre sicher in die Scheuern bringen konnte. Von 1813 an versuchten die Engländer unter wortreicher Anerkennung der preußischen Leistung die schamlosen Räubereien vergessen zu machen, die sie im Jahre 1806 gegen dasselbe Preußen begangen hatten. In jenem Jahre 1806 — wie wir nicht vergessen wollen —, als nicht lange vor der Katastrophe von Jena Preußen mit Napoleon verbündet war und auf sein Geheiß Hannover mit seinen Häfen besetzte, da erklärte die englische Regierung, sie müsse gerechte Vergeltungsmaßnahmen gegen Handel und Schiffahrt Preußens unternehmen. Das erforderten nicht die englischen Interessen in Hannover, sondern einzig und allein die Ehre der britischen Flagge und die Freiheit der britischen Schiffahrt. Diese Ehre und die Würde der britischen Krone veranlaßten Großbritannien im Frühjahr 1806, sämtliche preußischen Kauffahrteischiffe, welche in großbritannischen Häfen lagen, einfach fortzunehmen, und zwar mit ihren Waren. Das war ein furchtbarer Schlag für ein armes kleines Land wie Preußen, aber Großbritanniens Ehre hatte es verlangt, und dieselbe Ehre ließ es sich nachher gern gefallen, daß die alles mit sich fortreißende und alles vor sich niederwerfende Kraft Preußens Großbritannien vom Alpdrucke der Kontinentalsperre befreite.

Während der Verhandlungen des Wiener Kongresses schrieb der noch kurz vorher mit einem kindlichen Vertrauen auf England blickende Gneisenau: „Am schlechtesten benimmt sich Wellington, er, der ohne uns zertrümmert worden wäre, der uns die Zusage unserer Hilfe am 16. (Ligny), in Bereitschaft zu sein, nicht gehalten hatte; dem wir uneingedenk des durch seine Schuld erlittenen Unglückes bei Waterloo ritterlich zu Hilfe gekommen sind; die wir ihn vor Paris geführt haben, denn ohne uns wäre er nicht so schnell gekommen; die wir ihn durch unser schnelles Verfolgen eine zweite Schlacht gespart haben, denn wir haben den Feind aufgelöst, und kein Brite hat seit der Schlacht am 18. ein Gefecht bestanden. So viele Verdienste vergilt der Mann durch schnöden Undank." Und in seiner berühmten Denkschrift, die dem Kaiser von Rußland überreicht wurde, schrieb Gneisenau: „Bleibt Frankreichs Grenze unverändert, so wird man allgemein sagen, England wollte den Kontinent in neue Wirren stürzen, damit er nicht Zeit habe, sich gegen die britische Handelspolitik zur Wehr zu setzen." — Hier sprach der Staatsmann Gneisenau und zeigte tiefe Einsicht in das eigentliche Wesen der Politik Großbritanniens. Der Soldat Gneisenau in seiner sittlichen Entrüstung über den „schnödesten Undank" Wellingtons hatte als Soldat recht mit seiner entrüsteten Verwunderung. Wellington würde sie nicht verstanden haben, denn als Brite kannte er nicht das soldatische Gefühl der Ehre, er kannte nur den britischen Standpunkt, den Standpunkt rücksichtslosen Eigennutzes, der immer am rücksichtslosesten sich freundwilligen und schwächeren Helfern Großbritanniens gegenüber geltend gemacht hat.

Gneisenau hatte recht: England wollte nicht, daß der Kontinent Zeit habe, sich gegen die britische Handelspolitik zur Wehr zu setzen. Nachdem Napoleon unschädlich gemacht worden war, ja, man kann sagen, im Augenblick, wo die Schlacht von Waterloo ein preußischer Sieg geworden war, da stand Großbritannien schon auf Frankreichs Seite. Großbritannien gab Frankreich seinen neuen König, der auf englischem Boden geweilt hatte, Großbritannien schloß den längst vorbereiteten Bund mit Talleyrand und bestimmte so, in Gemeinschaft mit Rußland, die Karte Europas. Man hat damals — und tut es heute noch — bei uns über die Unfähigkeit der preußischen Diplomatie auf dem Wiener Kongresse gesprochen und wiederholt das Wort des alten Blücher von den verfluchten „Diplomatikern": die Feder habe verdorben, was das Schwert erworben habe. An sich ist das richtig, aber man kann den Jammer des Wiener Kongresses und seine Ergebnisse nicht den preußischen Diplomaten zur Last legen, die Sache war einfach die, daß die Großmächte ein starkes Preußen nicht wollten und ebensowenig ein starkes Deutschland. Es mutet uns heute beinahe naiv an, wenn vor dem Beginn der Befreiungskriege der Freiherr vom Stein an den britischen Kabinettsminister Graf Münster schrieb: „Mein Wunsch ist, daß Deutschland groß und stark werde, um seine Selbständigkeit, Unabhängigkeit und Nationalität wiederzuerlangen und beides in seiner Lage zwischen Frankreich und Rußland zu behaupten." Das eben war es ja, was keine einzige der europäischen Mächte wollte, am allerwenigsten England, denn England wußte, daß ein starkes geschlossenes Deutschland auch eine industrielle Macht sein würde und kein wirtschaftliches Opfertier britischer Industrie und britischen Handels. Überdies ist der Anblick aufsteigender fremder Kraft jedem Briten immer etwas Unheimliches. England ließ zunächst den Fürsten Europas das Schlagwort der Legitimität, um so gleichzeitig die Völker über ihre Interessen zu täuschen. Nur Frankreichs Interesse entsprach dieses neue Schlagwort ausgezeichnet und bildete mit das Sprungbrett für die Stellung, welche Talleyrand mit hervorragender Geschicklichkeit und überlegenem Weitblicke seinem besiegten Lande zu verschaffen verstand. England spielte den Uneigennützigen, es behielt Malta, Gibraltar usw., gab Frankreich aber ein paar Kolonien zurück. Desto eifriger sorgte England für eine ihm genehme politische Gestaltung der Nordsee- und Kanalküste: Preußen wurde gezwungen, seine alte Provinz Ostfriesland an Hannover abzutreten, welches gewissermaßen englische Provinz auf dem Festlande war. Preußen hatte somit keinen einzigen Hafen an der Nordsee. Durch den Herzog von Wellington setzte England auf dem Wiener Kongresse die Vereinigung Hollands mit Belgien durch unter der Vorgabe, daß Belgien allein von Frankreich erdrückt werde. Durch Personalverbindung hoffte der großbritannische Prinzregent, die vereinigten Niederlande und Belgien würden völlig unter britischer Vormundschaft bleiben. Daß die belgischen Provinzen deutsches Reichsland waren, wurde ohne weiteres ignoriert, und an eine Korrektur des Westfälischen Friedens dachte vollends niemand. Unter Englands Führung, die sich freilich möglichst zu verschleiern gesucht hatte, war es den Kongreßmächten gelungen, Preußen, ohne dessen Kraftleistung Napoleon nicht niedergeworfen worden wäre, von der Nordsee abzuschließen und geographisch so ungünstig zu gestalten, daß es beinahe als in zwei Teile gerissen erschien: schwach und militärisch denkbar ungünstig gestaltet, um sich nach Osten und nach Westen zu behaupten. Dänemark behielt Schleswig-Holstein und erfreute sich nunmehr wieder der britischen Gunst, um als Beherrscherin der Meerengen Preußen in Schach zu halten. Im übrigen hatte der Wiener Kongreß die Selbständigkeit der deutschen Einzelstaaten erhöht in der alten, immer richtigen Berechnung, so das Zustandekommen eines geschlossenen ganzen Deutschlands zu verhindern. An allem diesen Elend hatten mithin die preußischen „Diplomatiker“ weniger Schuld als unter Englands Führung das Interesse der europäischen Mächte, Preußen nicht stark werden und ein einiges Deutschland nicht zustande kommen zu lassen. Die Absperrung Preußens von der Nordsee war ein weitschauender Akt Englands von großer Bedeutung. Von noch höherer Bedeutung zu werden versprach die Einigung der Niederlande und Belgiens unter Englands Vormundschaft. Wir haben die Entwicklung der englischen Beziehungen zu diesen beiden Ländern seit dem Unabhängigkeitskampfe der Niederlande gegen Spanien verfolgt und immer das zähe Streben Englands gefunden, diese Länder an der Küste des Ärmelkanals bzw. der Nordsee nie in enge Verbindung mit einer seefahrenden europäischen Festlandgroßmacht gelangen zu lassen. Im Wiener Frieden versuchte England, einen großen Schritt weiter zu tun, nämlich die unabhängigen vereinten Niederlande zu einer britischen Festlandfiliale zu machen, zum Glacis der Festung Großbritannien.

Noch richtiger würde man sagen: das mit den Niederlanden vereinte Belgien, insbesondere Antwerpen, sollte nach englischem Plane den Brückenkopf Großbritanniens diesseits des Ärmelkanals für britische Festlandinvasionen darstellen. Hätte sich die Durchführung dieses Gedankens später als auf die Dauer möglich gezeigt, so würde Großbritannien damit eine Machtstellung ohne Beispiel auch als Festlandmacht sich gesichert haben. Als Vormund der vereinigten Niederlande hätte es nicht die Schwächen besessen und die Gefahren gelaufen, wie in alten Zeiten nach der Eroberung Nordfrankreichs; denn mit den Niederlanden sollte es sich nicht um Eroberung, sondern um eine viel billigere Vasallenschaft bei sonstiger „Unabhängigkeit" handeln.

Bei aller Freundschaft für Frankreich sah die britische Politik sich auch im Süden Europas vor: Die sardinische Frage wurde ganz nach britischen Wünschen geregelt, und zwar durch die Verbindung der Republik Genua mit Sardinien. So erhielt England dort einen Wall gegen Frankreich einerseits und gegen österreichisches Vordringen anderseits, drittens aber eine trennende Wand zwischen Österreich und Frankreich. Das vergrößerte Sardinien seinerseits sah sich so immer auf britische Hilfe angewiesen. Der Hafen von Genua war das Bindeglied. Die Mittelmeerstellung Englands war außerdem durch Malta aufs beste vorbereitet und befestigt.

Alles in allem hatte durch den Wiener Frieden, abgesehen von Rußland, nur Großbritannien Vorteile gezogen, und diese Vorteile waren auf den ersten Blick vielleicht unscheinbar, in der Tat aber gewaltig. Die britische Politik war folgerichtig und unbeirrbar, wie immer, vom Gesichtspunkte des Handels und der Seeherrschaft ausgegangen. Alles, was Großbritannien im Wiener Frieden erhielt, alles was es den Festlandstaaten verdarb und vom einen den andern abnehmen ließ, diente unmittelbar oder mittelbar der britischen Seemacht und Handelsmacht auf der See oder über der See. Man ist in Großbritannien meist klug genug gewesen, um so zu tun, als ob die See ein Ding an sich sei; dabei weiß der Engländer besser als andere Völker, daß die See nur das Mittel, die Brücke ist, um Gold und Rohstoffe zu holen und Industrieprodukte auf überseeische Märkte zu werfen. Beiläufig mag nur erwähnt sein, daß auf dem Wiener Kongreß ein englischer Antrag auf Unterdrückung des Sklavenhandels gestellt wurde. Dazu sagte der gewiß unparteiische Goethe: „Jedermann kennt die Reklamationen der Engländer gegen den Sklavenhandel, und während sie uns weismachen wollen, was für humane Maximen solchem Verfahren zugrunde liegen, entdeckt sich jetzt, daß das wahre Motiv ein reales Objekt sei, ohne welches bekanntlich die Engländer es nie tun und welches man hätte wissen können. An der westlichen Küste von Afrika gebrauchen sie die Neger selbst in ihren großen Besitzungen, und es ist gegen ihr Interesse, daß man sie dort ausführe. In Amerika haben sie selbst große Negerkolonien angelegt, die sehr produktiv sind und jährlich großen Ertrag an Schwarzen liefern. Mit diesen versehen sie die nordamerikanischen Bedürfnisse, und indem sie auf solche Weise einen höchst einträglichen Handel treiben, wäre die Einfuhr von außen ihrem merkantilischen Interesse sehr im Wege, und sie predigen daher nicht ohne Objekt gegen den inhumanen Handel." — So hat es immer mit der britischen Humanität und Kulturliebe ausgesehen.

Großbritanniens Weltstellung nach den Napoleonischen Kriegen war hervorragender und einflußreicher und unumschränkter denn je. Zur See herrschten seine Kriegsflotten in den europäischen Meeren und auf den Ozeanen. Keine Seemacht war vorhanden, die einen in Betracht kommenden Gegner hätte darstellen können. Die britische Flotte galt als unüberwindlich nicht nur, sondern als unwiderstehlich. Europa ließ sich aber vorreden, daß es durch diese britische Flotte befreit worden sei. Großbritannien hatte damals seit Jahrhunderten zum ersten Male keinen „Feind" mehr auf dem europäischen Festlande, aus dem einfachen Grunde, weil es keinen „Feind" dort brauchte. Das geschwächte und ausgesogene Festland lag vor dem britischen Kaufmanne, und er zögerte nicht, es auszunutzen. Das galt ganz besonders für die deutschen Staaten, welche nach echt deutscher Weise voneinander durch hohe Zollschranken getrennt, aber dem Auslande gegenüber wirtschaftlich offen waren. Frankreich war auch nach Napoleons Fall klug und erfahren genug, seine Industrie zu schützen. Insofern wirkte der Fall der Kontinentalsperre für viele deutsche Staaten auch noch lange nachher vernichtend auf die Industrie, zumal die englische Regierung und Kaufmannschaft sich der Bestechung und anderer unlauterer Mittel, die deutschen Industrien im Keime zu ersticken, mit gewohnter Skrupellosigkeit bedienten. Aus jener Zeit stammt in der Hauptsache der abergläubische Respekt, den man in Deutschland noch vor verhältnismäßig kurzer Zeit allen „echt englischen" Fabrikaten entgegenbrachte.

Es konnte nicht fehlen, daß Großbritannien wieder ein schönes, völkerbeglückendes und sittliches Schlagwort gewissermaßen als Etikett über seine Festlandpolitik setzte. Die „Freiheit Europas" hatte Großbritannien den Festlandvölkern „geschenkt" und ihnen, was es freilich nicht sagte, die wirtschaftliche Freiheit genommen. Der heiligen Alliance trat Großbritannien nicht bei, benutzte aber, wie gesagt, die Legitimität immer, wenn es den britischen Staatsmännern praktisch erschien. Vor] der heiligen Alliance selbst etwa als vor einer Solidarität der Festlandstaaten hatte Großbritannien keinen Respekt, mit Recht nicht. Die Schwäche dieser Konstruktion war Großbritannien nicht nur bekannt, sondern von den klugen Männern an der Themse selbst von Anfang an gepflegt worden. Dazu kamen die Uneinigkeit und Übervorteilungssucht der Festlandmächte untereinander. Großbritannien brauchte hier also nur seine alten, unter viel schwierigeren Verhältnissen bewährten Künste anzuwenden, den einen gegen den anderen auszuspielen, Zwietracht zu stiften. Gelegenheit bot sich genug. Dieses Spiel nannte man in Großbritannien mit dem schönen Namen „das Gleichgewicht der Macht in Europa", ein Schlagwort, welches wir auch noch heute kennen, wie es unzählige Male salbungsvoll von den Lippen großbritannischer Staatsmänner gefallen ist. Sobald eine der Festlandmächte lauter sprach, als sie es nach Großbritanniens Ansicht hätte tun dürfen, dann konnte sie sicher sein, daß britische Ränke ihr bald Schaden und Einbuße schaffen würden. Dieses „Gleichgewicht" wurde auf dem Festlande erhalten, während auf den Ozeanen und in den europäischen Meeren Großbritanniens Oberherrschaft von den Festlandmächten völlig anerkannt war. Man hatte sich in diese britische Despotie gefunden und sich ihr wie einer Naturgewalt unterworfen. Uns ist das heute schwer begreiflich; man muß aber bedenken, daß seit dem Beginne des letzten Jahrzehntes des 18. Jahrhunderts die von England entfesselten Kriege Europa durchtobt hatten und während dieser Zeit die Flotte Großbritanniens durch eine lange Reihe von Schlachten hindurch Alleinherrscherin geworden war. Charakteristisch ist die Behandlung der Seeräuberfragen durch England in jener Zeit. Die Seeräuber der Barbaresken-Staaten im Mittelländischen Meer dehnten damals ihre Raubzüge bis in die Ostsee aus, plünderten die Handelsschiffe und schleppten die Besatzungen fort. Es sei an den Vertrag erinnert, den England schon früher mit einem dieser Mittelmeerstaaten einging: er erhielt die Erlaubnis, weiter zu räubern unter der Bedingung, daß er sich nicht an englischen Handelsschiffen vergriffe. Die Schädigung der nichtenglischen Handelsschiffahrt durch andere Seeräuber war Großbritannien nur erwünscht, falls die britischen Schiffe nicht höchsteigenhändig das einträgliche Geschäft betrieben. Einige Jahre nach den Befreiungskriegen wurde die Seeräuberfrage unerträglich, in deutschen Städten bildeten sich „antipiratische Vereine", aber es geschah nichts, und Großbritannien wünschte, daß russische Kriegsschiffe in das Mittelmeer gingen, um dort das Übel an der Wurzel zu fassen. Russische Schiffe im Mittelländischen Meere bedeutete eine Beleidigung der britischen Suprematie. Der deutsche Bundestag aber ernannte eine Kommission, und die Sache verlief programmäßig im Sande, bis im Jahre 1829 die deutschen Hansestädte sich an den Sultan von Marokko wandten, und zwar durch England, mit der Bitte, geneigtest eine jährliche Tributzahlung entgegennehmen zu wollen und dafür die Hanseschiffe in Ruhe zu lassen. So stand es um die Hansa, um den Sultan von Marokko und seine Seeräuber und um England im Jahre des Heiles 1829!

Die Stellung Großbritanniens während der zwanziger Jahre des vorigen Jahrhunderts wird durch einen Ausspruch des damaligen Auswärtigen Ministers, George Canning, gut charakterisiert: „Laissez faire et laissez venir; mag Pozzo (Pozzo di Borgo, ein russischer Staatsmann jener Zeit) und Ferdinand fluchen, früher oder später, wenn wir uns nur still halten und den Leuten keinen Haken gegen uns in die Hände geben, müssen die Dinge ziemlich so gehen, wie wir wünschen, oder wenigstens, wie wir es gestatten." So war es in der Tat. Cannings Rolle als Staatsmann aber wird durch den Ausspruch Metternichs charakterisiert: Man könne Canning nicht beweisen, daß er ein Brandstifter sei; wenn es aber brenne, so finde man ihn immer zwischen dem Feuer und den Spritzen. Spanien wurde in seinen überseeischen Interessen damals durch Cannings Politik vergewaltigt, und der heiligen Alliance nahm er ihren letzten Zusammenhalt durch ein Sonderabkommen mit Zar Nikolaus: Rußland und Großbritannien sollten die orientalische Frage miteinander entscheiden. Kurz vor seinem Tode sagte er: Großbritannien sei der Äolus Europas und könne Stürme oder günstige Winde für jede andere Macht nach seinem Belieben entfesseln.

Die Zeit der großen Kämpfe und Schlachten auf den Ebenen Europas war vorbei. Im Innern der europäischen Festlandvölker begannen aber jene unruhigen Bewegungen und unklaren Bestrebungen, die mit dem Jahre 1848 ihren Gipfel und ihre Entladung gefunden haben. Großbritannien begrüßte diese Strömungen mit ganz besonderer Befriedigung, waren doch gerade sie ein Element der Schwäche und der Desorganisation für jedes Festlandvolk. Derselbe Canning schrieb in echt englisch gesalbtem Stile an König Georg IV.: Englands gegebene Stellung sei die neutrale in jeder Beziehung: „Durch die Erhaltung dieser Position, welche Eurer Majestät allein unter allen Souveränen Europas zukommt, kann Eure Majestät das Volk zum höchsten Gipfel der Wohlfahrt tragen und am besten andere Länder vor den Gefahren retten, welche sie fast sämtlich nach der Reihe bedrohen dürften." Der Sinn dieser edlen Redewendung war: England werde um so reicher und um so mächtiger, je mehr sich die Festlandmächte innen und außen schwächten und je weiter England sich äußerlich von diesen Dingen hielte. Canning und seine Nachfolger waren dabei eifrig tätig, alle festländischen Unruhen zu schüren. Dasselbe tat sein Nachfolger, der berühmte Lord Palmerston, im Namen der Freiheit und des Fortschrittes. Den Briten war jedes Mittel recht, um Völker und Fürsten gegeneinander zu verhetzen und damit die Kraft des Gesamtvolkskörpers zu schwächen. England wurde im 19. Jahrhundert das Asyl der politischen Verbrecher aller europäischen Festländer, es ist bis in die neueste Zeit Eldorado der Anarchisten und des internationalen Verbrechertums überhaupt geblieben. Das sittliche Etikett fehlte natürlich nicht, es war das der „Freiheit". England, so sagte man, sei selbst das Land der Freiheit, und die Verhältnisse seien dort derart, daß solche Elemente auf englischem Boden nichts schaden, sondern nur selbst gebessert werden könnten. So wurde London der Hort revolutionärer Propaganda für die europäischen Festlandstaaten. Pläne, Beschlüsse und Bomben wurden mit gleichem Eifer fabriziert, und es war auffallend, wie Unruhen, Attentate und Revolutionen sich immer gerade dann und immer gerade da abspielten, wo das englische Interesse es wünschenswert machte. Lord Palmerston wurde in Europa schon zu seinen Lebenszeiten als der Vater der europäischen Revolution bezeichnet. Soweit es an ihm lag, war er es. Das berühmte Orsiniattentat kam aus London.

In den orientalischen Fragen herrschte bis zum Krimkriege ein merkwürdiges und teilweise sehr kompliziertes diplomatisch-politisches Schachspiel zwischen Großbritannien, Rußland, der Pforte, Frankreich und Österreich-Ungarn. Dieses Spiel komplizierte sich noch mehr, als Mehmed Ali von Ägypten eine große Bedeutung gewann und auf Konstantinopel marschierte. Es ist unmöglich, auf jene Ereignisse und ihre Zusammenhänge im Rahmen dieser Betrachtung einzugehen. Wir beschränken uns auf die Feststellung der Rolle Englands in großen Zügen. Die großbritannische Politik wollte keine der Festlandgroßmächte in Konstantinopel sehen, verhinderte auch mit allen Mitteln, daß die Pforte sich mit einer Festlandgroßmacht verbündete. Aus diesen beiden Interessen leitete England seinen Grundsatz der „Erhaltung, der Selbständigkeit und Unabhängigkeit" der Türkei ab. Dabei strebte die britische Politik selbst danach, mit der Pforte in möglichst enge Beziehungen zu gelangen und sie bald gegen Frankreich, bald gegen Rußland auszuspielen. Als Inselmacht bedurfte Großbritannien aber gerade in den orientalischen Fragen der Dienste einer Festlandmacht. Zu diesen wählte man sich, je nach Zeit und Umständen, Österreich-Ungarn oder Frankreich, ja bisweilen auch Rußland. In der Periode des Mehmed Alischen Aufstandes wachte die britische Politik darüber, daß weder Mehmed Ali die Macht in Konstantinopel an sich reiße, noch, daß er, was die Franzosen wünschten, mit Frankreich in enge Beziehungen gelange, noch daß er sich mit dem Sultan in Konstantinopel verbünde und so die Pforte zu stark mache. Besonders die Besorgnis wegen Frankreichs war nicht unbegründet, denn das Auge der Franzosen war auf Ägypten gerichtet. Die Seeherrschaft der britischen Flotte gab in diesen langen Kämpfen und Zwistigkeiten den Ausschlag, und wundervoll hat sich damals der alte englische Grundsatz bewährt, jede Gelegenheit zu benutzen, um fremde Flotten zu zerstören, einerlei, ob sie im Augenblick gerade feindlich sind oder nicht; beiläufig sei nur erinnert an die dänische Flotte und ihre Wegnahme 1807. So war auf Großbritanniens Veranlassung bekanntlich durch ein „Versehen" bei Navarino die türkische Flotte vernichtet worden. Unter britischer Führung war 1824 eine englisch-französisch-russische Flotte nach Navarino gelaufen, wo die große türkische Flotte lag. Man hatte vereinbart, mit den Türken zu verhandeln und nur das Feuer zu eröffnen, wenn die Türken anfingen. Plötzlich fiel ein Schuß, es ist nie festgestellt worden, von welcher Seite, aber die Engländer behaupteten, es sei ein türkischer Schuß gewesen. Die Folge war die Vernichtung, man möchte sagen, die Massakrierung der auf Kampf nicht vorbereiteten türkischen Flotte. Der englische Admiral hatte schon vorher diese Instruktion aus London bekommen, während man im britischen Parlament natürlich alles ableugnete und das berühmt gewordene Wort sprach: Die Vernichtung der türkischen Flotte sei ein „untoward event" gewesen. Es war „leider" nicht mehr zu ändern. — Mehmed Alis spätere Flotte wurde teils zerstört, teils den Engländern übergeben, und englische Seestreitkräfte waren es, welche erfolgreich die syrischen Häfen besetzten.

In den orientalischen Fragen ist damals und auch später, ja noch in den neunziger Jahren immer sehr scharf hervorgetreten, wo die Grenzen der Seemacht liegen. Seine Seemacht war es, welche Großbritannien in den Stand setzte, das neugeschaffene Griechenland bald zu schützen und zu verhätscheln, bald zu demütigen und zu brutalisieren, ein Wechselspiel, das erst aufhörte, nachdem der dem englischen Königshause verwandte Nachfolger König Ottos den griechischen Thron bestiegen hatte. Die britische Seeherrschaft war es, welche das werdende Italien immer unter britischer Vormundschaft hielt und die finassierende Politik des dritten Napoleon im Mittelländischen Meer zu Wasser werden ließ. Anders machten sich die Dinge aber jedesmal, wenn die Knoten der orientalischen Konflikte auf dem Festlande lagen. Dann mußte Großbritannien sich einen „festländischen Degen" kaufen und mit dieser Macht so lange zusammenarbeiten, bis sie ihre Dienste geleistet hatte. Dann konnte der Mohr gehen.

Das Rußland der ersten Hälfte des 19. Jahrhunderts war sich dieser Tatsachen bewußt und drang unter Nikolaus I. im Orient vor. Ziel war, wie immer, Konstantinopel mit den Meerengen. Die weitere Entwicklung führte zum Krimkriege, und da waren Frankreich und Italien die Hilfstruppen Großbritanniens, Frankreich mit seiner Flotte auch zur See. Der Krimkrieg ist schlecht geleitet worden, und insbesondere waren die englischen Leistungen auch zur See kläglich, zumal die des Ostseegeschwaders, welches die russischen Küsten angreifen und die russische Flotte vernichten sollte. Der Pariser Frieden zeigte dann in seinen Folgen, daß Großbritannien allein Vorteile davongetragen hatte. Der durch den Krieg verschärfte französisch-russische Gegensatz sollte Frankreich nicht lange nachher teuer zu stehen kommen. Im Vereine mit Frankreich hatte Großbritannien anderseits erreicht, daß das Schwarze Meer neutralisiert wurde und man den Russen die Meerengen schloß. Nichts ist bezeichnender für das Ergebnis dieses Krieges als das Drängen der Franzosen, den Frieden schnell abzuschließen, während Großbritannien selbst während der Pariser Verhandlungen durch Aufwerfen immer neuer Fragen und Anzettelungen von Komplikationen versuchte, einen Friedensschluß nicht zustande kommen zu lassen.

Preußen hatte trotz stärksten englischen Druckes trotz Drohungen und Schmähungen nicht am Krimkriege teilgenommen. Diese Enthaltung war eine der ersten großen politischen Taten Bismarcks. Bismarck erkannte, daß eine Parteinahme des damaligen Preußen gegen Rußland unverantwortliche Torheit wäre. Jener Entschluß sollte reiche Früchte tragen. Wir erwähnen ihn hier nur, um zu zeigen, mit welchem Eifer Großbritannien damals schon darauf bedacht war, auch zwischen Preußen und Rußland schroffen Gegensatz zu erzeugen. Rußland war bis 1856 der mächtigste Festlandstaat und damit „der Feind" Großbritanniens und selbstverständlich der Feind der ganzen Welt, sofern sie sich von der britischen Politik als Mittel benutzen ließ. Derselbe Lord Palmerston, der damals die europäische Welt beherrschte, und nach seinen Berechnungen oder Launen lenkte, hatte 1849 einen in Deutschland nie vergessenen Ausspruch getan. Nach dem kaum begonnenen Gefechte einiger Schiffe der deutschen Bundesmarine gegen ein dänisches Geschwader bei Helgoland richtete Palmerston eine Note an den Deutschen Bund: Es hätten sich Dampfschiffe unter schwarz-rot-goldener Flagge bei Helgoland gezeigt und als Kriegsschiffe gebärdet. Er kenne diese Flagge nicht. Sollten sich wieder solche Schiffe zeigen, so würde man sie als Piraten behandeln. Die ganze brutal-hämische Mißachtung gegen alles Deutsche, wie es in diesem Maße nur bei den Engländern zu finden war, kam in diesen Worten zum Ausdruck. Man hat bei uns bisweilen hinter dieser historischen Beschimpfung eine gewisse Furcht zu bemerken geglaubt, daß die Deutschen wirklich eine Seemacht zustande bringen würden. Das ist ein Irrtum, denn Palmerston und seine Landsleute kannten die Schwäche des Deutschen Bundes und aller deutschen Staaten ebensogut wie die ungeheuren Schwierigkeiten des Aufbaues einer Flotte. Der Deutsche Bund nötigte ihnen noch weniger Respekt ab als das damalige Preußen. Das englische Seeherrschaftsgefühl empfand aber schon das Erscheinen einer neuen Flagge auf Kriegsschiffen ohne Englands Genehmigung und Vormundschaft als eine Anmaßung, die hochmütige und energische Zurückweisung verdiente. Es waren keineswegs leere Worte, die Lord Palmerston in seiner berühmten Note aussprach, denn sobald England sich weigerte, eine Kriegsflagge anzuerkennen, und erklärte, die sie führenden Kriegsschiffe als Piratenfahrzeuge behandeln zu wollen, — dann war solchen Bestrebungen eben das Urteil gesprochen. Es gab keine Macht der damaligen Erde, die sich mit Erfolg gegen die Entscheidung Großbritanniens hätte auflehnen können, und nichts wäre imstande gewesen, gegebenenfalls die englische Regierung und ihre Kriegsschiffe daran zu hindern, daß die Träger der schwarz-rot-goldenen Flagge tatsächlich wie Piraten behandelt würden.

Für das ohnehin so geringe Ansehen des Deutschen Bundes bedeutete die Palmerstonsche Note einen schweren, in mancher Beziehung vernichtenden Schlag. Sie weigerte dem Deutschen Bunde das, was sie dem Scheik von Ägypten, dem Sultan von Marokko und dem Herrscher Algiers ohne weiteres zubilligte. Dazu kam, daß damals die deutschen Küsten von der dänischen Flotte blockiert wurden. Lord Palmerston nahm mithin dem Deutschen Bunde als solchem Recht und Möglichkeit, das Bundesgebiet zur See zu verteidigen. Englands „Sympathien" standen damals auf dänischer Seite. Eine Stärkung Dänemarks konnte England nur erwünscht sein, denn ihr Gegenbild wäre eine Stärkung Deutschlands gewesen, und die Zeiten von 1807 waren vorüber. Außerdem hatte man in London das Bedenken: ein deutsches Schleswig-Holstein werde lediglich den deutschen Zollverein auf eine breitere Basis stellen und den Markt der englischen Industrie beeinträchtigen.

Der preußisch-deutsche Zollverein war von Anfang an den Briten ein Dorn im Auge gewesen. Man hatte ein Zustandekommen mit allen Mitteln bekämpft und diese deutschen Schutzbestrebungen als eine „feindliche Handlung" gegen England hingestellt. England unterließ von seiten seiner Regierung wie durch seine beglaubigten und unbeglaubigten Agenten nichts, um in den deutschen Einzelstaaten gegen den Zollverein zu kämpfen und zu intrigieren. Es gibt wohl wenige Dinge, welche in höherem Grade „innere Angelegenheiten" eines Landes sind als jene Regelungen der deutschen Einzelstaaten untereinander. Großbritannien hatte sich aber im Wiener Frieden Deutschland als Gegenstand wirtschaftlicher Ausnutzung raffiniert und sorglich zurechtgemacht und gedacht, das werde immer so bleiben. Im Gefühle seiner beherrschenden Stellung hatte die britische Regierung den Bogen aber überspannt. Besonders die hohen englischen Holz- und Kornzölle, die willkürlich in London geändert wurden, brachten die deutsche Produktion und Schiffahrt in eine immer unhaltbarere Lage, während auf der anderen Seite die britische Industrie fortfuhr, ungehemmt den deutschen Gewerbefleiß zu ersticken oder ihn um seine verdienten Früchte zu bringen. Als Lord Palmerston schließlich bereit war, einzulenken, unter anderem Ermäßigungen des englischen Holzzolles anbot, da war es zu spät, und es blieb dem edlen Lord nur übrig, sich zu fügen. Im britischen Unterhause aber ließ man der „Entrüstung" freien Lauf und erklärte, die Verträge Preußens mit den deutschen Einzelstaaten seien ein unfreundlicher Akt gegen England, ja, sie seien rechtswidrig, denn (!) sie könnten für den Handel Großbritanniens sehr schädlich werden. Diese britische Entrüstung war durchaus aufrichtig. Außerdem mochten die erfahrenen Briten in diesem wirtschaftlichen Zusammenschlusse der Deutschen den Beginn des politischen Zusammenschlusses wittern. Es war das erste Mal seit langer Zeit, daß auf deutschem Boden ein bedeutender Akt wirtschaftlicher und wirtschaftspolitischer Natur sich gegen den Willen Großbritanniens vollzog.

Auch ein anderes festländisches Ereignis hatte während der dreißiger Jahre britische Wünsche durchkreuzt: die Trennung der durch Großbritannien an erster Stelle seinerzeit vereinigten Staaten Holland und Belgien. Belgien hatte sich losgerissen, das Unvereinbare ließ sich nicht zusammenhalten. Die großbritannische Politik erkannte die Macht dieser Tatsache an und machte schnell entschlossen das Beste daraus, was zu machen war. Wie der Historiker Louis Blanc schrieb: „England hatte das Zepter der Diplomatie in der Hand gehalten und die belgische Revolution zu seinem Vorteile ausgebeutet." Die europäische Neutralisierung Belgiens kam zustande. Sie richtete sich lediglich gegen Frankreich, denn Großbritannien war überzeugt, daß die Franzosen sonst die erste Gelegenheit benutzen würden, um Belgien unter ihren Einfluß zu bringen. Angesichts gerade der neuesten Entwicklung der Dinge dort ist bemerkenswert, daß der Neutralisierungsvertrag nur um Frankreichs willen entstanden ist und seine Spitze gegen Frankreich kehrte. Großbritannien hoffte durch die Beteiligung Europas, unter britischer Führung, an der Garantie der Neutralität Belgiens wieder eine europäische Koalition gegen Frankreich in der Hand zu halten. Tatsächlich befand sich das neugeschaffene Belgien vollkommen in britischer Gewalt und unter britischem Einflusse; es war Glacis oder Brückenkopf, je nach Belieben des frommen Inselvolkes. Niemand hätte Großbritannien hindern können.

Frankreich war in jenen Jahrzehnten „der Feind", und es finden sich merkwürdige Parallelerscheinungen mit den Ereignissen während der letztvergangenen 25 Jahre, die weiter unten behandelt werden: Im Krimkriege gelang es Großbritannien, diesen seinen Feind Frankreich gegen Rußland zu benutzen, ihn zu veranlassen, mit seinen Truppen und Schiffen für britisches Interesse zu kämpfen und sich zu schwächen. Dabei arbeitete während jener und der vorhergehenden Jahre Großbritannien überall in der Welt gegen Frankreich, besonders was Ägypten betraf. Kurz nach dem Krimkriege war es Großbritannien, welches Frankreich zur mexikanischen Expedition brachte und sich dann, wie gewöhnlich, selbst aus der Sache zurückzog, als sie im Rollen war. Die britische Politik wollte das Napoleonische Frankreich dadurch mit den Vereinigten Staaten verfeinden (Monroelehre), in Mexiko selbst schwächen und Napoleon in Frankreich diskreditieren. Es gelang glänzend. In der neuesten Zeit sollte das Deutsche Reich im selben Sinne gegen Rußland benutzt werden, wie damals Frankreich. Das Vorhaben wurde aber vereitelt, während die britischen Bemühungen, uns mit den Vereinigten Staaten anzulegen, überraschend gelangen. Zur Zeit des dritten Napoleon fehlten sogar die englischen Flottenpaniken nicht. Richard Cobden hat sie in seinen politischen Schriften „Die drei Paniken" ausführlich beschrieben. Man findet darin ganz überraschende Ähnlichkeiten mit den englischen Machinationen gegen die deutsche Flottenpolitik während der letzten 15 Jahre. Damals wie 1909 war die „Panik" Lüge und Mache. Sie wurde veranstaltet jedesmal, wenn England sie brauchte, aus innerpolitischen wie aus außerpolitischen Gründen. Nie hat ein englischer Staatsmann noch ein englischer Admiral die französische Flotte als Gefahr betrachtet, ebensowenig wie später die Anfänge der deutschen Flotte.

In den sechziger Jahren des vergangenen Jahrhunderts gelang es Großbritannien nicht, das Werk der deutschen Einigung zu hindern. Die Gründe für diese Erscheinung waren hauptsächlich die Überlegenheit der Diplomatie und Politik Bismarcks, seine furchtlose Entschlossenheit, anderseits die Tatsache, daß es sich um rein festländische Dinge handelte. In jener sonderbaren Periode der europäischen Politik war Bismarck der einzige Staatsmann, der genau wußte, was er wollte, und dessen Wille stark und rücksichtslos war. Damals in den sechziger Jahren trug es Früchte, daß auf Bismarcks Rat seinerzeit Preußen sich nicht hatte zwingen lassen, an der europäischen Koalition gegen Rußland teilzunehmen. Preußen hatte deshalb und wegen seiner Solidarität mit Rußland in der polnischen Sache von Osten nichts zu fürchten, im Gegenteil. Die andere Gefahr, eine Verbindung Frankreichs mit England, war durch die europäischen Verhältnisse und die Vergangenheit unmöglich geworden und durch Bismarck. Eine Parteinahme der westlichen Großmächte für Österreich-Ungarn gegen Preußen wußte Bismarck so lange zu verhindern, bis es zu spät war. In den „Gedanken und Erinnerungen" sagt Bismarck über die Lage von 1864: „Sobald aber die preußisch-österreichische Freundschaft gesprengt worden wäre, würde auch damals das Eingreifen des europäischen Seniorenkonventes in der dänischen Frage unter englischer Führung erfolgt sein. Es war deshalb, wenn unsere Politik nicht wiederum entgleisen sollte, von höchster Wichtigkeit, das Einverständnis mit Wien festzuhalten; in ihm lag unsere Deckung gegen englisch-europäisches Eingreifen." — So war nachher auch der Ärger in London groß, als es dem preußischen Ministerpräsidenten gelang, den Gasteiner Vertrag mit Österreich-Ungarn abzuschließen. Noch heute werfen englische Historiker und Politiker es den damaligen Leitern des Inselreiches mit bitteren Worten vor, daß sie nicht einmal Schleswig-Holstein vor der preußischen Habsucht gerettet hätten. Der Amerikaner Homer Lea nennt Schleswig-Holstein den auf die Ostseepassage gedrückten teutonischen Daumen. In der Tat wäre da für Großbritannien die Gelegenheit gewesen, seine Seemacht zur Geltung zu bringen. Es hätte den Hafen von Kiel in Besitz nehmen oder ihn internationalisieren lassen können. Heute während des großen Krieges erzählen die englischen Zeitungen jeden Tag: bei Friedensschluß würde der Kieler Hafen internationalisiert werden. Damals kamen die Briten zu spät mit allem, obgleich sie es an Intrigen nicht hatten fehlen lassen. Bismarck gefiel den Briten gar nicht, sobald sie seine Bedeutung erkannt hatten, was freilich einige Zeit dauerte. Vergeblich versuchten die Mitglieder des englischen Königshauses, von ihren Staatsmännern inspiriert, ihre verwandtschaftliche Beziehung zum preußischen Hofe für Großbritannien auszunutzen. Bismarck ließ sich auf vormundhafte Ratschläge nicht ein und lachte über englische Drohungen.

Über den englischen Einfluß auf die schleswig-holsteinische Frage wirft eine kleine Broschüre des Herzogs Ernst II. von Sachsen-Koburg-Gotha („Mitregenten und fremde Hände in Deutschland"), 1886 ein sehr interessantes Licht. Über die achtundvierziger Periode sagt der Herzog: „Wie bekannt, lagerte sich die englische Gehässigkeit gegen Deutschland in der schleswig-holsteinischen Frage so massiv vor die dänischen Verschanzungen, daß alles deutsche Blut umsonst vergossen ist. Wenn es den deutschen Regierungen heute noch gefallen würde, den tiefen Riß, welchen die elendeste Krämerpolitik zwischen Deutschland und England gezogen hat, zu erweitern, so brauchten sie nur eine rücksichtslose Publikation der schleswig-holsteinischen Angelegenheiten besorgen zu lassen. An der Hand der untrüglichsten Akten würde man das deutsche Ehrgefühl bis in die niedrigste Hütte zu wilder Leidenschaft gegen England entflammen können ..... Und so hat Preußen seinen Weg im vollsten Gegensatz zu England machen müssen und steuerte nur mühsam durch dessen Mißtrauen, Eifersucht und Übelwollen, welche überall den Siegeslauf der preußischen und deutschen Staaten umlagerten und umlauerten." Herzog Ernst von Koburg hat genau

Bescheid gewußt und sich gemäßigt ausgedrückt. Jene seine Flugschrift ist später gesprächsweise vom Fürsten Bismarck gebilligt worden.

Der britische Scharfblick hatte schon früh in den sechziger Jahren erkannt, daß Napoleon III. auf dem Abstiege war. Man verfolgte mit Befriedigung, wie der französische Kaiser nach immer neuen Effekten suchen mußte, um seine Stellung haltbar zu machen und sie für seinen Sohn zu festigen. Gleichwohl war den Engländern die Napoleonische Politik noch immer ein Element der Beunruhigung, und eine Unternehmung wie der Suezkanal erfüllte die Briten mit Entrüstung. Wie konnte eine Festlandmacht sich unterstehen, einen Verbindungskanal zwischen zwei Meeren zu bauen und dadurch eine große, alterprobte großbritannische Ozeanstraße außer Kurs zu setzen! Man weiß, wie später die Geschäftskunst Disraelis die Gefahr in Vorteil verkehrte, als der Kanal fertig war. Da kaufte man dem verschwenderischen Khediven von Ägypten, der in Schulden geraten war, seinen Besitz an Suezkanalaktien ab, brachte auch noch andere in englische Hände und hatte so die tatsächliche Gewalt über den Kanal. Indien fest an das Mutterland anzuschließen, es mittelbar verteidigungsfähig zu machen, war seit dem großen Aufstande der Seapoys das ununterbrochene Streben Großbritanniens. Der Suezkanal wurde ein Werkzeug erster Ordnung dafür. Der stille französisch-britische Kampf um Ägypten dauerte fort, aber der englische Einfluß lag immer schwerer in der Wagschale. Sonst in der Welt tat und nahm Großbritannien während des 19. Jahrhunderts, was ihm einfiel. Erregte irgendein Gebiet irgendwo das Wohlgefallen eines englischen reisenden Kaufmanns oder Politikers, so heißte er die britische Flagge, und die Sache war erledigt, das Land war britisch. Einzig mit den Vereinigten Staaten gingen die Geschäfte nicht so glatt, aber das gehört nicht hierher.

Ende der sechziger Jahre wurde man sich in Großbritannien wohl völlig klar, daß unter der Führung Bismarcks Deutschland mit schnellen Schritten seiner Einigung entgegenging. Die britische Diplomatie versuchte in letzter Stunde alles, um diesem Ereignisse in den Weg zu treten. Eine weit angelegte Intrige ging von London aus, um den Norddeutschen Bund und Frankreich zu einer Abrüstung und Rüstungsverständigung zu bringen. In Frankreich war vielfach Stimmung dafür, und Frankreich war damals plötzlich „der Freund" Großbritanniens geworden, denn Schwäche, Plan- und Ziellosigkeit, die Keime der Uneinigkeit im Inneren, zeigten sich dort immer deutlicher. Das sind aber immer Dinge gewesen, geeignet, um Großbritanniens Freundschaft zu erwerben. Mit ihrer Abrüstungsintrige hatte die Londoner Diplomatie bei Bismarck kein Glück. Er ließ sie höflich abfallen, und seine Politik wich nicht aus ihrer Bahn. Die Briten versuchten es auch bei den süddeutschen Regierungen, und zwar nicht nur mit Abrüstung, sondern sie stellten ihnen eindringlich vor, daß eine Einigung des deutschen Südens und des deutschen Nordens ein Verbrechen gegen die Menschlichkeit sei, und daß Europa sich derartiges nie gefallen lassen könne. Außerdem würden die süddeutschen Staaten in ihr Verderben rennen, nämlich unter die Herrschaft des preußischen Stockes.

Als dann der große Krieg mit Frankreich kam, wurde zunächst die englische Stimmung nicht unerheblich durch die Bismarcksche Enthüllung beeinflußt, daß Frankreich ihn vor dem Kriege für ein französisches Belgien zu gewinnen versucht hatte. Schon bald nachher wurde die englische Stimmung ausgesprochen franzosenfreundlich und blieb es. Man verkaufte den Franzosen Waffen und alles, was sie wollten, man zeterte über die Beschießung von Paris und wütete über die deutsche Wiedernahme von Elsaß-Lothringen. Gladstone wollte dagegen protestieren. Das alles spielte sich aber in bescheidenen Grenzen ab, denn Großbritannien hatte schwere andere Sorgen. Die russische Regierung sagte sich von den Bestimmungen von 1856 über das Schwarze Meer los und fand die volle Unterstützung Bismarcks. Frankreich lag danieder, Österreich-Ungarn war nicht fähig, um als vereinzelte Festlandmacht sich gegen Rußland und Deutschland zu stellen. So sah sich auch England allein und gezwungen, eine wichtige Bestimmung des Pariser Friedens, die Neutralisierung des Schwarzen Meeres, preiszugeben. Das wurde auf einer Konferenz zu London beschlossen. 1871 stand die Insel machtlos den Ereignissen auf dem Festlande gegenüber. Es war „nichts zu machen", und mit dem praktischen Blick, der den Engländer auszeichnet, scheute man in der englischen Presse auch die kriechende Heuchelei nicht. Um die Jahreswende 1870/71 erschien in den „Times" ein Aufsatz, dessen Schlußwendungen gerade heute von Interesse sind:

„Ich glaube, daß Bismarck vom Elsaß und ebenso von Lothringen sich so viel nehmen wird, als ihm beliebt, daß dies um so besser für ihn, um so besser für uns, um so besser für die ganze Welt, außer Frankreich, und mit der Zeit auch für dieses selbst sein wird. Vermittels ruhiger grandioser Maßregeln verfolgt Herr v. Bismarck mit seinen eminenten Fähigkeiten einen einzigen Zweck: die Wohlfahrt Deutschlands, die Wohlfahrt der ganzen Welt. Möge das großherzige, friedliebende, aufgeklärte und ernsthafte deutsche Volk sich denn zur Einheit gestalten, möge Germania die Königin des Festlandes werden, statt des leichtsinnigen, ehrgeizigen, streitsüchtigen und viel zu reizbaren Frankreich."

Es hat nicht lange gedauert, daß man in London so sprach.

Im Laufe der folgenden Jahre gelang es Großbritannien nicht, seine überlieferte Politik der Festlandkoalition gegen die jeweilig stärkste Macht des europäischen Festlandes, das Deutsche Reich, zu treiben. Der britische

Gegensatz zu Rußland wuchs zunächst immer mehr, Österreich-Ungarn verzehrte sich in inneren Wirren und blieb schwach, Frankreich mußte sich vom Kriege erholen und stand in politischer Abhängigkeit von Berlin. So hielt es die britische Staatskunst für angezeigt, mit Bismarck in guten Beziehungen zu sein, und nahm insbesondere seine Hilfe für die englische Mittelmeerpolitik in Anspruch. Im Mittelländischen Meere hatte Großbritannien alles Interesse daran, der französischen Mittelmeerpolitik entgegenzutreten. Man bediente sich dazu Italiens, auch wurde der Schwerpunkt der großbritannischen Flotte nach dem Mittelländischen Meere gelegt. Frankreichs Kriegsflotte war im Kriege 1870/71 unversehrt geblieben und stellte einen bedeutenden Machtfaktor dar. Bismarck hatte naturgemäß kein Interesse daran, gewisse nach 1871 hervortretende englisch-französische Annäherungsneigungen zu begünstigen, und wies die französischen Staatsmänner auf den Weg ausgreifender Kolonialpolitik. Da stießen sie bald mit England zusammen: in Ägypten und im sonstigen Nordafrika und im fernen Osten. Italien schwankte in den siebziger Jahren unter wenig guter politischer Leitung hin und her, konnte eine selbständige Politik nicht treiben und hatte nicht die Initiative, sich anzuschließen. Erst 1881, als Frankreich den Italienern Tunis vor der Nase wegnahm, schloß Italien sich dem österreichisch-ungarisch-deutschen Zweibunde an. So sah sich Großbritannien mit seinen Mittelmeerinteressen nach dem Dreibunde hingeschoben, und diese Beziehung wurde bis zum Beginne der neunziger Jahre stetig enger.

Die britisch-russischen Beziehungen spannten sich im Laufe der siebziger Jahre immer mehr und standen während des russisch-rumänischen Türkenkrieges unmittelbar vor dem Bruche. Eine britische Flotte lag vor Konstantinopel. Auf Rußlands Wunsch trat der Berliner Kongreß unter Bismarcks Vorsitz zusammen, der russische Vorfriede von San Stefano wurde stark zu Rußlands Ungunsten revidiert, England ging als Sieger aus dem diplomatischen Ringen hervor, nicht nur durch die Zurückdrängung Rußlands und die Stärkung Österreich-Ungarns als Balkanmacht, sondern auch durch die Besitzergreifung von Cypern und einen Vertrag mit der Türkei. Damals ist es der britischen Diplomatie unter Disraelis Leitung gelungen, den ersten Keil in die deutsch-russischen Beziehungen zu treiben. Es entstand jene russische Verstimmung gegen Deutschland, die seitdem nie wieder verschwand, sondern immer stärker wurde. Gleichwohl gelang es Bismarck im Jahre 1884, ein Neutralitätsabkommen zwischen Deutschland, Österreich-Ungarn und Rußland zustande zu bringen. In Großbritannien pries und lobte man die erfolgreiche Politik des deutschen Kanzlers, tat aber in der Stille alles, um sie zu durchkreuzen und zu unterwühlen. Die bald darauf einsetzende österreichisch-russische Balkanspannung vernichtete diese dreifache Beziehung, und an ihre Stelle setzte Bismarck den berühmten deutsch-russischen Rückversicherungsvertrag. Dieser war der großbritannischen Politik außerordentlich unangenehm, denn er hinderte sie, das Deutsche Reich gegen Rußland auszuspielen. Rußland mit seiner vordringenden asiatischen Politik stellte eine steigende Sorge für Großbritannien dar, und man war von früher her gewohnt, in solchen Fällen festländische Helfer einspannen zu können. Es war aber unmöglich wegen der Bismarckschen Bündnisse auf dem Festlande, während anderseits Frankreich selbst im Gegensatze zu Großbritannien stand und — bis zum Ende der achtziger Jahre vergeblich — festen Anschluß an Rußland suchte.

Großbritannien fühlte sich in seiner „glänzenden Isolierung" gar nicht wohl und mußte zum erstenmal seit undenklicher Zeit bemerken, daß ohne einen festländischen Diener der Einfluß der Insel auf das europäische Festland gering war, sobald dort ein starker Wille herrschte. Dazu kam der Ärger über den Beginn einer deutschen Kolonialpolitik. Diese Politik war freilich sehr bescheiden, aber sie beunruhigte die Briten ebenso, wie die neuen deutschen Dampferlinien. Bismarck ging aber unbekümmert und zielbewußt vor und ließ in London erklären, man würde auf dem Wege der Kolonialpolitik und kolonialer Erwerbungen gerne mit Großbritannien zusammengehen. Sollte Großbritannien das aber nicht wünschen, so würde man deutscherseits das Geschäft mit Frankreich machen. Gegen England hatte Bismarck jederzeit Rußland wie Frankreich zur Verfügung, während er diese beiden auch fern voneinander zu halten verstand. Für die Beurteilung jener Periode der deutsch-britischen Politik darf keinen Augenblick vergessen werden, daß die weltpolitischen Erfolge des damals flottenlosen Deutschen Reiches eben nur dadurch möglich waren, daß Bismarck verstanden hatte, Großbritannien dem Festland gegenüber zu isolieren. Ob das auf die Dauer möglich gewesen wäre, gehört nicht in den Rahmen dieser Betrachtung, ist außerdem eine müßige Frage, weil sie schlüssig nicht beantwortet werden kann. Immerhin ist die Tatsache charakteristisch, daß um das Jahr 1885 England allein und Europa unter deutscher Führung stand, dreißig Jahre später, 1915: Großbritannien als Führer einer europäischen Koalition von nie dagewesener Stärke gegen das isolierte Deutschland-Österreich.

Wie Großbritannien in der Kolonialpolitik den berechtigten Bestrebungen des Deutschen Reiches und Frankreichs Folge zu geben sich genötigt sah, so mußte man sich in London auch gefallen lassen, daß Bismarck den schönen Plan vereitelte, das Kongobecken zur englischen Kolonie zu machen. Durch die Kongokonferenz wurde die Frage international erledigt. Bismarck hatte aber nichts Wesentliches dagegen, daß die britische Politik die Beschießung Alexandrias herbeiführte, Frankreich immer mehr aus Ägypten eliminierte und das zu Ägypten gehörende Gebiet immer mehr erweiterte. Frankreich glaubte sich aber damals stark genug, mit England in Wettbewerb um die Herrschaft im westlichen Mittelmeer zu treten und dieses allmählich, nach dem Worte Napoleons III., „ungefähr zu einem französischen See“ zu machen. Der Hafen von Biserta sollte eine der Säulen französischer Mittelmeerherrschaft werden; die Verpflichtung, diesen Hafen nicht zu befestigen, gedachte man nicht zu erfüllen und hat es bekanntlich auch nicht getan. Ende der achtziger Jahre hatten die englisch-französischen Mittelmeerbeziehungen begonnen, sich drohend zuzuspitzen.

Den größten Schmerz bereitete Bismarck unseren britischen Freunden aber, als er 1879 zum Schutze der deutschen Industrie überging. Der große Staatsmann war durch seine Beobachtung des praktischen Lebens zur Erkenntnis gekommen, daß der Reichszusammenschluß des deutschen Volkes durch den Schutz gegen kriegerischen Angriff von außen nicht ausreichte, um wirtschaftliches Gedeihen innerhalb des Deutschen Reiches zu ermöglichen und zu sichern. Die deutsche Produktion brauchte Schutz, um nicht von der englischen erdrückt zu werden. Bismarck hatte klar erkannt, daß ohne Schutz der heimischen Produktion das wirtschaftliche Leben in Deutschland zur Kraftlosigkeit infolge Blutleere für immer verurteilt sein würde. Von den Gegnern einer solchen Schutzpolitik wurde dem Kanzler das seit Cobden freihändlerische England entgegengehalten. Darauf erwiderte Bismarck im Reichstage: „England hat die stärksten Schutzzölle gehabt, bis es unter deren Schutz so erstarkt war, daß es nun als herkulischer Kämpfer heraustrat und jeden herausforderte: Tretet mit mir in die Schranken. Es ist der stärkste Faustkämpfer auf der Arena der Konkurrenz, es wird immer bereit sein, das Recht des Stärkeren im Handel gelten zu lassen. Das Recht des Stärkeren gibt aber der Freihandel, und England ist durch sein Kapital und durch die Lager von Eisen und Kohlen, durch seine Häfen der Stärkste im Freihandelsfaustrecht geworden; aber doch nicht allein durch seine günstige geographische Lage, sondern nur dadurch, daß es so lange, bis seine Industrie vollständig erstarkt war, ganz exorbitante Schutzzölle dem Auslande gegenüber hatte. Nun ist es stark genug und sagt zu den anderen: Nun kommt her, mit uns frei zu streiten; ihr werdet doch nicht so töricht sein, ihr werdet doch euer Geld unseren Produkten opfern. — Das zauberische Wort Freiheit wird als Kampfruf an die englische Überlegenheit geknüpft, und mit dieser Maske werden unsere Freiheitsschwärmer an die Aushungerung und Ausbeutung durch den ausländischen Handel gekirrt.“

Der Schutz europäischer Festlandmärkte gegen den englischen Handel ist nach englischer Auffassung der feindlichste und empörendste Akt, den ein Staatswesen gegen Großbritannien begehen kann. Hätte Großbritannien sich zu jener Zeit in einer politisch vorteilhafteren Lage befunden, als es der Fall war, und wäre Bismarck nicht dagewesen, so würde der deutsche Übergang zum Schutze der heimischen Produktion wohl bedeutend stärkere Wirkungen auf die britisch-deutschen Beziehungen zur Folge gehabt haben. Es sei erinnert an die britisch-französischen Streitigkeiten ungefähr hundert Jahre früher, die meist von der gleichen Frage ausgingen.

Bismarck hatte das geschichtliche Verdienst gehabt, durch seine damals so viel angefochtene innerpolitische Schwenkung die Grundlage für Deutschlands wirtschaftliche Selbständigkeit zu legen, den blutleeren deutschen Wirtschaftskörper mit frischem, gesundem Blute zu erfüllen. Mit überraschender Schnelligkeit zeigten sich die Erfolge dieser Politik: Sie bestanden in dem wirtschaftlichen Aufblühen Deutschlands im Innern, im staunenerregenden Wachsen der deutschen Ausfuhrindustrie, dem überseeischen Handel der Schiffahrt, des Schiffbaues, kurz, aller Faktoren, die hiermit zusammenhängen. Der englisch-deutsche Gegensatz lag in dieser Sicherung wirtschaftlichen deutschen Gedeihens aber unvermeidbar erhalten. Auf ihn mußte man gefaßt sein, und Bismarck hat noch wenige Monate vor seinem Tode auf eine Frage erklärt, daß das Gedeihen der deutschen Industrie die Ursache der schlechten deutsch-englischen Beziehungen sei.

Der Bismarcksche Vergleich des freihändlerischen England mit dem herkulischen Kämpfer, der in die Arena hinaustritt, weil er sich ohne wirklichen Nebenbuhler weiß, ist vom anderen Ende im Laufe der folgenden Jahrzehnte glänzend erhärtet worden: als Deutschland infolge der Bismarckschen Gesetzgebung tatsächlicher Nebenbuhler Großbritanniens wurde, da verschwand in England immer mehr der wirkliche Freihandel, und durch allerhand verschwiegene und verstohlene Gesetze wurden protektive Maßnahmen eingeführt; verstohlen, weil an das Dogma des Freihandels nicht gerührt werden durfte.

Hier bietet die Bismarcksche Periode das Bild erfolgreichen deutschen Sichbehauptens gegen Großbritannien und der deutschen Führung auf dem Festlande. Diese Aufgaben durchzuführen und diese Stellung zu behaupten, wurde aber von Jahr zu Jahr schwieriger. Frankreich erstarkte immer mehr und ist diplomatisch stets mit außerordentlicher Geschicklichkeit geleitet worden. In Rußland wuchs der Haß gegen Deutschland. Dazu kam die Tatsache, daß mit jedem Jahre mehr die zunehmende überseeische Geltung Deutschland durch seine Exportindustrie in neue Bahnen und vor neue Aufgaben führte.

Deutsch-britische Freundschaft und Entfremdung nach Bismarck.

1890—1895.

Als der Thronwechsel im Deutschen Reiche erfolgte, war das Programm der britischen Diplomaten Deutschland gegenüber ohne weiteres dahin gegeben: alles zu tun, um zum baldigen Verschwinden des Fürsten Bismarck aus seiner Stellung als Reichskanzler beizutragen. Das ist, wie man jetzt schon weiß, ausgiebig und geschickt geschehen durch Diplomaten und Hofleute, Fürsten und Fürstinnen, politisierende Generale und durch Geschäftsleute usw.

Diese Intrigen setzten schon nach dem Tode Kaiser Wilhelms während der neunundneunzig Tage ein, und man versuchte englischerseits, die deutschen Parteileidenschaften zu benutzen, um dem natürlich vorher notwendigen Sturze Bismarcks die Durchführung des folgenden Programms folgen zu lassen: Rückgabe Elsaß-Lothringens an Frankreich, Lostrennung Braunschweigs und eines Teils von Hannover von Preußen und als Krone des Ganzen ein deutsch-britisches Bündnis. Der Prinz von Wales, nachher König Eduard VII., erklärte damals einer hohen deutschen Persönlichkeit: „Was wollen Sie nur in Deutschland mit dem beständigen Gerede vom europäischen Frieden, welcher nie möglich sein wird, solange Sie Elsaß-Lothringen besitzen und nicht herausgeben wollen.“ — Die Geschichte jener neunundneunzig Tage kann heute noch nicht geschrieben werden, und wir beschränken uns nur auf die Feststellung, daß die englischen Ränke niemals eifriger und niemals perfider auf deutschem Boden gearbeitet haben, um den großen Kanzler zu beseitigen und das Deutsche Reich im Innern zu zersetzen, um es mit Rußland zu verfeinden. Mit welchen Mitteln gearbeitet wurde, geht, um nur ein Beispiel zu nennen, aus der niederträchtigen Handlungsweise des englischen Arztes Mackenzie hervor, der sich nicht entblödete, als Werkzeug der englischen Diplomatie und des englischen Hofes seine Stellung als ärztlicher Vertrauensmann bei Kaiser Friedrich III. zu mißbrauchen.

Gerade Großbritannien kann für solche Dinge zu jeder Zeit einen großen und verschwiegen arbeitenden Apparat in Tätigkeit setzen, um so leichter, je fester man in dem betreffenden Lande Großbritannien vertraut. Ein derartiges Vertrauen brachte man in Deutschland damals, abgesehen freilich vom Fürsten Bismarck, der britischen Diplomatie und Regierung entgegen. Es braucht nach dem Vorhergesagten nur erwähnt zu werden, daß man britischerseits gerade den deutsch-russischen Rückversicherungsvertrag in Deutschland gegen den alten Kanzler auszuspielen bestrebt war. Er sei eine Untreue gegen Österreich-Ungarn, mache die Handhabung der Politik des Deutschen Reiches ungeheuer schwierig und hindere das Eintreten so freundschaftlicher Beziehungen zwischen Großbritannien und Deutschland, wie sie das großbritannische Königshaus und im vollen Einverständnis mit ihm die großbritannischen Staatsmänner von ganzem Herzen wünschten.

In der Geschichte vom Sturz des Fürsten Bismarck spielt bekanntlich die Besorgnis vor unmittelbaren russischen Angriffsabsichten und der Glaube an sie eine Rolle. Es lag im eminenten Interesse Großbritanniens, gerade diesen Glauben an den maßgebenden Stellen im Deutschen Reich zu erwecken, denn sobald dieser Glaube da war und politische Folge erhielt, mußte dem Rückversicherungsvertrage das Zügenglöcklein geläutet werden. So ist es denn bekanntlich auch gekommen. Als Caprivi nach dem Sturze des Fürsten Bismarck die Reichskanzlerschaft übernahm, hatte er nichts Eiligeres zu tun, als die von Rußland bereits angetragene Erneuerung des Rückversicherungsvertrages von der Hand zu weisen: „Hals über Kopf“, wie Bismarck in den Hamburger Nachrichten schreiben ließ. Wer war froher als Großbritannien! Die erfahrenen, mit den Gesetzen der europäischen Mächtegruppierung tief vertrauten Staatsmänner an der Themse wußten ohne weiteres, daß das Aufgeben des Rückversicherungsvertrages, und noch dazu in der gewählten Form, den letzten Rest des früheren deutsch-russischen Vertrauensverhältnisses unmittelbar beseitigen werde. Daß seit einigen Jahren zwischen Rußland und Frankreich ein teilweise bereits schriftlich fixiertes enges Einvernehmen bestand, war Großbritannien ebenso bekannt, wie es dem Fürsten Bismarck bekannt gewesen war. Wer konnte wissen, ob sich aus dieser Doppelbeziehung nicht ein deutsch-russischer-französischer Festlandbund entwickeln werde. Ein unheimlicheres Zukunftsgespenst, als das eines geschlossenen Zusammengehens und gar einer wirklichen Einigkeit der hauptsächlichen europäischen Festlandmächte gab es für Großbritannien nicht. Solange Bismarck da war, hatten die großbritannischen Staatsmänner keine Gelegenheit gefunden, den trennenden Keil zwischen Deutschland und Rußland da einzutreiben, wo sie es wünschten. Im Jahre 1890 gelang es ihnen mit leichter Mühe. Die natürliche Folge war Beschleunigung und Festigung der französisch-russischen Verbindung, vor allem, daß jetzt auch die amtliche Politik Rußlands, der Zar und der Hof überhaupt, den Zielen der panslawistischen Strömung nicht mehr den entschlossenen Widerstand entgegensetzten wie früher. Bismarck hatte noch sagen können: Alle panslawistischen Treibereien wögen federleicht gegen die Autorität des Zaren. Damit war es nun aus.

Durch den Rückversicherungsvertrag hatte Rußland sich gegen Angriff und Druck seines schlimmsten Feindes gedeckt. Dieser Feind war eben Großbritannien. Ein britisch-russischer Krieg stand seit den siebziger Jahren auf der Tagesordnung Europas, denn die Reibungsflächen zwischen den beiden Mächten vergrößerten und vervielfältigten sich immer mehr, auf dem Balkan wie in Asien. Für Rußland war es deshalb von größter Bedeutung, ein auch im Kriege verbürgt wohlwollend neutrales Deutsches Reich an seinen Ostgrenzen zu haben. Eben diese Verbindung mit dem Deutschen Reiche gab der russischen Politik durch das deutsch-österreichische Bündnis die Sicherheit, daß Österreich-Ungarn sich durch Großbritannien nicht zur Teilnahme an einem Kriege gegen Rußland einspannen lassen werde.

Man sieht also, daß der springende Punkt der vielseitigen Situation, wie sie der Rückversicherungsvertrag geschaffen hatte, in Großbritannien lag. Solange der Vertrag bestand, verfügte die britische Staatskunst damals über keine einzige europäische Festlandgroßmacht, und das erschien ihr um so gefährlicher wegen der steigenden französischen Kolonialbestrebungen und, wie gesagt, des russischen Vordringens im nahen und mittleren Osten. In Deutschland ist man leider gewohnt geworden, den Rückversicherungsvertrag lediglich unter dem russisch-französischen Gesichtspunkte zu betrachten. Auch der war von hoher Wichtigkeit, aber doch nicht die grundlegende Hauptsache. Ob ein Weiterbestehen des Rückversicherungsvertrages überhaupt möglich war, ein Engerwerden der französisch-russischen Beziehungen hätte verhindern können, mag bezweifelt werden. Sicher hätte aber durch vorsichtige Politik der deutsch-russischen Entfremdung jener Zeit vorgebeugt oder ihr zum mindesten die bittere Schärfe genommen werden können; außerdem konnte Frankreich nicht das Deutsche Reich für Rußland ersetzen, nämlich als freundwillige, durch Vertrag gebundene, durch eine lange Grenze Rußland benachbarte Macht und als Verbündeter Österreich-Ungarns. Durch die Nichterneuerung des Vertrages sah Rußland sich plötzlich in gefährlicher Lage: isoliert und seiner wertvollen Rückendeckung England gegenüber beraubt. Großbritannien seinerseits schloß sich eng an das Deutsche Reich an. Das Organ des damaligen Premierministers Lord Salisbury, die „Morning Post“, schrieb in jener ersten Zeit der Regierung Kaiser Wilhelms II.: „Weder England noch Deutschland denken an einen Krieg, aber beiden Ländern wird täglich einleuchtender, daß, wenn ihnen der Krieg aufgedrängt wird, sie zusammen stehen oder fallen müssen; es bedarf deshalb keines papiernen Bündnisses zwischen ihnen.“ Das waren noch die Zeiten der Werbung um die deutsche Freundschaft, die Rückversicherung bestand noch in den letzten Zügen. So konnte man sie sich gefallen lassen, aber gefährlich wurde die Lage in demselben Augenblick, wo nach der Nichterneuerung des Rückversicherungsvertrages der russisch-französische Zweibund eine ausgesprochen deutschfeindliche Solidarität erhielt.

Caprivi war tief überzeugt von der Notwendigkeit eines engen deutsch-großbritannischen Zusammengehens. Er wollte bewußt das Deutsche Reich in allem, was die See, den Seehandel und die Kolonialpolitik betraf, unter britische Vormundschaft stellen. Seine Logik war ungefähr: Außerhalb des europäischen Festlandes könne Deutschland nicht selbständig vorgehen, sondern nur im Vereine mit Großbritannien. Die großbritannische Politik würde auch gern bereit sein, Deutschland entgegenzukommen, seine Interessen zu schützen, wenn Deutschland seinerseits loyal auch das Seine dem Inselvetter gegenüber leisten müsse. Die Caprivische Logik war mithin die einer Ergänzung: Deutschland sollte mit seiner Landmacht Großbritannien auf dem Festlande decken, während die britische Flotte anderseits die deutschen Seeinteressen und deutschen Seebedürfnisse zu schützen und zu fördern hätte. Dieser schöne Ergänzungs- und Arbeitsteilungsgedanke war von England aus suggeriert worden. In der Tat konnte es nichts Bequemeres und Vorteilhafteres für das Inselreich geben: die stärkste, damals noch dominierende Festlandmacht, die mächtigste Armee der Welt, sollte Großbritanniens gefährliche Nebenbuhler auf dem Gebiete der Weltpolitik, Rußland und Frankreich, in Schach halten. Und was hatte dafür Großbritannien zu leisten? Die Garantie der Erhaltung des status quo im Mittelländischen Meer, welche Italien gewünscht hatte, war von der großbritannischen Regierung bereits Jahre vor der Nichterneuerung des Rückversicherungsvertrages geleistet worden. Sie bedeutete, wie wir gesehen haben, alles eher denn ein Opfer. Die Verbindung Großbritanniens mit dem Dreibunde im Mittelländischen Meer entsprach dem eigensten britischen Interesse, ausgedrückt durch die beiden Namen Ägypten und Frankreich. Wenn in jenen Jahren der englischen Werbung Staatsmänner und Fürsten an der Themse in den höchsten Tönen der Begeisterung und schicksalsschwerer Entschlossenheit erklärten: Großbritannien und das Deutsche Reich seien auf Gedeih und Verderb miteinander verbunden, so entsprach diese Phrase, was Deutschland betraf, durchaus nicht der Wirklichkeit, während Großbritannien allerdings höchstes Interesse an einer solchen Ergänzung haben mußte.

Wieder haben wir hier den alten Zug der britischen Politik: die Weltinteressen Großbritanniens auf dem europäischen Festlande und durch dasselbe wahrzunehmen; ob in Feindschaft oder in Freundschaft, bedeutete nur einen Unterschied in der Methode. So wurden mit voller und warmer Zustimmung Caprivis die Grundlagen des von Bismarck erworbenen deutschen Kolonialreiches in Afrika auf britischen Wunsch beschnitten und verkrüppelt. Daß Deutschland dafür die Insel Helgoland erhielt, übrigens ein alter Wunsch Kaiser Wilhelms noch aus seiner Prinzenzeit, steht auf einem anderen Brette. Dies entsprang nicht britischem Wohlwollen, sondern begründete sich in einer gerade bei Großbritannien äußerst seltenen Gedankenlosigkeit. Der Gedanke kam den britischen Staatsmännern und Seeoffizieren nicht, daß das Deutsche Reich jemals einen Anspruch auf selbständige Seegeltung werde machen können. Es ist oft gesagt worden und braucht hier nur beiläufig erwähnt zu werden, daß ohne Helgoland keine deutsche Flotte möglich gewesen wäre, weder ihr Aufbau, noch eine Seekriegführung. Die alte Frage, ob der für die Insel gezahlte Preis zu hoch gewesen sei, ist müßig geworden und ihre Erörterung wäre besonders in unseren Zusammenhängen ohne Wert. Die Feststellung genügt, daß die großbritannische Regierung sich über den Zukunftswert Helgolands völlig täuschte. Ihr Bestreben aber, unter der Maske intimer Freundschaft die Ansätze eines deutschen Kolonialreiches zu vernichten und die Beziehungen des Deutschen Reiches zu Rußland und zu Frankreich so sehr wie möglich zu verschlechtern, wird dadurch nicht berührt.

Als nach den Zeiten der britischen Werbung die des Besitzes, das heißt die der Loslösung Deutschlands von Rußland, gekommen war, wurde auch der Ton Großbritanniens Deutschland gegenüber mit einmal ein anderer. Der Zweck war erreicht, die Möglichkeit einer großen Festlandkoalition hintertrieben worden, man brauchte nicht mehr zu werben, denn Deutschland erschien bis zu einem gewissen Grade isoliert. Schon 1891 nahm ein Vertreter der großbritannischen Regierung Gelegenheit zur öffentlichen Erklärung: in einem deutsch-französischen Kriege würden in erster Linie Englands nationale Interessen zu Rate gezogen werden. Wenn eine solche Selbstverständlichkeit mit solcher Ausdrücklichkeit öffentlich betont wurde, so war ihr Zweck klar: zu zeigen, daß trotz aller „Freundschaft“ und trotz dem „Zusammenstehen und Zusammenfallen“ die britische Regierung Wert auf die Erklärung legte: in einem deutsch-französischen Kriege würde sie vielleicht für, vielleicht gegen Deutschland Stellung nehmen. Großbritannien hatte 1890 schon ein Kolonialabkommen mit Frankreich geschlossen und zeigte seitdem gelegentlich, daß man sehr bereit sei, mit Frankreich in nähere Beziehungen zu kommen. Die Aufforderung der Türkei, endlich Ägypten zu räumen, beantwortete Lord Salisbury mit der schönen Redewendung, erst wolle er das „Werk in Ägypten vollenden“. Um die gleiche Zeit trat das Deutsche Reich zuerst zur Türkei in nähere freundliche Beziehungen. Es entstanden die Anfänge des späteren Bagdadbahnbaues.

In jenen Jahren der ungesunden englisch-deutschen Freundschaft betrachtete Großbritannien das Deutsche Reich als seinen zum Gehorsam verpflichteten Diener. Wie das Sansibarabkommen, so wurde ein zweites Kolonialabkommen mit England im Jahre 1893 unter dem Gesichtspunkte der englischen Wünsche abgeschlossen, und als Deutschland darauf ein anderes Kolonialabkommen mit Frankreich schloß, in welchem es, beiläufig bemerkt, über das andere Ohr gehauen wurde, da nahm man das in England sehr übel; und ganz besonders, als im Jahre nachher Frankreich und Deutschland gemeinsam gegen ein vertragswidriges Abkommen Englands mit dem Kongostaate Einspruch erhoben. Um dieselbe Zeit fand England durch eine Russenreise des damaligen Prinzen von Wales willkommene Gelegenheit, die mittelasiatischen Schwierigkeiten mit Rußland zeitweilig beizulegen, und höhnisch sprach die englische Presse von einer Isolierung Deutschlands. Darin war in der Tat etwas Wahres, denn die deutsch-russischen Beziehungen blieben kühl und entfernt, während die deutsch-englischen schnell unklar geworden waren. Die hämische Mißgunst des großbritannischen Volkes und seiner Regierung folgte dem Deutschen Reiche bei jedem Schritte und besonders in allen den tastenden ersten Schritten auf dem Wege der Weltpolitik. Außerdem ließ Großbritannien sich nunmehr eifrig angelegen sein, die immer vorhanden gewesenen deutschfeindlichen Strömungen in Italien zu nähren und zu schüren, denn Deutschlands bedurfte die britische Diplomatie ja nicht mehr gegen Rußland.

1894 schickte die deutsche Regierung zwei Kriegsschiffe nach der Delagoabai als Demonstration gegen britische Intrigen gegen die Selbständigkeit der Transvaalrepubliken. Damals schrieb das transvaalische Blatt „Volks Stem": „Bisher haben die Deutschen uns gegenüber die Engländer immer frei schalten lassen; endlich scheint man in Berlin die Verkehrtheit dieser Politik eingesehen zu haben. Im Namen des transvaalischen Volkes bringen wir Deutschland unsern Dank." Das war ein geschichtlicher Augenblick, denn seitdem richtete die großbritannische Politik ihre Aufmerksamkeit darauf, eine engere Verbindung zwischen Deutschland und den südafrikanischen Republiken zu hintertreiben und diesen selbst ihre Unabhängigkeit zu nehmen. Man wußte in England — immer wieder müssen wir auf diesen Punkt zurückgreifen, — daß das Deutsche Reich keine Rückendeckung mehr an Rußland hatte und deswegen in weltpolitischen Fragen ganz allein stand. Für diese kam der Dreibund nicht in Betracht, er ebensowenig wie Deutschland allein verfügte über eine Seemacht, die Großbritannien auch nur im geringsten zu beachten brauchte. So schürzten denn die großbritannischen Staatsmänner den südafrikanischen Knoten immer fester, entschlossen, sei es auf die eine oder andere Weise, die Republiken zu unterjochen. Cecil Rhodes begann seine Tätigkeit in Südafrika, schuf um die Republiken herum neue britische Gebiete und isolierte sie so. In

Großbritannien war die Feindseligkeit gegen Deutschland so schnell gestiegen, daß schon im Sommer 1895, als der Deutsche Kaiser seine Großmutter, die Königin von England, besuchte, die Regierungspresse sich in unverschämter und beleidigender Weise gegen ihn wandte. Der Londoner „Standard" brachte eine aufsehenerregende Artikelreihe, die sich als Begrüßung ironisch gegen den Kaiser wandte. Man machte den kaiserlichen Gast darauf aufmerksam: er solle bei der Königin, seiner Großmutter, eine Unterrichtsstunde in politischer Weisheit nehmen. Allerdings werde er nie die Königin an Scharfsinn übertreffen können, er könne aber schon zufrieden sein, wenn er sich seiner Abstammung mütterlicherseits würdig zeige. Die englischen Minister müßten, so führt das Blatt weiter aus, stets den Wunsch hegen, gute Beziehungen mit dem Deutschen Reiche zu unterhalten, aber die Politik des Deutschen Kaisers habe die Tendenz, diplomatische Experimente zu machen. Deutschland möge bedenken, daß „Englands Entgegenkommen für Deutschland wertvoller sei als alle anderen diplomatischen Beziehungen".

Es war natürlich, daß diese Frechheiten wie ein Schlag ins Gesicht des deutschen Volkes wirkten. Besonders die zahlreichen deutschen Freunde Großbritanniens fragten sich mit Erstaunen, wodurch man eine solche Behandlung verdient habe. Die Deutschen bezogen es meist auf die deutsch-englischen Reibungen in Südafrika. Diese Auffassung war jedoch irrig, denn die Staatsmänner an der Themse wußten genau, daß das flottenlose Deutschland hier keine ernstlichen Schwierigkeiten bereiten könne. Der bittere Tadel wegen der „diplomatischen Experimente" bezog sich auf etwas anderes, nämlich auf eine sich wieder anbahnende deutsch-russische Annäherung. Der Nachfolger Caprivis, Fürst Hohenlohe, hatte sie sofort versucht, und der Nachfolger des Zaren Alexander III., Nikolai II., hatte ebenfalls Neigung zu einer Annäherung betätigt. Dazu kam das Folgende:

Seitdem Rußland durch die vereinigten Anstrengungen Englands und Österreich-Ungarns in seiner vordringenden Balkanpolitik aufgehalten worden war, griff es planmäßig und energisch nach dem Fernen Osten aus. Mehr und mehr fühlte sich Großbritannien in seinen eigenen ostasiatischen Bestrebungen dadurch beunruhigt und erkannte mit geübtem Blicke schon Anfang der neunziger Jahre Japan als die Macht, welche im Kampfe gegen Rußland unschätzbare Dienste leisten könne. Schon Anfang der neunziger Jahre schloß Großbritannien einen Handels- und Freundschaftsvertrag mit Japan. Der japanisch-chinesische Krieg 1894/95 wurde, was Japan betraf, von englischen Geldleuten finanziert. Durch diesen Krieg wurde Korea von China abgerissen, und gerade nach Korea hatte die russische Politik gedrängt. China sollte außerdem die Halbinsel Liautung mit Port

Arthur an Japan abtreten. Auch hier hinter stand England, denn die britischen Staatsmänner wußten, daß Rußland den Blick auf Port Arthur gerichtet hatte. Angesichts dieser Forderungen Japans nach seinem siegreichen Kriege taten sich Rußland, Deutschland und Frankreich zusammen, um zu intervenieren. Die deutsche Auffassung war: Eine Festsetzung Japans auf dem Festlande würde sein entschiedenes Übergewicht über China bedeuten, und wirtschaftlich betrachtet, würde Japan „wie eine Schildwache vor den Zufuhrstraßen nach China sitzen und sie beherrschen". Außerdem kam für Deutschland als Grund noch eine geheime Abmachung mit Rußland hinzu, deren Ergebnis später die Pachtung des Kiautschougebietes werden sollte.

Dem Drucke der drei Festlandmächte mußte Japan weichen und die Halbinsel Liautung aufgeben. Dagegen erhielt Rußland die Konzession für die Abzweigung der sibirischen Bahn bis Port Arthur; wenige Jahre nachher ging Port Arthur mit dem Ausläufer der Halbinsel Liautung an Rußland über. Deutschland nahm Kiautschou und Großbritannien Wei-hai-wei. Es ist heute, und insbesondere in diesem Zusammenhange, eine müßige Frage, ob jene Stellungnahme des Deutschen Reiches richtig gewesen sei oder nicht. Der alte Bismarck billigte sie nicht, war im besonderen der Ansicht, daß es nicht nötig gewesen sei, ohne zwingende Not Japan zu verstimmen. In der Tat hat Japan das Dazwischentreten Deutschlands nach dem Vorfrieden von Schimonoseki niemals vergessen. Großbritannien ist es gewesen, dessen Staatsmänner mit allen Künsten der Intrige und Hetzerei verstanden haben, diese japanische Stimmung immer von neuem aufzupeitschen, seitdem später das Deutsche Reich als das zu vernichtende Karthago von Großbritannien angesehen wurde. Mitte der neunziger Jahre wurde Deutschland von der britischen Politik aber noch nicht als Ziel, sondern als Mittel angesehen: als Mittel gegen Rußland. Die entschlossene imperialistische Politik des russischen Reiches im Fernen Osten konnte Großbritannien nicht hindern, denn Rußland war in der glücklichen Lage, eine ununterbrochene und direkte Landverbindung nach Ostasien zu besitzen und durch Schienenwege ausgestalten zu können. Die Seemacht Großbritannien sah sich demgegenüber machtlos. Die werdende Seemacht Japan hatte sich noch als zu schwach gezeigt, um als britischer Sturmbock gegen die russische Expansion in Ostasien zu dienen. Daß Frankreich auf seiten seines russischen Bundesgenossen stand, war natürlich und unvermeidlich. So blieb das Deutsche Reich als die in britischen Augen gegebene und einzige Macht, um durch entschlossene Stellungnahme gegen Rußland, seine Nachbarmacht in Europa, dessen ostasiatischen Ausdehnungsdrang zu hemmen. Das Deutsche Reich nahm aber den entgegengesetzten Kurs, trat auf die Seite Rußlands, aus den angedeuteten Gründen, und so war das britische Volk voll Erbitterung darüber, daß der Deutsche Kaiser „zu diplomatischen Experimenten“ neige.

In der Tat wuchs die Stellung Rußlands in Ostasien von Jahr zu Jahr, und alles, was Großbritannien unmittelbar tun konnte, war die diplomatische Unterstützung Japans und die Stärkung dieses jungen Staatswesens durch britisches Geld, um „Rache für Schimonoseki“ zu nehmen. In jenen Jahren stand Großbritannien tatsächlich isoliert da. Wäre es möglich gewesen, die französischen Rachekriegsgedanken damals aus der Welt zu schaffen, so würde ein festländischer Vierbund unmittelbar die Folge gewesen sein. Aber diesen großen Gedanken klar zu erkennen und fest ins Auge zu fassen, war damals kein festländisches Kabinett imstande. Auch die deutsche Politik dachte mit ihrem Vorgehen in Ostasien nicht daran, gewissermaßen prinzipiell sich von Großbritannien abzukehren. Die Leiter der deutschen Politik wollten eine Politik der freien Hand treiben und glaubten, sie treiben zu können, was nach Maßgabe der deutschen Machtmittel tatsächlich nicht der Fall war.

Um dieselbe Zeit spielte sich in Südafrika der vorletzte Akt des großen Dramas ab. Es erfolgte der frevelhafte Einfall des Dr. Jameson mit seiner Bande in das Transvaal. Die Buren nahmen ihn gefangen, und der Deutsche Kaiser sandte die berühmte Krügerdepesche ab. Dieser Depesche hätte man in England durchaus beipflichten müssen, wenn die großbritannische Regierung und das britische Volk dem Jamesoneinfall gegenüber, wie sie behaupteten, ein gutes Gewissen besessen hätten. Das war aber nicht der Fall, und so erfolgte jener ungeheure Wutausbruch in England gegen die Deutschen und gegen den Deutschen Kaiser im besonderen. Fürst Bismarck ließ auf diesen Schimpforkan hin in den „Hamburger Nachrichten“ das Folgende schreiben:

„Die Politiker, die in der englischen Presse heute zu Worte kommen, hatten sich die Sache offenbar so zurecht gelegt, daß sie mit heuchlerischer Entrüstung den Flibustierzug nicht billigen konnten, aber die faktischen Konsequenzen des Überlaufens der Burenpolitik, auf das sie gerechnet hatten, als unabänderliches Ergebnis akzeptierten. Das kaiserliche Telegramm an den Präsidenten von Transvaal ist ihnen aber derartig unerwartet gekommen, daß sie die bis dahin getragene Maske vollständig vergessen haben und plötzlich eine Sprache führen, als ob der räuberische Überfall des Dr. Jameson eine amtliche Operation der englischen Regierung gewesen wäre. Läge dieser Fall wirklich vor, so wäre allerdings das kaiserliche Telegramm ein Schachzug gegen die englische Regierung gewesen, so aber ist es doch nur eine Kundgebung gegen denselben gewalttätigen Bruch des Friedens durch Dr. Jameson, den bis dahin alle englischen Autoritäten als ihnen vollständig fremd gemißbilligt haben.

Wir erinnern uns kaum eines Ereignisses in neuerer Zeit, in welchem die Unehrlichkeit der englischen Presse in dieser Weise festgenagelt worden wäre, wie in dem zornigen Ausbruch gegen das kaiserliche Telegramm, durch welches der Deutsche Kaiser doch, genau betrachtet, nur der sittlichen Entrüstung der englischen Regierung über den Einbruch in Transvaal den Beistand seiner europäischen Autorität leistete. Wir hätten also aufrichtigerweise erwarten dürfen, daß die englische Presse dem Deutschen Kaiser ihren Dank votierte für den energischen Beistand, mit dem er ihrer eigenen Entrüstung über diesen ruchlosen Räubereinbruch in Transvaal Ausdruck gegeben hat."

Die großbritannische Regierung schritt unmittelbar zur Bereitstellung von Flottenstreitkräften, von denen ein Teil nach der Delagoabai geschickt wurde, während die anderen für die heimischen Gewässer kriegsbereit gemacht wurden, gerade als ob es sich um einen Krieg mit Deutschland handelte. Welche diplomatischen Vorgänge sich damals zwischen Berlin und London abgespielt haben, wissen wir nicht. Von seiten der deutschen Regierung wurde in Deutschland halbamtlich erklärt, es sei nicht wahr, daß von irgendeiner maßgebenden Stelle Entschuldigungen nach London gerichtet worden seien. Regierung und Presse aber stellten volle Einigkeit zwischen Kaiser und Volk fest.

Um den meist unrichtig beurteilten Vorgang des Krügertelegrammes und dessen, was folgte, in ein richtiges Licht zu setzen, muß man die Erklärung des damaligen Staatssekretärs v. Marschall über die deutsche Politik hinsichtlich Südafrikas berücksichtigen. Der Staatssekretär erklärte, die deutsch-südafrikanischen Beziehungen seien lediglich wirtschaftlicher Natur, und Deutschland denke nicht daran, sich in die inneren Angelegenheiten der südafrikanischen Republiken zu mischen. Dagegen seien die englischen Bestrebungen: Südafrika zu einem geschlossenen Wirtschaftsgebiete zu machen, den deutschen Wirtschaftsinteressen zuwiderlaufend. Auch sei Deutschland nicht verantwortlich, wenn die Buren Mißtrauen gegen die imperialistischen britischen Bestrebungen hegten.

In dieser Äußerung liegt das eigentlich Bedeutungsvolle, weil Grundsätzliche jenes Vorganges enthalten. Das, was der deutsche Staatssekretär sagt, ist richtig, und er sagte es, um zu zeigen, daß Deutschland durchaus auf dem Boden des Rechtes gestanden habe, indem es „nur (!) die wirtschaftlichen Beziehungen mit Südafrika gepflegt hätte". In dieser Auffassung des „nur" liegt der Fehler der deutschen Weltpolitik jener Jahre enthalten, nämlich der Mangel der klaren Erkenntnis, daß für Großbritannien wirtschaftliche Beziehungen, also Handel das A und O seiner Politik bildet und immer gebildet hat, daß alle britische Politik immer dem Handel gedient hat, daß alle großbritannischen Kriege letzten Endes um den Handel geführt worden sind. Die schöne oft gebrauchte Wendung, daß der „friedliche Wettbewerb" die Völker eine und zu höherer Entwicklung antreibe, gilt für Großbritannien nur solange, wie dieser friedliche Wettbewerb für den britischen Handel ein wirklicher Wettbewerb eben nicht ist. Freiherr v. Marschall glaubte mit Gründen des Rechtes und der Billigkeit Politik mit Großbritannien machen zu können. Heute wissen wohl alle Deutschen, daß das nicht geht, aber bis zum 3. August 1914 hat es nur wenige Deutsche gegeben, die es wußten oder einsehen wollten.

Ein britisches Blatt fragte damals mit Ironie: wie Deutschland sich denn eigentlich einen Krieg mit Großbritannien dächte! — Die Frage traf den Kern der deutschen Politik, nämlich ihren Grundfehler. Ein in Europa nicht mit anderen großen Festlandmächten planvoll zusammenarbeitendes Deutschland konnte in keiner überseeischen Frage ohne Einverständnis mit Großbritannien vorgehen. Sonst war der Mißerfolg sicher. Eine deutsche Flotte war nicht vorhanden. Außerdem haben die damaligen Leiter der deutschen Politik offenbar nicht begriffen, wie stark und tief gerade hinsichtlich Südafrikas der imperialistische Gedanke das ganze großbritannische Volk durchdrungen hatte. Auf dieses Gefühl war der Ausbruch nach dem Krügertelegramm zum einen Teil zurückzuführen. Der damalige Kolonialsekretär Joseph Chamberlain sagte damals mit der für ihn charakteristischen Offenheit: Das Ziel jeder britischen Regierung sei die Erhaltung der Stellung Englands als der Vormacht in Südafrika. Das Ziel der Regierung bleibe die Vereinigung aller südafrikanischen Staaten unter dem Schutze der britischen Flagge. Mit anderen Worten erklärte der Kolonialsekretär also, daß die großbritannische Politik nicht ruhen werde, ehe man den Burenrepubliken auf die eine oder andere Weise durch das eine oder andere Mittel ihre Freiheit genommen habe — die alte überlieferte britische Politik des Raubes! Die Diamanten und das Gold des Bodens der südafrikanischen Republik waren die treibende Ursache für diese Politik der Begehrlichkeit gewesen, dazu kam nachher die Furcht, daß die deutsche Wirtschafts- und Kolonialpolitik England das Wasser in Südafrika abgraben könnte. Nach britischer Art wurde das alles durch die bekannten Wendungen von der höheren Kultur, Zivilisation usw. versteckt. Die Regierung hatte mit ihren Flottendemonstrationen nach der Krügerdepesche Deutschland gegenüber symbolisch die Machtfrage aufgeworfen und hielt damit die deutsche Südafrikapolitik für erledigt. Und sie war es auch, denn in seiner damaligen Lage und ohne Flotte konnte Deutschland Großbritannien gegenüber keine Politik treiben, hinter der die Machtfrage stand.

Das war 1896, und heute, nach neunzehn Jahren, mitten im Weltkriege ist es von hohem Interesse, wenn wir uns erinnern, wie damals Frankreich sich verhielt. Frankreich hatte hinsichtlich Südafrikas und der Freiheit der Burenrepubliken die gleichen Interessen wie Deutschland. Zwischen Frankreich und Großbritannien standen tiefgehende Meinungsverschiedenheiten und Reibungsflächen, besonders auf kolonialem Gebiete, auch in Ostasien. Im nahen Orient hatten sich um dieselbe Zeit Deutschland, Österreich, Rußland und Frankreich zusammengefunden, und zwar im Gegensatze zu Großbritannien. Und doch hatte die englische Wut nach dem Krügertelegramm zur unmittelbaren Folge, daß der französische Botschafter zu London der britischen Regierung sagte: Frankreich hat nur einen einzigen Feind, und das ist Deutschland. England kann danach seine Politik einrichten! Denken wir uns also, es wäre damals zu einem englisch-deutschen Kriege gekommen, so würde England ebenso wie heute Frankreich und Rußland tätig auf seiner Seite gehabt haben; 1896, acht Jahre vor der Entente cordiale, mitten im Zusammengehen der Festlandmächte und der Isolierung Großbritanniens! Das eine Wort: „Krieg gegen Deutschland" hätte im selben Augenblick die europäischen Mächte neu gruppiert, und zwar wie heute unter Führung Englands. Die Solidarität der Festlandmächte war für Friedensfragen zweiter Ordnung berechnet und bedeutete, wie später ein französischer Politiker sich ausgedrückt hat, für den Verkehr zwischen Frankreich und Deutschland den Austausch des Kleingeldes der Politik, ohne darüber jemals die im Grunde alles beherrschende Frage des Nachekrieges gegen Deutschland aus dem Auge zu verlieren.

Jene Solidarität der Festlandmächte hatte gleichwohl ihre guten Gründe: Nachdem die Versuche Großbritanniens fehlgeschlagen waren, das Vordringen Rußlands in Ostasien durch Japan aufzuhalten, bestrebte man sich, Verwicklungen im nahen Osten anzuzetteln, um Rußland die Kraft für den Fernen Osten zu nehmen. Nach altbewährter Methode wurden unter Großbritanniens Auspizien die Griechen gegen die Türkei aufgehetzt und die bekannten „armenischen Greuel" inszeniert. Der türkische Sultan Abdul Hamid hatte Miene gemacht, die ägyptische Frage aufzurollen; auch das verdiente Strafe. Die großbritannischen Pläne schlugen aber fehl, weil Rußland und Österreich-Ungarn, die alten Nebenbuhler auf dem Balkan, gerade in jenem Augenblick alles Interesse an der Erhaltung des relativen Ruhestandes auf dem Balkan und an der Erhaltung der Türkei besaßen, während Großbritannien dem Anscheine nach wünschte, ein Zusammenwirken aller europäischen Mächte hervorzurufen mit dem Ziele, mit der Türkei ein Ende zu machen. Großbritannien wußte, daß der seebeherrschenden Macht in den dann mit Sicherheit entstehenden europäischen Konflikten, wie immer, die einträglichste Rolle zugefallen wäre. Die britischen Wünsche scheiterten, wie gesagt, zumal auch Deutschland, dessen orientalische und türkenfreundliche Politik in der Entwicklung war, auf der Seite der anderen Festlandmächte stand.

Durch den Verlauf des griechisch-türkischen Krieges im Jahre 1897 wurde Großbritannien enttäuscht, weil die Türken wider alles englische Erwarten siegten. Aus Zertrümmerung oder erheblicher Schwächung der Türkei wurde nichts. Dagegen gelang es Großbritannien, in seine Parteinahme für Griechenland Italien mit hineinzuziehen, im Gegensatze zur Stellungnahme des Deutschen Reiches und Österreich-Ungarns. Zum ersten Male seit Bestehen des Dreibundes trennte sich damals Italien in einer Mittelmeerfrage von seinen beiden Dreibundgenossen, unter Führung Großbritanniens, welches doch, wie erinnert sei, gerade den Dreibund in Anbetracht seiner eigenen Flottenlosigkeit durch die britische Flotte im Mittelmeer „ergänzen" sollte. Es ist in der Folge dann häufig, und zwar immer bei wichtigen Angelegenheiten, dieselbe Erscheinung hervorgetreten: daß Italien in allen Mittelmeerfragen dem Dreibunde den Rücken kehrte und sich der britischen Leitung anvertrauen zu sollen glaubte. Als dann später die britisch-französische Entente cordiale erfolgte, äußerte sich diese italienische Neigung entsprechend stärker und ungenierter.

„Und willst du nicht mein Diener sein . . ."

Bis zur Entente cordiale.

Um Mitte der neunziger Jahre begann man in Großbritannien in immer weiteren Kreisen auf das Gedeihen der deutschen Industrie, des deutschen Seehandels, des deutschen Schiffbaues und des Wachsens der deutschen Kapitalkraft aufmerksam zu werden. Solche „Aufmerksamkeit" in Großbritannien ist aber, wie wir wissen, immer mit dem entsprechenden Übelwollen durchtränkt gewesen. Aus allen überseeischen Ländern fingen damals die britischen Konsuln und Handelsagenten an zu berichten über die Konkurrenz der Deutschen auf den auswärtigen Märkten. Überall finde man den deutschen Kaufmann, der sich ungemein rührig zeige, alle Sprachen spreche und mit besonderem Geschick versuche, die Bedürfnisse und Wünsche der Eingeborenen zu ermitteln, um diesen dann später durch die Fabrikate Rechnung zu tragen. Der ungeheure Aufschwung der deutschen Industrie war durch die mit dem Jahre 1879 eingeleitete

Bismarcksche Schutzzollpolitik begründet und ermöglicht worden. Der Schutz für die auf Entwicklung drängenden Kräfte gegen die ausländische, insbesondere gegen die großbritannische Industrie mit ihren Produkten war eine unbedingte Notwendigkeit. Bismarck hatte sich durch die englischen Sprenkeln für die Drosseln des Festlandes — die „Lehre“ von den Segnungen des Freihandels für die deutsche Industrie — nicht fangen lassen. Sobald sie geschützt wurde, wuchs die deutsche Industrie mit ungeahnter Kraft empor, denn nunmehr konnte sie leben, und je besser sie leben konnte, desto mehr breitete sie sich aus, und in desto höherem Grade konnte sie auch den Anforderungen an die Qualität genügen. Schon nach beinahe unglaublich kurzer Zeit hatte das englische Wort über die deutschen Industrieerzeugnisse, durch das man die deutschen Industrieerzeugnisse von den Märkten vertreiben wollte, „billig und schlecht“, keinerlei Wirkung mehr. Dann kam der große und unvergeßliche großbritannische Fehlschlag: Um alle ausländischen Käufer vor den schlechten deutschen Fabrikaten zu bewahren, führte die britische Regierung die Bestimmung ein, daß alle nach Großbritannien und seinen Kolonien eingeführte Fabrikate die Bezeichnung tragen mußten: „Made in Germany“. So bestimmte Großbritannien, die Bannerträgerin der herrlichen idealen Lehre vom schrankenlosen Freihandel und vom freien Spiel der Kräfte. Bekanntlich mißlang der Plan, denn die Güte und die Billigkeit der deutschen Ware hatten den umgekehrten Erfolg; nämlich den, daß die englischen Käufer nach der gekennzeichneten deutschen Ware, nicht aber nach der englischen Ware fragten. Die Tatsache dieses Fehlschlages mit seiner ganzen unfreiwilligen Komik und noch unfreiwilligeren britischen Selbstironie verbreitete sich in kurzem über die ganze Welt und wurde zu einer großen und wohlverdienten Reklame der deutschen Industrie. Der Höhepunkt des jungen deutschen Triumphes war der Augenblick, als der deutsche Schnelldampfer „Kaiser Wilhelm der Große“ im Hafen von Southampton mit der großen Umschrift einlief: „Made in Germany“.

Besorgt war man in England damals noch nicht. Noch herrschte die britische Industrie in ungeheurem Vorsprunge vor der deutschen auf allen Märkten. Man kannte genau den riesigen Unterschied der Hilfsmittel und vor allem den Unterschied in der Kapitalkraft der beiden Länder. Diese Tatsache allein konnte eine ernsthafte Beunruhigung nicht aufkommen lassen. Dem englischen Riesenkapital standen in den neunziger Jahren des vergangenen Jahrhunderts deutsche Kapitallosigkeit und dauernde äußerste Anspannung des deutschen Kredites gegenüber.

Großbritannien aber ist gewohnt, schon in frühester Entwicklung alles zu beobachten, was sein gottgewolltes Monopol auf den Märkten dieser Erde beeinträchtigen könnte. So sagte kurz nach Mitte der neunziger

Jahre der frühere Premierminister Lord Roseberry auf einer öffentlichen Versammlung: er führe die Störung des Verhältnisses zwischen Großbritannien und Deutschland nicht nur auf die Transvaalfrage zurück, sondern vor allem darauf, daß Deutschland Großbritannien auf wirtschaftlichem Gebiete zu überflügeln beginne. Er sei ganz überrascht von den technischen und kommerziellen Fortschritten der Deutschen; der deutsche Wettbewerb auf diesen Gebieten sei eine Gefahr der Zukunft. Deutschland besitze das vollkommenste System technischer Ausbildung, sei daher der gefährlichste Nebenbuhler Großbritanniens und bedrohe den britischen Handel sogar in Indien und Ägypten. Später sagte derselbe Mann: „Wir sind bedroht durch einen furchtbaren Gegner, der uns benagt wie das Meer die schwachen Stellen einer Küste benagt, — ich meine Deutschland."

Lord Roseberry hatte damit vollkommen recht: Das was er Störung des Verhältnisses zwischen Großbritannien und Deutschland nannte, nämlich jene pöbelhaften Wutausbrüche in Großbritannien nach dem Krügertelegramm, führte sich, wie wir schon andeuteten, nur zu einem Teile auf die südafrikanischen Angelegenheiten zurück, sicher zum kleineren Teile, denn da brauchte, wie gesagt, das zur See unumschränkt mächtige Großbritannien auch für die Zukunft nichts von Deutschland zu fürchten. Die Südafrikaangelegenheit war erledigt. Ganz anders stand es mit dem steigenden Handelswettbewerb und mit dem Aufstreben der deutschen Industrie. Sie konnte man weder durch ein „Quod non" der großbritannischen Regierung, noch durch entsprechendes Säbelrasseln aus der Welt schaffen. Außerdem lag die tiefere Ursache des britischen Unbehagens in dem teils bewußten, teils unbewußten Gefühl, daß die deutsche Industrie und der deutsche Handel, von kleinem anfangend, meist unter den allerschwierigsten Verhältnissen, dabei aus eigener Kraft sich emporgearbeitet und schon damals so überraschende Erfolge erzielt hatten. Wir haben auf unserem Gange durch die Jahrhunderte britischer Raubentwicklung gesehen, daß es keineswegs überlegene Tüchtigkeit und originale Kraft des großbritannischen Volkes gewesen sind, die es zum Beherrscher der Märkte gemacht hatten. Ungemeine geographische Gunst der Lage, dazu die Fähigkeit, schlau, rücksichtslos und skrupellos andere Völker zu schädigen und zu benutzen, wenn es ging, ihre besten Kräfte an sich zu ziehen, wenn es nicht ging, sie lahmzulegen und sich selbst vernichten zu lassen; der unheilbare Wahnsinn der Festlandmächte, sich zu Ehren des britischen Portemonnaies von einem Jahrhundert zum anderen zu zerfleischen und bis zur Erschöpfung zu bekämpfen, hat den Rest getan. Nie aber ist es britische Überlegenheit in der produktiven Tüchtigkeit, in Intelligenz und gewissenhaftem Fleiße gewesen. Das Deutschland vor dem Dreißigjährigen Kriege, ebenso wie das damalige Italien, waren den Briten hierin weit überlegen, nicht weniger später die Niederlande, nicht weniger das Frankreich Colberts und Napoleons I. Und nun kam nach der langen Pause seit den Befreiungskriegen, während der jedem Briten das Handels- und Industriemonopol als von der Vorsehung bestimmt erschien, plötzlich das neue Deutsche Reich, als zwar noch vermögensloser, aber fleißiger und talentvoller neuer Wettbewerber. Mußte da nicht das edle britische Blut voll tiefer Entrüstung aufwallen? Wie konnte ein solches Volk sich unterstehen, das britische Fabrikat auf dem deutschen Markte, ja auf dessen eigenem Markte zu beunruhigen und nun gar auf den überseeischen Märkten! Die Statistik zeigte, daß in der Zeit von 1873 bis 1896 die Zahl der deutschen Dampfer auf das Sechsfache, ihr Tonnengehalt um mehr als das Zehnfache gestiegen war. Die deutschen Passagierdampfer standen einzig in der Welt da, die Hochseefischerei in der Nordsee war früher ganz in englischer Hand gewesen, jetzt hatte sich die deutsche seit 1873 verzwölffacht. Der deutsche Seeverkehr nach allen überseeischen Ländern war um mehrere hundert Prozent gestiegen, der Verkehr nach England lediglich um fünfunddreißig Prozent, ein überaus sprechender Beweis, wie die junge deutsche Seeschiffahrt sich mit Riesenschritten von dem englischen Zwischenhandel unabhängig machte. Gerade diese letztgenannte Erscheinung war dem „Frachtfuhrmann der Welt“ besonders peinlich und bedeutete ihm einen Schlag ins Gesicht. Dazu kam die von Jahr zu Jahr steigende Vermehrung der deutschen Konsulate und sonstiger Vertretungen im überseeischen Auslande. Von Jahr zu Jahr ferner wuchsen der deutsche Gesamthandel, von dem der überseeische weit über die Hälfte betrug, die Anzahl und die Gesamtsumme der überseeisch investierten Werte, der Dampferlinien und der Schiffbauwerften. Überall erblickte der Engländer aufstrebende Kraft, Unternehmungsgeist, Ausdauer und Geschicklichkeit, überall ein unbeugsames Bestreben, das Beste zu leisten. Im Jahre 1896 zeigte sich zum erstenmal die deutsche Flagge im Hamburger Hafen der englischen überlegen. Das war für uns Deutsche einerseits ein Triumph und ein Zeichen, daß es vorwärts und aufwärts ging, anderseits aber eine Erinnerung, wie elend und jämmerlich die Zeiten gewesen waren: 26 Jahre seit der Erstehung des neuen Deutschen Reiches hatte es bedurft, um in dem größten deutschen Seehafen die Überlegenheit der britischen Handelsflagge zu verdrängen! Bis dahin war der Seeverkehr der deutschen Häfen überwiegend unter englischer Flagge vor sich gegangen und über englische Häfen. Das waren noch die Früchte der „großen Ernte“ Großbritanniens aus der Zeit der Kriege gegen Frankreich und Napoleon, als die Engländer, obgleich im Frieden mit dem Staate Hamburg, rücksichtslos die Elbmündung blockiert und die Hamburger Schiffe beschlagnahmt hatten, wo sie sie fanden. Jetzt nahm Hamburg seine friedliche Vergeltung und erregte damit die Entrüstung der Wohltäter der Menschheit jenseit der Nordsee.

Zum richtigen Verständnis jener Periode der britisch-deutschen Beziehungen kann nicht genug darauf hingewiesen werden, daß das Deutsche Reich damals zwischen 1895 und 1900 über keine Marine verfügte. Man besaß eine geringe Anzahl Schiffe, die klein und zum großen Teile nicht gut gelungen waren. Großbritannien hatte vor dieser Marine mit Recht keine Achtung. Eine großbritannische Zeitschrift schrieb damals: „Die deutsche Flotte ist recht gut, ihre Seeleute und Offiziere sind tapfere Männer, aber auch sie halten es nicht für möglich, unsere Schiffe bei einer Übermacht von drei zu eins zu schlagen. In dieser Übermacht würden wir im vorigen Jahre gegen sie gewesen sein. Wir können deshalb annehmen, daß die Deutschen ihre Flotte im Hafen gehalten haben würden, weil sie es nicht nötig haben, ihren Mut in einem aussichtslosen Kampfe zu zeigen. Die Anglophoben in der deutschen Presse scheinen nicht zu wissen, daß Deutschland eine sehr große Handelsflotte hat. Überall weht die deutsche Flagge. Mit der Kriegserklärung würde die ganze deutsche Handelsflotte uns auf Gnade oder Ungnade ausgeliefert sein. Auf allen Weltmeeren würden unsere Kreuzer deutsche Schiffe aufbringen und wegnehmen. Deutschland hat nur kurze Küstenlinien, und seine Hafeneinfahrten sind ganz besonders leicht zu sperren. Nun überlege man sich, wieviel es für Deutschland ausmachen würde, wenn seine Flagge vom Weltmeere verdrängt und seine Häfen blockiert wären. Gerade heraus gesagt würde ein Krieg für Deutschland, selbst wenn er von deutscher Seite mit größter Weisheit und Vorsicht geführt würde, doch einen unmittelbaren Verlust allerschwerster Art zur Folge haben, während wir so gut wie gar nichts verlören."

Gerade heute sind diese Worte eines objektiven englischen Seeoffiziers von Interesse. Der Leser wird ohne weiteres herausfinden, welche neuen Momente seitdem in die Verhältnisse eines deutsch-britischen Seekrieges hineingekommen sind. Die Auslassungen sind auf britische Art vormundhaft wohlwollend, sie blicken auf die Periode des Krügertelegramms zurück und sagen den Deutschen: Sie hätten gut getan, nachzugeben, denn ein Krieg mit Großbritannien wäre völlig zwecklos und ungeheuer verlustreich für sie gewesen. Die früher oft in Deutschland aufgestellte Behauptung: seit Mitte der neunziger Jahre hätten sich die deutsch-britischen Beziehungen wegen der Flottenbestrebungen des Deutschen Kaisers fortgesetzt verschlechtert, stimmen somit keineswegs. Den wahren Grund kennzeichnete wenige Monate vor seinem Tode der greise Fürst Bismarck. Von einem Engländer brieflich gefragt, wie die englisch-deutschen Beziehungen zu bessern seien, ließ Bismarck durch seinen Schwiegersohn antworten: „Der Fürst bedauere, daß die Beziehungen zwischen Deutschland und England nicht besser seien, als sie eben sind. Bedauerlicherweise wisse er kein Mittel dagegen, da das einzige ihm bekannte — das darin bestehe, daß wir unserer deutschen Industrie einen Zaum anlegten — nicht gut verwendbar sei.“ Dieser kurze Satz zeigt, wie klar die Grund- und Leitmotive der britischen Politik, britische Stimmungen und Verstimmungen dem alten Kanzler waren. Nicht die Kriegsflotte, sondern die deutsche Industrie war es. Die Folgeerscheinungen dieser Industrie waren ja erst deutscher Überseehandel, deutscher Schiffbau. Wie zur Zeit Colberts und Napoleons, wie zur Zeit der Blüte der Generalstaaten, so war es auch jetzt: Die Industrie eines Landes, das gleichzeitig über Seeküsten verfügt, darf nicht blühen, wenn es sich Englands Freundschaft erhalten will.

Die großbritannische Bevölkerung gab sich keine Mühe, ihre Stimmung zu verbergen. Diese kam mit am reinsten in einem berühmt gewordenen Aufsatze der Londoner Wochenschrift „Saturday Review“ im Herbste 1897 zum Ausdruck. Der Verfasser ging von der Besserung der deutsch-russischen Beziehungen und einer Zusammenkunft des Deutschen Kaisers mit dem Zaren aus und er knüpfte an ein von der „Times“ berichtetes Wort des Fürsten Bismarck an: der Kernpunkt der Unterhaltung zwischen dem Kaiser und dem Zaren müsse sich um England gedreht haben. Dazu sagte nun die genannte Zeitschrift: Bismarck habe längst erkannt, „daß es in Europa zwei große unversöhnliche entgegengesetzte Kräfte gibt, zwei große Nationen, welche die ganze Welt zu ihrer Domäne machen und Handelstribut von ihr einfordern möchten. England und Deutschland wetteifern miteinander in jedem Winkel des Erdballes. In Transvaal, am Kap, in Mittelafrika, in Indien, in Ostasien, auf den Inseln der Südsee und im fernen Nordwesten, überall, wo die Flagge der Bibel und der Handel der Flagge gefolgt ist, da hat der deutsche Handlungsreisende mit dem englischen Hausierer gestritten. Wo es gilt, ein Bergwerk zu bauen oder Eisenbahnen, wo Eingeborene von der Brotfrucht zum Handelsschnaps übergeleitet werden sollen, da suchen Deutsche und Engländer einander zuvorzukommen. Eine Million kleiner Nörgeleien schafft den größten Kriegsfall, welchen die Welt je gesehen hat. Wenn Deutschland morgen aus der Welt vertilgt würde, so gäbe es übermorgen keinen Engländer in der Welt, der nicht um so reicher wäre. Völker haben jahrelang um eine Stadt oder um ein Erbfolgerecht gekämpft; müssen sie nicht um einen jährlichen Handel von fünf Milliarden Krieg führen? — Was Bismarck sich vorstellt, und was auch wir bald einsehen werden, ist die Tatsache, daß nicht nur der greifbarste Interessenstreit zwischen England und Deutschland besteht, sondern daß auch England die einzige Großmacht ist, welche Deutschland ohne enormes Risiko und ohne Zweifel am Erfolge bekämpfen kann.“ Nach diesem Erfolge werde dann Großbritannnien zu Frankreich und Rußland sagen: „Sucht euch Kompensationen, nehmt euch innerhalb Deutschlands, was ihr wollt. Ihr könnt es haben." Der ungenannte Verfasser schloß mit den Worten: „Germaniam esse delendam", dieselben Worte, welche im 17. Jahrhundert der Puritaner Cooper vor dem Vernichtungskriege gegen Handel und Industrie Hollands unter dem wilden Beifalle seiner frommen Landsleute sprach.

Wer heute die obigen Sätze liest, wird sich wundern, daß sie damals in Deutschland keinen allgemeineren und tieferen Eindruck machten. Die Veröffentlichung fiel in die Zeit der Vorbereitung der ersten Tirpitzschen Flottengesetze und wurde in Übersetzung durch die deutsche Presse verbreitet, um die englische Gesinnung darzutun. Sie ist bemerkt und besprochen worden, aber man hat sie bei uns doch mehr für ein Erzeugnis des Chauvinismus eines wild gewordenen englischen Artikelschreibers gehalten, als für einen getreuen Ausdruck der gesamten Stimmung des britischen Volkes. „In unserem zivilisierten Zeitalter der Internationalität" konnten solche Gedanken doch nur leere Drohungen sein, dachte man. Heute, im Jahre 1915 sehen wir, wie nüchtern der englische Verfasser die Dinge und ihre Entwicklung gewertet hat und wie durch die Jahrhunderte hindurch die Motive, Methoden und Ziele Großbritanniens immer dieselben geblieben sind: jeder ernsthafte Konkurrent ist ein Delendus. Er muß vernichtet werden, so oder so!

Die Ausführungen der „Saturday Review" waren und sind deshalb noch heute so bemerkenswert, weil sie trocken feststellen, um einen Handel von so und so vielen Milliarden jährlichen Wertes Krieg zu führen, sei ganz selbstverständlich „der greifbarste Interessenstreit". Unsere deutschen Utopisten und Internationalitätsschwärmer vor dem Kriege waren im Gegenteil der Ansicht, daß gerade der „friedliche Wettkampf" ganz besonders geeignet sei, „die stammverwandten Nationen" einander näher zu bringen und „gegenseitiges Verständnis" zwischen ihnen zu fördern. Wo sind sie hin, diese bequemen Träume internationalen Geschäftes? — Auch das letzte fehlt heute nicht, nämlich die Aufforderung Großbritanniens an Frankreich und Rußland: „Nehmt euch in Deutschland, was ihr wollt." Wohl gemerkt, fiel diese Äußerung damals in einer Zeit, als Großbritannien zu Rußland wie zu Frankreich in schlechten Beziehungen stand. Die britischen Politiker wußten aber genau, daß die Parole „gegen Deutschland" die Mächtegruppierung selbsttätig ändern würde.

Jene Jahre zwischen dem Krügertelegramm und dem Burenkriege wurden zur eigentlichen Geburtszeit der heutigen deutschen Flotte. Die gescheiterte deutsche Südafrikapolitik brachte doch weiten Kreisen des deutschen Volkes Klarheit darüber, daß eine Weltpolitik ohne Machtmittel ein Phantom war und alle Versuche, sie im Widerspruche zu England zu treiben, scheitern und zu Rückschlägen führen mußten. Im Frühjahr 1898 wurde das erste Flottengesetz des neuen Staatssekretärs des Reichs-Marine-Amtes, Admirals Tirpitz, im Reichstage bewilligt. In England erregte man sich darüber nicht. Man glaubte aus alter Erfahrung zu wissen, daß deutsche Flottenprogramme auf dem Papier blieben, und man kannte die ungeheuren Schwierigkeiten, eine Kriegsflotte neu aufzubauen.

Die weltpolitischen Bestrebungen und Pläne des Deutschen Reiches wertete Großbritannien beinahe ausschließlich unter dem Gesichtspunkte der Bündnis- oder Gruppenpolitik; mit andern Worten, es war den britischen Staatsmännern in erster Linie von Wichtigkeit, bei welchen Mächten das Deutsche Reich zur Unterstützung seiner weltpolitischen Pläne Anschluß suchte. Das war natürlich, denn jedes Zusammengehen Deutschlands mit einer anderen Großmacht erschien den großbritannischen Staatsmännern als eine Drohung und eine Gefahr. Die amtliche Politik Großbritanniens glaubte hier auch den Schlüssel gefunden zu haben, um die deutsche Handelskonkurrenz in möglichst ungefährliche Wege zu leiten. Diese Erwägung im Verein mit derjenigen der Mächtegruppierung hat die großbritannische Regierung dann zu beharrlichen Versuchen geführt, mit dem Deutschen Reiche in enge Beziehungen zu gelangen. Man wußte in London, daß Deutschland der dortigen Südafrikapolitik keine Schwierigkeiten mehr entgegensetzen würde, und das genügte vorderhand. Als Rußland dann Port Arthur und Deutschland Kiautschou erwarb, während Großbritannien mit Wei-hai-wei folgte, da legte die großbritannische Regierung großen Wert darauf, in Berlin zum Ausdrucke zu bringen, daß sie nicht willens sei, „deutsche Rechte oder Interessen in Schantung zu schädigen oder in Frage zu stellen“. Man wußte in London, daß Port Arthur schon seit Anfang der neunziger Jahre das Ziel der russischen Bestrebungen gewesen war, und daß die deutsche Pachtung von Kiautschou für absehbare Zeit keine Gefahr für Großbritanniens Interessen werden konnte. Vielleicht hat man damals schon andere Hintergedanken gehabt. Ein russisches Port Arthur mußte dagegen als Exponent der russischen Expansion in Ostasien und einer imperialistischen Politik großen Stils auf Kosten des Bestandes des Chinesischen Reiches für England höchst bedenklich erscheinen. Die Besitznahme von Wei-hai-wei war der Gegenzug nicht auf Kiautschou, sondern auf Port Arthur. Der spätere Ministerpräsident Balfour sprach voll Besorgnis von den verhängnisvollen Überraschungen, welche die neue Entwicklung für die Zukunft Chinas bringen könne. Die russische Gefahr in Ostasien war riesengroß geworden und bedrohte die Freiheit des chinesischen Marktes, welchen Großbritannien sich schon längst selbst zugedacht und nach Kräften vorbereitet hatte. Neben dem russischen

Vordringen auf dem Festlande ging ein konsequenter und eifriger Ausbau der russischen Kriegsflotte. Jedes neue Kriegsschiff wurde nach dem Fernen Osten entsandt, den Hafen von Port Arthur baute man als Kriegshafen und Festung aus, das benachbarte Dalny als Handelshafen.

Diese russische Gefahr war es dann, welche die amtliche Politik Großbritanniens zu einer Annäherung drängte. 1898 erklärte der Kolonialsekretär Chamberlain: „Ich bin vollkommen bereit zu sagen, daß ich bessere Beziehungen zu Deutschland wünsche. Ich glaube, daß unsere Interessen in China denen Deutschlands viel näher verwandt sind als denen Rußlands." Chamberlain sprach es in einer Versammlung offen aus, daß die Isolierung Großbritanniens angesichts der Ereignisse im Fernen Osten gefährlich sei. Diese Besorgnisse in England waren so stark, daß Lord Curzon das weise, aber nur von der Opportunität des Augenblickes eingegebene Wort sprach: England sollte, anstatt eifersüchtig zu sein, sich lieber bemühen, im Zeitalter der Konkurrenz das zu erhalten, was es im Zeitalter des Monopols erworben habe.

In zwei Worte zusammengefaßt, war die großbritannische Politik damals: wenn irgend möglich, Benutzung Deutschlands gegen Rußland. Deutschland und mit ihm Österreich-Ungarn können durch Druck und, wenn nötig, durch Kampf in Europa den russischen Druck in Ostasien beseitigen und dem russischen Vormarsche in das Chinesische Reich indirekt Halt gebieten. Diese Rechnung war an und für sich richtig. Man darf nicht bezweifeln, daß England damals einen zu seiner Entlastung in China geführten europäischen Krieg nicht ungern gesehen haben würde. Wozu waren die Festlandvölker da, als um sich für britische Wünsche zu zerfleischen! Die großbritannische Regierung verfolgte ihren Plan mit aller Konsequenz, und schloß, um das Maß ihrer Loyalität zu beweisen, 1898 mit dem Deutschen Reiche jenes nachher viel erörterte Angolaabkommen. Soweit man über den Inhalt dieser Abmachung unterrichtet ist, lief sie darauf hinaus, daß früher oder später Portugal in Anbetracht wachsender Geldverlegenheit genötigt sein werde, seine afrikanischen Kolonien ganz oder teilweise zu verkaufen, und zwar handelte es sich um Mozambique, Angola, Mossamedes und den portugiesischen Kongo. Für diesen Fall sicherten Großbritannien und Deutschland einander das Vorkaufsrecht auf bestimmte Teile der genannten Kolonien. Das war also, wie Fürst Bülow richtig sagte, eine Zukunftseventualität. Großbritannien wollte, wie wir heute klar feststellen können, nach außen „guten Willen" zeigen und sagen, wir haben Deutschland etwas Tatsächliches und nicht nur Worte geboten. Im Laufe der Jahre haben dann freilich britische Geldleute im Auftrage der großbritannischen Regierung Portugal, wenn es in Geldverlegenheit war, immer wieder Geld verschafft und auf diese

Weise verhindert, daß jene Eventualität zur Wirklichkeit würde. Der Delagoavertrag hat eine politische Bedeutung nur als ein Beispiel für eine der Methoden der großbritannischen Politik: einer anderen Macht, die sie braucht, scheinbar etwas Wirkliches, was noch dazu einer dritten Macht gehört, zu geben. Als drei Jahre später König Eduard VII. zur Regierung gelangte, war ein Besuch in Portugal einer seiner ersten Akte, und dort sagte er, die beiden Länder möchten weiterhin fest zusammenhalten „zur Ausdehnung des Handels in unseren beiden Ländern und in unseren Kolonien, deren unangetastete Aufrechterhaltung der Gegenstand meiner teuersten Wünsche und meiner Bestrebungen ist“. Der König zeigte damit, daß er den Delagoavertrag mißbilligte und alles gegen seine Erfüllung tun würde, was ihm möglich wäre.

Fürst Bülow hatte die Anerbietungen Englands damals richtig verstanden, er sagte im Reichstage, es gäbe allerlei Fragen und mancherlei Punkte, „wo wir mit England zusammengehen können und gern mit England zusammengehen, ohne Schädigung und unter vollster Wahrung anderweitiger wertvoller Beziehungen“. Diese wertvollen Beziehungen bedeuten die deutsch-russischen. Bülow wollte sich mithin nicht auf Kosten dieser Beziehungen durch irgendein Einvernehmen mit England binden lassen. Das damals bessere Verhältnis zu Rußland war mit Mühe wieder erreicht worden. Man wollte es nicht aufs Spiel setzen. Anderseits war die großbritannische Politik der „offenen Tür“ im Chinesischen Reiche Deutschland natürlich sympathisch, solange wie England selbst die offene Tür achtete und keine „Interessengebiete“ für sich erklärte, wie das ja nachher der Fall gewesen ist. An und für sich konnten dem Deutschen Reiche die antirussischen Bestrebungen Englands in Ostasien nicht unangenehm sein, aber sie waren nicht von solcher Bedeutung, daß Deutschland deshalb seine europäische Stellung auf eine völlig neue Grundlage gestellt hätte. Fürst Bülow behielt also freie Hand, die britischen Werbungen hatten nicht den von Chamberlain gewünschten Erfolg gehabt, aber man hoffte nach wie vor, daß sie zum Ziele führen würden.

Dazu häuften sich in den beiden letzten Jahren des alten Jahrhunderts die Weltereignisse. Der amerikanisch-spanische Krieg brach aus und Spanien verlor wieder einen großen Teil seines alten Kolonialreiches. Die Politik der übrigen Mächte war Neutralität, aber in England benutzte man trotz aller Ostasienfreundschaft mit der deutschen Regierung die Gelegenheit, um nach Möglichkeit in den Vereinigten Staaten Mißtrauen gegen Deutschland zu säen. Die britische Diplomatie sah die Erfolge der Vereinigten Staaten gegen Spanien mit Ärger und Besorgnis, wagte aber nicht, irgendwie offen aufzutreten, sondern versuchte, die bewaffnete Intervention der Vereinigten Staaten auf der Insel Kuba durch eine vereinte Aktion der neutralen Mächte zu hindern. Deutschland lehnte eine Mitwirkung hieran ab, und nun stellte sich die englische Diplomatie so, als ob jene Anregung nicht von Großbritannien, sondern von Deutschland ausgegangen wäre. Die britischen Telegraphenbureaus taten, damals wie immer, das Mögliche, und das war sehr viel, um niemals eine deutsch-amerikanische Annäherung eintreten zu lassen. Die abenteuerlichsten Lügen über deutsche Zukunftspläne gegen Amerikas Interessen wurden verbreitet und von den Amerikanern geglaubt. Man sagt ja in Deutschland, daß die Lügen kurze Beine hätten, aber eine nunmehr nach Jahrzehnten rechnende Erfahrung hat ausnahmslos gezeigt, daß die geschickte politische Lüge und Verleumdung im Gegenteil sehr lange Beine hat. Es ist allen deutschen Anstrengungen, die zum Teil auch freilich ungeschickt genug gewesen sind, nie gelungen, die großbritannische Hetzlüge in den Vereinigten Staaten und in Amerika überhaupt zu überwinden oder gar verschwinden zu lassen.

Eine deutsch-amerikanische Vereinigung ohne Großbritannien war für die britischen Staatsmänner eine Möglichkeit, die unbedingt ausgeschlossen werden mußte. Ein solcher Bund hätte politisch und wirtschaftlich eine große Macht bedeutet, in Europa wie in der ganzen Welt. Er würde die britische Vormacht schon durch sein Dasein schwer beeinträchtigt haben. So galt es hier, fortwährend zu trennen, auseinanderzuhalten und gegeneinander zu verbittern, und das ist, wie gesagt, den britischen Diplomaten, Seeoffizieren, Kaufleuten Zeitungen und Telegraphenbureaus in hervorragender Weise gelungen; erinnert sei, abgesehen vom spanisch-amerikanischen Kriege, auch an die Samoaangelegenheiten und ein halbes Jahrzehnt später an die Aktion gegen Venezuela. Immer waren es die angeblichen deutschen Absichten, Eroberungen auf dem amerikanischen Kontinente zu machen, ihm vorgelagerte Inseln zu nehmen, kurz die Monroedoktrin zu verletzen.

Anderseits erwog man im großbritannischen Kabinett, damals und später, den Gedanken eines Zusammengehens zu Dreien, also der Vereinigten Staaten, Großbritanniens, des Deutschen Reiches. Die Engländer haben in der Behandlung der Vereinigten Staaten beinahe immer die richtige Psychologie gehabt, unterstützt durch die Gemeinsamkeit der Sprache und unzählige andere Beziehungen, in erster Linie aber durch die lange Erfahrung in politischer Intrige und durch das Vorhandensein klarer, fester Gesichtspunkte und Ziele. Die brauchten und brauchen sich englische Staatsmänner, Politiker und Handelsleute nicht erst auf dem Papier auszurechnen und „klarzustellen“, sondern sie sind dem Engländer durch Überlieferung und Erfahrung instinktmäßig geworden. Mochte die amtliche Politik Großbritanniens damals mit zweckvoller Aufrichtigkeit gute und feste Beziehungen zu Deutschland anstreben, so hinderte das keinen einzigen großbritannischen Botschafter, Gesandten, Konsul, Agenten, Kaufmann und Zeitungsmann irgendwo in der Welt, mit allen Kräften gegen alles in seinem Bereiche befindliche Deutsche zu arbeiten und mit anderen Ländern in Zwietracht zu bringen. Bis in die neueste Zeit vor dem Kriege, also bis zu den Tagen der „freundschaftlichen und vertrauensvollen Verständigung“ zwischen dem Deutschen Reiche und Großbritannien, war diese typisch-britische Erscheinung zu beobachten.

Das Jahr 1898 brachte eine für Großbritannien außerordentlich wichtige Wendung, nämlich die sogenannte Affäre von Faschoda. Dieser „Zwischenfall“ wurde bekanntlich durch eine französische Expedition veranlaßt, die unter der Führung des damaligen Hauptmanns Marchand vom französischen Kongogebiet ausging und nach den Gebieten des oberen Nil, insbesondere nach dem Orte Faschoda strebte. Dort sollte sich Marchand mit einer anderen französischen, von Abessinien ausgehenden Expedition vereinigen. Die Engländer erblickten in einem französischen Vorgehen gegen das obere Nilgebiet eine schwere Gefahr für ihre Stellung in Ägypten. Lord Kitchener, der eben die Schlacht von Omdurman geschlagen hatte, erhob Einspruch gegen das Hissen der französischen Flagge zu Faschoda. Der Hauptmann Marchand wich nicht zurück und berichtete an seine Regierung. Es entstand eine scharfe französisch-englische Spannung, und die Sprache Großbritanniens war sehr drohend. Der damalige Unterstaatssekretär im Auswärtigen Amte, Sir Edward Grey, hatte schon Jahre vorher, als die Expedition Marchand ihre Reise eben begonnen hatte, gesagt: Wenn sich diese Expedition von Westafrika nach einem Gebiete begäbe, „wo unsere Rechte schon solange anerkannt sind, so würde das nicht nur ein unerwarteter Akt sein, sondern die französische Regierung muß genau wissen, daß es ein unfreundlicher Akt wäre und als solcher in England betrachtet werden würde“. War schon diese Sprache deutlich, so wurde sie, wie gesagt, zur Drohung angesichts des Flaggenstreites von Faschoda. Flottenreserven wurden einberufen, Schiffe und Geschwader ausgerüstet, und die englischen Minister hielten ihre in solchen Fällen üblichen öffentlichen Reden mit Drohungen deutlichster Art. Der Grundton war: Großbritannien beanspruche „im Namen Ägyptens“, das man mit den größten Opfern von Ruin und Anarchie befreit habe, völlige Herrschaft über alle Gebiete, die Ägypten früher angehört hätten; — also eine beliebig dehnbare Forderung! Soweit in Afrika Großbritannien zu erklären beliebte: dieses Gebiet gehört zum ehemaligen Ägypten, hatte die göttliche Vorsehung dieses Gebiet der britischen Herrschaft unterstellt.

Frankreich war nicht bereit, der englischen Drohung Widerstand entgegenzusetzen, und gab nach. Im Frühjahr 1899 erhielt Großbritannien durch ein Abkommen mit Frankreich alles, was es wollte, nämlich die

Anerkennung unbestrittener Herrschaft in allen Gebieten, auf welche das alte Ägypten jemals Anspruch gemacht hatte oder hätte machen können. Natürlich stellte Großbritannien die Forderung nicht etwa im eigenen Namen, sondern „im Namen des unabhängigen Ägypten". Für den Fall, daß Frankreich nicht nachgab, hatte Großbritannien anscheinend die Absicht, ihm Tunis mit dem im Ausbau befindlichen Kriegshafen von Biserta zu nehmen.

„Die Schmach von Faschoda" bildete von da an ein Schlagwort in Frankreich, und die braven Deutschen glaubten, jetzt sei nur noch ein Schritt zu einem deutsch-französischen Einverständnis. Das war ein großer Irrtum. Die leitenden Männer in Frankreich waren der Überzeugung, daß der Tag von Faschoda eine ganz andere Bedeutung habe. Die durch die Expedition Marchand zum Ausdrucke gekommenen französischen Kolonialpläne waren ein für allemal gescheitert. Andere afrikanische Kolonialfragen standen noch offen. Frankreichs Flotte würde später ebensowenig wie 1898 imstande sein, der großbritannischen die Stirn bieten zu können. Von russischer Seite konnte man zur See keine wirksame Hilfe erwarten, denn der Schwerpunkt der russischen Politik und Seemacht lag in Ostasien. Frankreich konnte im Mittelländischen Meer wohl eine stattliche Flotte halten und, von sich aus gesehen, dort ein gewisses Gleichgewicht herstellen. Seine Flotte genügte, um eine Ausschaltung Frankreichs in Mittelmeerfragen unmöglich zu machen. Um aber den alten geschichtlichen Kampf zur See und über See zwischen Frankreich und Großbritannien fortleben zu lassen, dazu, so dachten die französischen Staatsmänner, würde das Frankreich der Zukunft zu schwach sein. Eine zweite Überlegung unterstützte diese erste. Seit 1898 war Delcassé Minister des Auswärtigen geworden, und französischer Botschafter zu London war Paul Cambon, der heut noch dort ist. Cambon, ein führender politischer Geist und Diplomat ersten Ranges, sah damals den Augenblick gekommen, die Niederlage Frankreichs zum Beginne eines freundschaftlichen Einverständnisses mit Großbritannien zu machen. Von Delcassé wird berichtet, er habe nach seinem Amtsantritte gesagt: er hoffe, den Ministersessel nicht früher zu verlassen, als bis er ein gutes verständnisvolles Einvernehmen mit Großbritannien hergestellt habe. Man ließ die französische Presse ruhig über die Schmach von Faschoda sich entrüsten, neue Flottenprogramme fordern und dem britischen Erbfeind drohen. Diese papierne Entrüstung ließ auch Großbritannien kalt. Man wußte an der Themse wieder einmal genau, daß eine große geschichtliche Entscheidung gefallen war und daß man nun nur still und ruhig zu arbeiten und zu warten brauchte, um die Früchte reifen zu lassen.

Der Tag von Faschoda hat also eine ganz andere Bedeutung, als man in Deutschland heute noch zu glauben pflegt: nicht trotz Faschoda ist fünf Jahre später die enge, heute zum Bündnisse gewordene französisch-britische Verbindung eingetreten, sondern infolge von Faschoda; ohne Faschoda keine Entente cordiale, kein Bündnis! Erst mit dem Tage von Faschoda ist der alte weltgeschichtliche englisch-französische Kampf zum endgültigen Abschluß gekommen. Vorher und auch noch nach 1870 war immerhin denkbar, daß Frankreich durch Verbindung mit Festlandmächten versuchen könnte, den alten Kampf wieder aufzunehmen, besonders angesichts der Fragen und der drohenden Konflikte auf dem Gebiete der kolonialen Bestrebungen in Afrika. Alles das wurde durch die Affäre von Faschoda erledigt. Die seit den siebziger Jahren datierenden Bestrebungen einzelner französischer und englischer Staatsmänner, eine Annäherung der beiden Länder zu erzielen, waren damals durch die Bismarcksche Politik vereitelt worden. Jetzt fiel, nachdem der Baum bei Faschoda tüchtig geschüttelt worden war, die Frucht von selbst. Erinnern wir uns auch in diesem Zusammenhange der Äußerung des französischen Botschafters zu London nach dem Krügertelegramm: Frankreich habe nur einen Feind usw.

Durch Faschoda wurde die politische Lage im Mittelländischen Meer mit einem Schlage eine andere. Es war kein Zufall, daß um die gleiche Zeit sich nach langer Entfremdung Frankreich und Italien wieder einander näherten und im Anschluß daran ein Kolonialabkommen schlossen. Crispi hatte Italien auf den Pfad ausgreifender Kolonialpolitik gebracht und das italienische Volk veranlaßt, ungeheure Anstrengungen zu machen, um eine große Seemacht im Mittelmeer zu werden. Die Niederlage an der Adua bereitete dieser Ära ein Ende, und an die Stelle hochstrebender Großmachtpolitik auf dem Mittelmeere im Gegensatz zu Frankreich trat Enttäuschung und Erbitterung und kleinliche Verneinung in der Rüstungspolitik. Immer größer wurde die Partei, welche Italiens Zugehörigkeit zum Dreibunde als Ursache kostspieliger, Italiens Stellung in jeder Weise erschwerender Rüstungen anklagte. Wir wissen heute, daß hinter dieser Entwicklung die englische Einwirkung gestanden hat, daß englischer Rat und englische Intrigen auch das unglückliche Ereignis an der Adua vorbereitet und ins Werk gesetzt hat, teils damit britische Truppen dadurch einen vertretbaren Anlaß erhielten, ihrerseits einzugreifen, teils weil Großbritannien ein zu mächtiges Italien im Mittelländischen Meere nicht brauchen konnte, um so weniger, je schwächer Frankreich wurde. Je stärker Frankreich gewesen war, desto mehr hatte England seinerzeit den italienisch-französischen Gegensatz gefördert; nun war es umgekehrt. So gab Großbritannien im gleichen Jahre 1898 seinen Segen zur italienisch-französischen Aussöhnung durch den Mund des in Genua zum Besuch weilenden großbritannischen Geschwaderchefs, Admiral Rawson. Mit diesem neuen großen Umschwung erreichte Großbritannien im Mittelländischen Meer auch ein Abrücken Italiens vom Dreibunde, um der Vorteile willen, die ihm England und Frankreich schon damals in Nordafrika boten. Großbritannien war nun nicht mehr die Flottenmacht, welche den flottenlosen Dreibund im Mittelländischen Meer „ergänzte" und den Status quo daselbst gegen Frankreich garantierte. Auch das war nicht mehr nötig, denn Frankreich dachte nicht mehr daran, gegen den englischen Stachel zu löken. Nicht zum wenigsten auf dem italienisch-französischen Gegensatze hatte der Beitritt Italiens zum Dreibunde beruht. Auch dieser Gegensatz war verschwunden, und Italien betrachtete den Dreibund nur noch als eine Rückendeckung, als Quelle wirtschaftlicher Bereicherung. Auch gab er der italienischen Staatskunst die Möglichkeit, ihre berühmte „Einerseits-Anderseits-Politik" zu treiben. Genug, Großbritannien hatte eine ganze Anzahl von Fliegen mit einer Klappe geschlagen und fühlte seine Lage wesentlich erleichtert. Die Staatsmänner an der Themse verkannten natürlich auch nicht, daß diese neue Wendung die deutsche Stellung schwächte, und das war ihnen um so angenehmer, weil sie, wie erwähnt, noch immer hofften, das Deutsche Reich zum Dienste Großbritanniens heranziehen zu können.

Man hat viel von der angeblich so außerordentlich geschwächten und gefährdeten Stellung Großbritanniens jener Zeit gesprochen und behauptet, gewissermaßen als Verzweiflungsakt habe Großbritannien einige Jahre später das Bündnis mit Japan geschlossen. Nach den eben angedeuteten Entwicklungen stellt sich das Bild anders dar. Dieser Eindruck wird noch verstärkt, wenn wir uns erinnern, daß ein Jahr nachher, im Herbst 1899 der südafrikanische Krieg von Großbritannien zum Ausbruche gebracht wurde. Hätte sich die britische Regierung so schwach und bedroht gefühlt, so wäre es in ihrem Belieben gewesen, den Ausbruch jenes Krieges hinauszuschieben. Sie wollte ihn aber. Insbesondere Chamberlain drängte mit aller Entschiedenheit und mit allen Mitteln auf die Entscheidung. Der Burenkrieg hat Großbritannien dann in seinem Verlaufe manche unangenehmen Überraschungen bereitet, viel länger gedauert und viel mehr Menschen gekostet, als man gedacht hatte. Aber das Britische Reich war dadurch weder direkt, noch indirekt gefährdet gewesen.

Die Gründe für die Vernichtung der Freiheit der Burenstaaten waren echt englisch: Die beiden südafrikanischen Republiken wuchsen und gediehen, erstarkten nach jeder Richtung, und es war nur natürlich, daß sie zu selbständiger politischer Betätigung in ihren Beziehungen zu andern Mächten drängten und sich nicht mehr durch die anderthalb Jahrzehnte vorher aufgezwungene Fälschung eines Abhängigkeitsvertrages von Großbritannien halten zu lassen gewillt waren. Die britische Regierung, vor allem Chamberlain, begriff, daß hier eine normale natürliche Entwicklung im Werke war, die sich nicht aufhalten ließ. Das einzige Mittel bildete die Vernichtung der Unabhängigkeit der Burenstaaten mit Gewalt. Wie hätte Großbritannien es vor Gott und der Menschheit je verantworten können, daß ein Land wie die Burenstaaten, welches solche Schätze an Gold und Diamanten in seinem Boden barg, sich der britischen Obergewalt und der britischen Ausbeutung entzöge? Dazu kam die offen zutage liegende Tendenz der Burenrepubliken, sich gerade an das Deutsche Reich anzunähern. Kurz, die Vernichtung war beschlossen und wurde dann mit bekannter britischer Zähigkeit trotz aller anfänglichen Rückschläge durchgeführt. Ein Krieg war es, der lediglich durch den alten großbritannischen Raubtrieb veranlaßt worden war. Irgendein dringendes nationales oder staatliches Bedürfnis lag nicht vor, geschweige denn ein solches der Selbstverteidigung. Die Buren wollten niemandem zu nahe treten, weder allein noch im Vereine mit Deutschland. Sie hatten aber Gold und Diamanten und strebten vorwärts; deswegen mußte ihre Freiheit untergehen. Wie die englischen Seeräuber auf ihren „Entdeckungsreisen“ wie die Geier nach den spanischen Gold- und Silberschiffen suchten und über sie herfielen, so waren es die überseeischen englischen Landräuber, die um die Wende des 20. Jahrhunderts sich auf die südafrikanischen Gold- und Diamantenschätze stürzten. Daß es an ausführlichen „sittlichen“ Begründungen dieses Krieges nicht fehlte, braucht nicht gesagt zu werden. In Großbritannien sprach man von der Notwendigkeit, daß die britische Kultur und Zivilisation über die burische Rückständigkeit und Unkultur siege.

Während des Burenkrieges brach in China die fremdenfeindliche Bewegung aus und wurde zum sogenannten Boxerkriege. Alle europäischen Mächte schickten Truppen nach dem Fernen Osten, und ein zahlreiches internationales Geschwader lag in den dortigen Gewässern. Die großbritannische Politik stand auch bei dieser Gelegenheit im Zeichen der Abwehr des russischen Vordringens von Norden nach Süden in das Chinesische Reich und nach Korea hin. Im Verlaufe der Boxerunruhen schon arbeiteten Großbritannien und Japan auf das allerintimste zusammen, während die britische Politik versuchte, Deutschland an Ort und Stelle gegen Rußland zu benutzen und anderseits sehr wenig zufrieden war, als sie wahrnahm, daß man deutscherseits selbständig in Ostasien vorzugehen sich bestrebte, insbesondere um neue Fußpunkte für den deutschen Handel zu gewinnen. Auch mit der verhältnismäßig starken Kriegsschiffvertretung des Deutschen Reiches im Fernen Osten war man wenig zufrieden, hatte zwar dafür den Trost, daß die deutsche Schlachtflotte in den heimischen Häfen sich nur auf zwei Linienschiffe belief.

Der Burenkrieg in Südafrika, die Unruhen in China stellten hohe Ansprüche an die Leistungsfähigkeit Großbritanniens. Fortwährend gingen enorme Truppen- und Proviant-Transporte nach dem Süden und nach dem Osten über die Ozeane. Auf beiden Wegen waren Abteilungen der Kriegsflotte an allen wichtigen Punkten stationiert, bereit, in jedem Augenblick, wo auch die europäische Situation drohend würde, einzugreifen und — anzugreifen. Die britische Flotte umfaßte damals den Erdball im Sinne des Wortes und beherrschte die Ozeane nicht nur latent durch ihr Vorhandensein, sondern offen und ausdrücklich durch ihre Gegenwart. Ein englisches Blatt schrieb in jener Zeit: Wenn die europäischen Festlandmächte jetzt ihre Truppentransporte nach dem Fernen Osten schickten, so danken sie diese Möglichkeit lediglich der großbritannischen Gnade. Ein Befehl der Admiralität zu London, und die Freiheit der Ozeanwege, gar nicht von der Enge von Gibraltar und vom Suezkanal zu reden, sei verschwunden, und keine Macht der Erde würde gegen Großbritanniens Willen die Beförderung auch nur einer Kompagnie Soldaten nach Ostasien erzwingen können. Das war keine Renommage, sondern entsprach tatsächlich der Lage.

Das Verhalten Deutschlands während des Burenkrieges ist damals und auch noch später besprochen und verschieden beurteilt worden. Das deutsche Volk hat seiner Regierung vielfach zum Vorwurf gemacht, daß sie damals nicht eingegriffen habe. Die vorhergehenden Ausführungen setzen uns in die Lage, diese Frage nur mit wenigen Worten zu streifen: Der Deutsche Kaiser sagte damals nach einer nicht in Abrede gestellten Wendung, die Aufforderung, Großbritannien während des Burenkrieges in den Arm zu fallen, komme ihm vor, als wenn jemand meine, man könne ein durchgehendes Pferd durch Wedeln mit einem Taschentuch aufhalten. Am allerwenigsten war dazu Deutschland in der Lage, denn es besaß, wie gesagt, keine Flotte und damit keine Möglichkeit, wirksam gegen Großbritannien vorzugehen. Die gegebene einzig vernünftige Politik für das Deutsche Reich war mithin loyale Neutralität. Als Rußland versuchte, die Lage auszunutzen und das Deutsche Reich zu einer Aktion gegen Großbritannien zu gewinnen, machte weiteren Verhandlungen der Vorschlag des Fürsten Bülow ein Ende: die Bedingung einer gemeinsamen Intervention der europäischen Festlandmächte wäre natürlich, daß sie gegenseitig ihren Besitzstand in Europa anerkennten. Damit hätte aber Frankreich den Frankfurter Frieden anerkannt, und so zerschlug sich die Sache sofort. Rußland war die einzige Macht, welche damals mit Erfolg Großbritannien hätte bekämpfen können: indem es nach Indien vordrang.

So blieb Großbritannien unbedroht und voller Bewegungsfreiheit.

Nur die Geschäftsklugheit der Vereinigten Staaten nutzte die Lage mit Geschicklichkeit aus und führte einen neuen Vertrag über die Verhältnisse des zu bauenden Panamakanals herbei. Damals wurde die Souveränität der Vereinigten Staaten über den Kanal gesichert und er selbst der britischen Machtsphäre für immer entzogen.

Auch während des Burenkrieges setzten Chamberlain und Salisbury ihre Anstrengungen fort, mit Deutschland zu einem Einverständnis zu gelangen. Mit den Vereinigten Staaten zusammen sollte ein germanisch-angelsächsischer Dreibund gegründet werden. Jeder weitblickende englische Staatsmann müsse wünschen — erklärte Chamberlain —, daß Großbritannien nicht dauernd vom Kontinent isoliert bleibe. Alle Zwistigkeiten mit Deutschland seien nur Kleinigkeiten gewesen und könnten daran nichts ändern, daß die deutschen und die englischen Interessen vielfach gleichlaufend seien und daß die natürlichste Verbindung für Großbritannien eine solche mit dem Deutschen Reiche sei. Fürst Bülow antwortete einige Wochen später, man wünsche gutes Einvernehmen, das sei aber nur möglich auf der Basis voller Parität und gegenseitiger Rücksichtnahme. Um so mehr müsse Deutschland wünschen, daß nicht Vorkommnisse eintreten, welche solche Beziehungen erschwerten. Solche „Vorkommnisse“ waren die berühmten englischen Beschlagnahmungen deutscher Postdampfer und Kauffahrteischiffe, die man britischerseits während des Burenkrieges für verdächtig hielt, Konterbande nach Südafrika zu bringen. Zweifellos sind diese Beschlagnahmen damals Chamberlain sehr ungelegen gekommen, aber die britischen Seeoffiziere und Hafenbehörden waren keinen Augenblick im Zweifel, daß die britische „Suprematie“ nach wie vor zu jeder Handlung und Vergewaltigung neutraler Rechte genügende Ursache bilde. Die Sprache der deutschen Reichsregierung war fest, teils sehr scharf, während tiefgehende Empörung und Erbitterung das deutsche Volk erfüllte. Jene Beschlagnahme der deutschen Postdampfer, an und für sich ein Ereignis ohne besondere Bedeutung, hat in der Erregung jener Monate einem großen Teile des deutschen Volkes die Augen geöffnet, nämlich die Frage gestellt: Warum hat Deutschland keine Kriegsflotte? Hätte es eine solche und in genügender Stärke besessen, so würde sich derartiges nicht haben ereignen können! — Die britische Regierung gab schließlich ihrem Bedauern über den Fall Ausdruck, der diplomatische Erfolg war auf deutscher Seite. Alle diese Ereignisse und die wachsende Verstimmung zwischen den Bevölkerungen der beiden Länder konnten die britische Regierung aber nicht in ihrem Bestreben irremachen, doch schließlich ein Einverständnis mit dem Deutschen Reiche herbeizuführen. Ein Abkommen über den Status quo und die Handelsfreiheit in China wurde zwischen ihnen geschlossen, Japan hatte sich daran beteiligt. Die Staatsmänner an der Themse glaubten damit das Deutsche Reich eingefangen zu haben, nämlich durch die Verpflichtung, gegen russisches Vordringen in Ostasien mit Großbritannien und Japan zusammen zu protestieren, weil dadurch Status quo und offene Tür beeinträchtigt würden. Es folgten die Verhandlungen mit Rußland über die Räumung der von russischen Truppen während des Boxerkrieges besetzten Mandschurei. Rußland versprach, hielt hin und räumte nicht. Fürst Bülow aber erklärte im Reichstag, die Mandschurei werde von dem deutsch-englisch-japanischen Abkommen nicht mit betroffen. Was aus der Mandschurei würde, sei dem Deutschen Reiche vollkommen gleichgültig.

Diese Erklärung hat den eigentlichen Wendepunkt und in gewisser Hinsicht auch die Klärung der großbritannisch-deutschen Beziehungen gebracht. In London war man über die Erklärung des Deutschen Reichskanzlers außer sich, beschuldigte ihn des Vertragsbruches, der Treulosigkeit und bewußt falscher Deutung. Dabei hatte es sich in Wirklichkeit um nichts anderes gehandelt, als daß Fürst Bülow der englischen Diplomatie nicht in die sorglich von ihr vorbereitete Schlinge gegangen war. So war das britische Bemühen gescheitert. Es mag sein, daß die britische Regierung auch gewünscht hat, ein regelrechtes Bündnis mit Deutschland und Japan zu schließen, und es ist wahrscheinlich, daß während der englisch-japanischen Bündnisverhandlungen hierüber unverantwortliche deutsche Diplomaten in demselben Sinne zu arbeiten versucht haben. Die deutsche Regierung aber war von solchen Gedanken entfernt, denn sie wollte in guten Beziehungen mit Rußland bleiben.

Die deutsche Haltung in der Frage der Mandschurei brachte eine endgültige Abkehr Großbritanniens von Deutschland zustande, und im selben Augenblick wird der Gedanke, sich Frankreich anzunähern, zu London entstanden sein. Vorgebaut war, wie wir gesehen haben, bereits. Frankreich wartete nur, es hatte sich unterworfen, und seine fähigen Diplomaten arbeiteten geschickt und geräuschlos zur Überwindung der letzten Hindernisse.

Das Bündnis Großbritanniens mit Japan war nur eine logische Folge und eine Entwicklung der Lage, welche der japanisch-chinesische Krieg, das damalige Einschreiten der Festlandmächte und in weiterer Folge das Vordringen Rußlands in Ostasien geschaffen hatten. Es kann keinem Zweifel unterliegen, daß die Leiter der großbritannischen Politik so von langer Hand her Japan zum kräftigen und fähigen Gegner Rußlands sich herangezogen hatten. Die Parole des japanischen Volkes: Rache für Schimonoseki! — wirkte in der Stille aber dauernd kraftig treibend mit. Mit Geld, Kredit, politischem und maritimem Rat half Großbritannien unausgesetzt und zielbewußt dem japanischen Staatswesen vorwärts. Aus der chinesischen Kriegsentschädigung im Verein mit britischen Geldleistungen baute sich Japan in den Jahren 1895 bis 1904 eine kleine, aber gute Flotte auf und organisierte sein Heerwesen im größten Stile nach deutschem Muster, eifrig und pflichttreu unterstützt von deutschen Offizieren, die ihr Bestes dazu gaben. Diese Offiziere und ihre Auftraggeber begründeten in den Friedensjahren die japanischen Siege über Rußland, ebenso wie die deutsche Militärwissenschaft und die deutschen Heeresmanöver, an denen eifrig lernende und forschende japanische Offiziere auf deutschem Boden teilnahmen. Die deutsche Politik und Diplomatie kämpften in genau entgegengesetzter Front, nämlich mit und für Rußland. Ein seltsames widersinniges und bedauerliches Schauspiel, ein echt deutsches!

Der russisch-japanische Krieg und die Art, wie er vorbereitet, eingeleitet und geführt wurde, bilden wiederum ein Musterbeispiel für die britische Methode. Japan gegenüber hatte Großbritannien keiner Überredung bedurft, es brauchte nur die vorhandenen Flammen zu schüren, die Kraft zu stärken, wo sie noch zu schwach war, die politische und diplomatische Oberleitung zu nehmen und dann, als der Krieg ausgebrochen und im Gange war, mit der üblichen souveränen Deutlichkeit auf seine ozeanbeherrschende Flotte zu zeigen. Wer hatte da noch etwas zu wollen! Japan schlug zur See und zu Lande die Schlachten Großbritanniens. Die russische Flotte verschwand in den Fluten bei Tsuschima und Port Arthur, die russischen Armeen wurden aus Liautung und aus der Mandschurei unter furchtbaren Verlusten verjagt. Port Arthur ging in japanischen Besitz über. Lieber hätte man in London allerdings gesehen, daß die japanischen Siege weniger überwältigend gewesen wären. Man hätte gewünscht, daß die russische Flotte ganz, daß aber auch die japanische zu drei Vierteln auf dem Meeresgrunde läge. Anstatt dessen war Japans Flotte nunmehr die unbeschränkte Vormacht in den östlichen Meeren geworden. Diese Lösung war also nicht ideal im britischen Sinne, sie war aber auch nicht unvorteilhaft, jedenfalls nicht für damals absehbare Zeit. Die britischen Staatsmänner hatten unter geschickter Benutzung der Vereinigten Staaten verhindert, daß Japan im Friedensschlusse eine Kriegsentschädigung erhielt. Damit haben die beiden angelsächsischen Freunde Japan viel mehr geschädigt, als es zehn Jahre vorher die Intervention der Festlandmächte getan hatte. Bis zum heutigen Tage hat die japanische Wehrkraft zur See und zu Lande in ihrer Entwicklung schwer dadurch gelitten, und die japanischen Finanzen haben sich seitdem in einer fortwährenden Krise befunden, die Bevölkerung in einem Zustand der Armut und der Steuerbelastung, wie er nach einem so siegreich geführten Krieg wohl das Musterbeispiel einer Ausnahme ist. Um dieselbe Zeit knüpfte Großbritannien die Bündnisbande zwischen sich und seinem geldbedürftigen Freunde enger, die Bündnispflichten der beiden Mächte wurden weiter ausgedehnt. Alles in allem, die Gefahr im Osten war bis auf weiteres beseitigt, Japan an Großbritannien gebunden und geldlich vollkommen von ihm abhängig, wirtschaftlich tief erschöpft und auf viele Jahre hinaus ohne die Möglichkeit, die Erschöpfung zu überwinden. Dazu sah und förderte man in London die eben damals beginnende japanisch-amerikanische Entfremdung. Sie wach zu halten, konnte nur vorteilhaft sein, mit der Maßgabe allerdings, daß sie nicht zum Kriege führte. Einen kriegerischen Ausgang hat man in London, manchmal mit erheblicher Mühe, noch vor wenigen Jahren hintanzuhalten verstanden.

Rußland auf der anderen Seite war neben den Niederlagen durch Revolution zerrüttet und für längere Zeit unschädlich geworden. Großbritannien wollte aber schon damals mehr: wie Faschoda der Beginn der englisch-französischen Freundschaft geworden war, so sollten Tsuschima und Mukden die Brücke werden, auf der sich Großbritannien und Rußland einander näherten.

Delenda Germania.

König Eduards Anfänge.

Die grundsätzliche Abkehr Großbritanniens von der Politik eines Zusammengehens mit dem Deutschen Reiche erfolgte in dem Augenblicke, wo man sah, daß Deutschland sich nicht gegen Rußland einspannen lassen würde. Heute sind Stimmen in Deutschland laut geworden, welche die Ansicht vertreten, die Wahl Bülows damals sei unrichtig gewesen, er hätte das britische Angebot annehmen sollen, denn Rußland hätte uns unsere Loyalität und Freundschaftlichkeit mit schnödestem Undank vergolten. Das letztere ist richtig. Zur Beurteilung der deutschen Politik von damals muß man aber zwei Momente auseinanderhalten: die großbritannischen Angebote anzunehmen, hätte eine auf die Dauer unerträgliche Bindung des Deutschen Reiches bedeutet. Es wäre dann tatsächlich der starke und dumme Kerl auf dem Festlande geworden, welcher dort für Großbritannien dessen Händel ausfocht. Außerdem handelte es sich bei einer solchen Wahl um die weltpolitische Zukunft Deutschlands, vor allem auch um die Ausgestaltung der deutschen Kriegsflotte. Das Flottengesetz von 1900 hatte den Aufbau einer Hochseeflotte als das einzige Mittel bezeichnet, um

Deutschlands Handel und Seeinteressen nach Möglichkeit zu schützen. Sie sollte durch ihre Stärke vor allem den Frieden sichern, indem sie ein Risiko bildete, das auch der größten Seemacht Bedenken erweckte, einen Krieg zu beginnen. Ein bis zum Jahre 1917 reichendes Bauprogramm war aufgestellt worden und befand sich gerade während der letzten Periode der englischen Werbungen im Beginne seiner Ausführung. Bis dahin besaß, wie schon gesagt wurde, Deutschland keine Flotte von nennenswerter Stärke, seine Baupolitik war bis 1898 unsicher und zerfahren gewesen, und die bis zu diesem Jahre auf Stapel gelegten oder ihren Plänen nach nicht mehr veränderbaren Schiffstypen waren nicht geeignet, die Bewunderung der großbritannischen Fachleute zu erregen. Als daher das große Flottengesetz von 1900 kam, nahm man es in England, jedenfalls amtlicherseits, sehr ruhig und etwas geringschätzig auf. Im Parlament erklärten Regierungsvertreter: das sei ein papiernes Programm wie so viele andere, seine Durchführung werde auf einen Zeitraum von mehr als einem halben Menschenalter verteilt, man brauche sich nicht zu beunruhigen. Die öffentliche Meinung Großbritanniens stellte sich ganz anders. Sie erblickte in dem deutschen Flottenprogramm nur einen neuen Beweis, daß Deutschland der wirtschaftliche und weltwirtschaftliche Konkurrent der Zukunft sei und nun die frevelhafte Anmaßung zeige, seinen Handel und seine überseeischen Interessen auch noch durch eine Kriegsflotte schützen und stärken zu wollen. Der öffentlichen Meinung in Großbritannien und der Stimmung der ganzen Bevölkerung lag dieser Gefühlsgedanke in Verbindung mit der alten Wut und Eifersucht seit der Mitte der neunziger Jahre näher als die nüchternen Erwägungen der Regierung, die Deutschland wohl als Gegner der Zukunft ansah, aber nach alter britischer Methode fand, man solle versuchen, sich den Gegner der Zukunft zum Freunde und Helfer zu machen, um durch ihn den Gegner der Gegenwart zu Nutz und Frommen der großbritannischen Interessen zu schlagen, am liebsten unter erheblicher Schwächung beider. Nachher würde das andere sich dann von selbst finden. Gelangte man, so rechneten die britischen Staatsmänner, damals mit dem Deutschen Reiche zum gewünschten Einvernehmen, so hatte man auch Deutschlands Flottenentwicklung in der Hand. Das ist eine Rechnung, die man, auch vom deutschen Gesichtspunkte gesehen, als vollkommen richtig bezeichnen muß: Eine derartige enge Verbindung Großbritanniens mit dem Deutschen Reiche würde unmöglich gemacht haben, in einer so großen und bedeutungsvollen Frage wie der des Aufbaues einer Flotte gegen die Wünsche der britischen Freunde zu handeln. Hunderte von Mitteln und Wegen, von Fäden und Verbindungen hätten sich dann als erfolgreich wirksam gezeigt, um den Bau der Flotte als unnötig und schädlich zu erweisen und zu hintertreiben; schon eine Drohung, das dann mit Rußland und allen anderen verfeindete Deutschland fallen zu lassen! Folge der deutsch-britischen Verbindung wäre natürlich gewesen, daß Deutschland sich Rußland gegenüber in schärfster Gegnerschaft befunden haben würde: nicht nur im fernen Osten, sondern auch in Europa. Großbritannien würde mit Freuden gesehen haben, wenn Deutschland unter solchen Umständen in einen Zweifrontenkrieg eingetreten wäre. Alles in allem: Wollte das damals flottenlose Deutschland sich nicht dauernd in diesem Zustande befinden, wollte es nicht in weiterer Folge zum Vasallen der großbritannischen Politik herabsinken, so durfte es nicht den britischen Angeboten folgen. Dazu wäre noch eins gekommen: Die großbritannische Wirtschaftseifersucht hätte sich dem Freunde Deutschland gegenüber viel erfolgreicher und bequemer geltend machen können. Man darf annehmen, daß alles und wahrscheinlich mit Erfolg daran gesetzt worden wäre, um das deutsche Schutzzollsystem wegzuräumen. Die Engländer hätten damit besonders auch auf die — als solche unbeabsichtigte — Hilfe der deutschen Kreise rechnen können, welche noch bis in die neueste Zeit die Auffassung vertreten hatten, in erster Linie hindere das Schutzzollsystem eine vollkommene und herzliche Annäherung der beiden Mächte. Auf diese Weise würde England dann, in herzlichster und vertrauensvoller Weise dem Deutschen Reiche eng verbunden, keine Hindernisse mehr vorgefunden haben, um den Todfeind, die leistungsfähige deutsche Industrie, bis aufs Messer zu bekämpfen, und durch die steigende Abhängigkeit der deutschen Volksernährung an Getreide und Fleisch vom überseeischen Auslande die Unmöglichkeit erreicht haben, daß das Deutsche Reich jemals einer ernsten britischen Drohung Widerstand leistete.

Hätte man diese Behauptung vor dem Kriege aufgestellt, so würde sie meist Spott und Unwillen begegnet sein. Heute wird man vielleicht mehr Glauben finden, und deshalb sei hinzugefügt, daß die großbritannische Regierung, wie sie von alters her gewohnt ist, von langer Hand her mit den ungeheuren politischen und militärischen Vorteilen einer solchen wirtschaftlichen Entwicklung des Deutschen Reiches für die britischen Interessen gerechnet hat. Man soll nicht denken, daß, weil den Deutschen ähnliche, auf den Krieg oder die Unmöglichkeit, einen Krieg zu führen, zielende Gedankengänge nicht gekommen sind, diese den Engländern ferngelegen hätten. Tatsächlich fernliegend waren sie wahrlich nicht. Es war nur natürlich und lag in der Richtung der alten Politik des Inselreiches — als des gewerbsmäßigen Todfeindes jeden blühenden und aufstrebenden Festlandstaates —, die Frage aufzuwerfen und durchzudenken: Wie mache ich am gründlichsten und billigsten diesen Gegner unschädlich, wie mache ich ihn mir dienstbar? Seit mehr als anderthalb Jahrzehnten ist tatsächlich in der großbritannischen Presse die Frage der deutschen

Selbsternährung unaufhörlich erörtert worden. Immer wieder wurde mit jener echt britischen Anerkennung festgestellt, Deutschland werde immer mehr, und zwar unaufhaltsam, zum Industriestaate, es müsse Schiffahrt treiben und nach Übersee ausführen, um seine wachsende Bevölkerung ernähren zu können. Schon bevor eine nennenswerte deutsche Flotte vorhanden war, wurde in England und Frankreich nachgewiesen, daß eine auch nur kurze Blockade der deutschen Küsten eine zerschmetternde Katastrophe, einen völligen inneren Zusammenbruch in Deutschland zur Folge haben müsse. Man wußte, daß eine solche Entwicklung nur beschleunigt und verstärkt werden könne, wenn Deutschland seine Industrie und seine Landwirtschaft ohne Schutz ließe oder den bestehenden Schutz verringerte. Gerade in der Zeit kurz nach der Jahrhundertwende und während der Kämpfe um den neuen Zolltarif konnte man hierüber in England interessante Dinge lesen.

Heute, wo wir mitten im großen Kriege stehen, wird vielleicht Verständnis für die folgende Überlegung vorhanden sein. Die britische Regierung sagte sich in den Zeiten der Werbung um die deutsche Freundschaft, es werde ihr nach Eintritt in ein enges Einvernehmen mit der deutschen Regierung aller Wahrscheinlichkeit nach möglich sein, den Aufbau einer starken deutschen Flotte ohne Aufsehen zu hindern und vor allem Deutschland zur Einführung des Freihandels zu veranlassen. Wurde auch nur dieses letzte Ziel erreicht, so war der stille, aber folgenreiche Sieg für Großbritannien so gut wie sicher, trotz aller Tüchtigkeit der deutschen Industrie. Dazu kam der angedeutete entscheidende Punkt: Brauchte Deutschland zur Ernährung seiner Bevölkerung in wesentlichem Maße überseeische Einfuhr, verminderte sich, wie selbstverständlich war, die Produktionskraft der deutschen Landwirtschaft, trat die Umwandlung in einen reinen Industriestaat, ungefähr nach englischem Muster, ein — dann war das Deutsche Reich als ernsthafter militärischer und politischer Gegner Großbritanniens, als „Gefahr" der Zukunft für Großbritannien ausgeschaltet. Ein äußerst einfaches und billiges Mittel konnte im Falle deutscher Widersetzlichkeit stets mit sicherem Erfolge angewendet werden. Man brauchte den Deutschen nur mit Schließung der Nordsee zu drohen oder vier Wochen lang eine solche durchzuführen, dann war der Widerstand gebrochen. In Anbetracht der deutschen Küstengestaltung und der britischen Beherrschung der Nordseeausgänge war eine solche Sperrung sehr leicht und ihre Ausführung das Werk weniger Stunden. Dieser Gedankengang ist heute nicht mehr zu bestreiten, und er wird durch die Frage unwiderleglich bewiesen: Was hätte im Jahre 1914 ein der Selbsternährung unfähiges Deutsches Reich machen können, wenn Großbritannien die Nordsee gesperrt oder auch nur mit der Sperrung gedroht hätte? Es wäre nichts anderes übrig geblieben, als nachzugeben, mit andern Worten: als sich zu unterwerfen. Einzig und allein die Möglichkeit, von der eigenen Produktion und von den eigenen Vorräten zu leben, konnte dem Deutschen Reiche die politische Selbständigkeit Großbritannien gegenüber gewährleisten und aufrechterhalten. Man soll nicht glauben, daß die großbritannischen Staatsmänner und Wirtschaftler an diesem Gedanken vorbeigegangen seien. Hätten sie ihn durch das Mittel einer gebundenen britisch-deutschen Freundschaft zur Verwirklichung gebracht, so hätte Großbritannien damit unblutig den größten und glänzendsten Sieg seiner ganzen Geschichte über einen gefährlich werdenden Nebenbuhler und künftigen Gegner errungen. Deutschland aber wäre, wie weiter geschlossen werden muß, niemals in der Lage gewesen, eine auswärtige Politik und gar eine überseeische oder Weltpolitik zu treiben, die nicht ganz und genau den Wünschen Großbritanniens entsprach. Das einzig theoretisch denkbare Mittel wäre ein Bund zwischen dem Deutschen Reiche, Rußland und Frankreich gewesen, und dieser gehörte nicht zu denjenigen Gedanken, die Aussicht auf Verwirklichung hatten. Aber selbst wenn man sich einen solchen Bund vorstellen wollte, so wäre Deutschland dann ohne zureichende Seemacht, ohne eine geschützte und infolgedessen leistungsfähige Industrie und Landwirtschaft in einen auf die Dauer unerträglichen Zustand der Abhängigkeit von seinen Festlandbundesgenossen geraten: wirtschaftlich, politisch, militärisch und maritim. Kein Land der Welt liegt mit seinen Küsten so ungünstig in Beziehung auf Großbritannien. Die Küsten keines Landes sind so günstig für eine Absperrung überseeischer Zufuhr gestaltet wie die deutschen Westküsten für die großbritannische Flotte.

Vor dem Kriege war der in den vorstehenden Absätzen ausgeführte Gedanke für eine öffentliche Behandlung in Deutschland reichlich heikel, denn damit wurde vor aller Welt die Frage aufgeworfen, ob die deutsche Politik es überhaupt wagen dürfe, in ernsten Streitfragen die Front derart gegen Großbritannien zu kehren, daß ein Krieg und die Teilnahme Großbritanniens an diesem Kriege in Frage kam. Ob die Produktion der deutschen Landwirtschaft tatsächlich imstande sein würde, die deutsche Bevölkerung von einer Ernte zur anderen zu ernähren, das ist vielfach bezweifelt worden. Nicht zum wenigsten hierauf darf man vielleicht auch die sonst schwer begreiflichen unablässigen Bemühungen um eine sogenannte Verständigung mit England zurückführen.

Überblicken wir also noch einmal jene Bemühungen Großbritanniens, sich Deutschland anzugliedern, und vergegenwärtigen wir uns das, was sich aus der Entscheidung des Fürsten Bülow in Verbindung mit den anderen wirkenden Kräften entwickelt hat, mit allen Rückschlägen und unrichtigen Berechnungen, so muß man trotzdem heute wie damals zum Ergebnisse gelangen, daß der damalige Reichskanzler, dessen sonstige Politik in vielen wichtigen Fragen mit Recht angefochten wird, in diesem Falle nicht anders wählen durfte, als er es getan hat. Hätte er anders gewählt, so würden nach außen wie nach innen für das Deutsche Reich und Volk die Folgen unheilvoll gewesen sein.

Als König Eduard auf den Thron kam, tat er sofort entscheidende Schritte, um den Burenkrieg zum Ende zu bringen. Ebenso unmittelbar nach dem Regierungsantritte zog er, offenbar nach sorgfältiger geheimer Vorbereitung mit englischen und französischen Diplomaten, die Folgen aus der „Schmach von Faschoda" und der ihr folgenden britisch-französischen Kolonialabmachung vom Jahre 1899. Im Mai 1903 ging der König nach Paris, gleich darauf machte der Präsident der Republik, Loubet, begleitet von Delcassé, den Gegenbesuch in London. Im Herbst des gleichen Jahres wurde ein Schiedsvertrag zwischen den beiden Mächten geschlossen, und im Frühjahr 1904 wurde das berühmte britisch-französische Marokkoabkommen veröffentlicht. Es bildete die Grundlage der seit 1905 erklärten Entente cordiale. Der britisch-französische Zusammenschluß war ein Ereignis von höchster Bedeutung. Diese Bedeutung ist nunmehr weltgeschichtlich geworden, denn die Entente cordiale bedeutet das erste große Ergebnis derjenigen Politik Großbritanniens, welche den Krieg von 1914 organisiert, vorbereitet und in die Wege geleitet hat.

Mit dem Marokkoabkommen schufen Großbritannien und Frankreich endgültig reinen Tisch zwischen sich in allen kolonialen Streitfragen. Das Jahr 1899 war der Anfang gewesen, 1904 wurde der Abschluß. Bismarcks Politik hatte verstanden, gerade durch die afrikanischen Kolonialfragen Frankreich und Großbritannien auseinander zu halten und im besonderen die ägyptische Frage nie ganz zur Ruhe kommen zu lassen. Vierzehn Jahre nach Bismarcks Abgang wurden die letzten Reste der Ergebnisse dieser seiner Politik von den beiden alten Konkurrenten untereinander beseitigt. Frankreich verzichtete mit einigen unwesentlichen Einschränkungen politisch auf jede Einmischung in ägyptische Dinge. Großbritannien versprach, teils in veröffentlichtem, teils in geheimem Abkommen, dem französischen Freunde Marokko zu schaffen. Es ist im Rahmen dieser Betrachtung unwesentlich, auf die Einzelheiten einzugehen. Die große Bedeutung lag eben in der Tatsache der Verbindung der beiden Mächte miteinander. Zwei Monate nach dem Beginne des russisch-japanischen Krieges wurde das Marokkoabkommen veröffentlicht, und Großbritannien zeigte der Welt, daß ihm außer dem japanischen Fechter auch eine europäische Großmacht, und noch dazu der Verbündete des russischen Nebenbuhlers in Ostasien, zur Verfügung stand.

Wir wissen nicht, ob König Eduard jemals die mit dem Namen Chamberlain verknüpften Bestrebungen einer Annäherung an Deutschland vertreten oder begünstigt hat. Wahrscheinlich ist es nicht. Man weiß aber, daß, sobald durch den Jangtsevertrag und durch die deutsche Auslegung der Mandschureifrage die Stellungnahme Deutschlands klar geworden war, König Eduard mit ganz erstaunlicher Schnelligkeit seine Schritte tat und alle erstrebten Ergebnisse erreichte. Eduard hatte schon als Prinz die deutschen Fürsten, die deutschen Staatsmänner, vor allem Bismarck, gehaßt oder ihnen ein mißfälliges Unverständnis entgegengebracht. Das Deutsche überhaupt war ihm nicht verständlich, und er liebte es nicht. Um so zugetaner war er Frankreich und den Franzosen und besonders auch seit Jahrzehnten der russischen Zarenfamilie. Als Erben des britischen Thrones und als Engländer überhaupt erschienen ihm diese beiden Völker als gegeben für die politische Ausnutzung zum Heile des auserwählten Volkes.

Zum gefesselten Diener hatte die britische Staatskunst das Deutsche Reich nicht machen können — also war es fortan der Feind, und weil es der Feind war, so tat die britische Politik, unterstützt und teils geführt vom Könige, ungesäumt alle die durch Erfahrung und Überlieferung bewährten Schritte, welche wir im Laufe der Jahrhunderte kennen gelernt haben. Schon eine Reihe von Jahren vor dem Marokkoabkommen bemerkte man die englische Hand in den französisch-deutschen Beziehungen. Immer mehr wuchs das französische Mißtrauen gegen angebliche deutsche Eroberungs- und Unterdrückungsabsichten, immer emsiger wurde das englische und französische Zusammenarbeiten im Mittelländischen Meere mit dem Ziele, Italien vom Dreibunde abzusprengen. Von 1903 an fühlte man diese englische Hand in allen Angelegenheiten der europäischen Festlandpolitik, besonders im Orient, wovon später gesprochen werden soll. In der großbritannischen Bevölkerung war die Stimmung bereits derart, daß im

Herbst 1904, nachdem die baltische Flotte Rußlands die Nordsee zur Fahrt in den fernen Osten verlassen hatte, große englische Zeitungen offen erklärten: jetzt sei der Augenblick, um Deutschland vor die Wahl zu stellen, seinen Flottenbau einzustellen oder ihrer Zerstörung durch die Flotte Großbritanniens gewärtig zu sein. In Deutschland nahm man solche Redewendungen nicht ernst und meinte, sie seien ohne Belang und stammten von Schreiern und Chauvinisten. In der Tat hat man ein solches Ultimatum an Deutschland damals wohl recht ernstlich erwogen.

Während der folgenden Jahre ist in Deutschland vielfach als „Frage" erörtert worden, ob die britische Politik wirklich ruchlos genug sei, um eine Isolierung des Deutschen Reiches zu bewirken. Ein Rückblick auf die Geschichte der britischen Festlandpolitik und ihrer Ziele hätte den Meinungsstreit hierüber als überflüssig erscheinen lassen. Die Groß- und Seehandelsmacht Deutschland wollte sich nicht wie die Niederlande nach ihrer Niederwerfung unter die Vormundschaft Großbritanniens stellen, also war es der Feind. Daraus folgte aber für Großbritannien mit Naturnotwendigkeit der Schluß: von jetzt ab ist dieser Feind zu isolieren! In Europa und in allen Teilen der Welt muß ihm auf jede Weise Abbruch getan werden, öffentlich und heimlich, wirtschaftlich und politisch, alle Völker und Stämme müssen von Haß, Neid und Furcht gegen das Deutsche Reich als solches, gegen alle seine Einrichtungen, gegen das deutsche Volk und gegen jeden einzelnen Deutschen, wo er auch sei und was er auch tue, erfüllt werden. Nie darf ein Mittel unangewandt bleiben, nie eine Gelegenheit versäumt werden, Deutschland, Deutsche und Deutsches verächtlich zu machen und zu beschimpfen. Das Endziel ist von jetzt an: „Delenda Germania", wie schon neun Jahre vorher der ungenannte Verfasser in der englischen Zeitschrift ausgerufen hatte. Wie dieses letzte und herrliche Endziel zu erreichen ist, steht dahin. Die Gelegenheit muß es ergeben! — So ungefähr ist in großen Grundzügen das Programm der „größten Kulturmacht der Welt" gewesen. An seinen Früchten konnte man es seit vielen Jahren so nachweisen. Die oft aufgeworfene Frage: Wollte Großbritannien den Krieg? wird noch verschiedentlich zu behandeln sein. Hier sei nur gesagt, man wollte Deutschland dauernd den Willen einer unter Großbritanniens Führung stehenden Koalition aufzwingen. Ließ es sich das gefallen, so konnte Frieden bleiben. Jede deutsche Widersetzlichkeit mußte als Kriegsfall angesehen werden, vorausgesetzt, daß die mit Großbritannien verbundenen Festlandmächte genügend in Form waren, um den Tanz wagen zu können.

Die britische Politik traf mit dem Zeitpunkt des Marokkoabkommens den richtigen Augenblick: Während Japan für Großbritannien die Schlachten gegen Rußland im fernen Osten zu Lande und zur See schlug, reichten der König Eduard und seine Staatsmänner Frankreich die Hand, dem Bundesgenossen des auf Englands Veranlassung von Japan bekämpften Rußland. Frankreich befand sich vorher in einer unbehaglichen Lage. Es konnte dem Bundesgenossen keinerlei Hilfe leisten und wagte nicht einmal, Kriegsschiffe in wesentlichen Mengen nach dem fernen Osten zu senden. Frankreich fürchtete für seinen ostasiatischen Kolonialbesitz, es fürchtete auch Rußlands Unwillen darüber, daß jede französische Hilfe ausblieb. Auch dem Deutschen Reiche gegenüber mochte Frankreich sich isoliert fühlen. Da kam nun Großbritannien als Retter und als Stütze. Zugleich benutzte die immer geschickte französische Diplomatie die neue Beziehung, um eine Annäherung zwischen Rußland und Großbritannien anzubahnen. Das war ein Gedanke, den schon im Jahre 1903 Sir Edward Grey gehegt und öffentlich vertreten hatte. Grey war von Anfang an ein Gegner der Chamberlainschen Bündnispolitik gewesen. Den britischen Staatsmännern konnten diese Wünsche recht sein, ja, sie waren ihnen in hohem Grade wünschenswert, ebenso wünschenswert wie die französische Annäherung nach Faschoda. Ein geschwächtes Rußland konnte nur ein willkommener Freund sein.

Ebenso wie in den vorhergehenden Jahrhunderten hat damals die britische Politik gezeigt, wie weit sie von irgendwelchen gefühlsmäßigen Dingen entfernt ist. Es ist den britischen Staatsmännern stets vollkommen gleichgültig gewesen, heute mit dem Feinde von gestern einen engen Freundschaftsbund zu schließen und morgen den Freund von heute mit allen Mitteln der List und Gewalt, der Intrige und Verleumdung anzufallen. Man kann darin vielleicht einen der Gründe dafür erblicken, daß unter den europäischen Festlandvölkern niemals allgemein und zugleich eine klare Erkenntnis über das Wesen der großbritannischen Politik aufgegangen ist. Zu gleicher Zeit hat Großbritannien immer nur e i n e europäische Großmacht als Gegner bekämpft. Dieser war dann d e r F e i n d und nicht nur der Feind Großbritanniens, sondern der Feind des ganzen Menschengeschlechtes. Er bedeutete den Geist der Unkultur, der Irreligiosität, der Unfreiheit und Unterdrückung und Rückständigkeit, er gefährdete vor allem den Frieden Europas und nicht zum wenigsten das heilige „Gleichgewicht der Macht“. Gegen ihn sich einmütig zu erheben, war deshalb die heilige Pflicht jeder europäischen Nation. Beinahe immer hat Großbritannien mit diesem Rezepte Erfolg gehabt, und beinahe immer fielen die übrigen Festlandmächte auf die plumpen Phrasen herein und warfen sich dankbar über die Brosamen, die von des britischen Herrn Tische fielen. Freudig zogen sie das Schwert, machten das europäische Festland zum Schlachtfeld, erschöpften ihre Kräfte und vergossen ihr Blut, um die Geschäfte des auserwählten Inselvolkes zu besorgen, welches derweil freundlich anfeuernd fernab vom Schusse saß. War dann der Feind Großbritanniens niedergeworfen oder geschwächt, war reiche Beute an Kolonien, Kauffahrteischiffen und Handel dem „Befreier" Großbritannien zugefallen, so verschnauften die ermatteten Festlandvölker und wurden sich allmählich darüber klar — oder nicht —, daß sie die Dummen gewesen waren. Blühte dann eines von ihnen in der Folgezeit auf, wurde es mächtig und trieb Seefahrt, dann sah es sich eines schönen Tages von Großbritannien als Feind und Abscheu der Menschheit an den Pranger Europas gestellt. Die anderen Festlandmächte, darunter die letzthin von Großbritannien gedemütigte und geschwächte, jubelten dem edlen Albion zu, wie es immer auf der hohen Warte völkerbefreiender Gerechtigkeit und Uneigennützigkeit stand. Dieses durch die Jahrhunderte immer sich wiederholende Schauspiel ist in der Tat merkwürdig und nur erklärlich durch die, wie es scheint, unheilbare Kurzsichtigkeit der Festlandvölker, anderseits durch die kühle Geschäftsmäßigkeit der Politik Großbritanniens. Ihr sind die Nationen und Völker Europas nie etwas anderes gewesen als Schachfiguren, als Mittel zum Zweck der Bereicherung des auserwählten Volkes. Nie, aber auch kein einziges Mal, sind irgendwelche idealen Einschläge, niemals auch ist Abneigung oder Zuneigung — höchstens als populäres Mittel — in der britischen Politik beteiligt gewesen. Man haßte, verachtete und beschimpfte den Konkurrenten, während jeder brauchbare Geschäftsfreund wahllos mit den höchsten Lobeserhebungen und im Verhältnis zur Größe des jeweiligen Geschäftes mit reichlicher Provision bedacht wurde. Solche Spesen brachten sich nachher vielfach wieder ein. Es ist wahrlich keine erbitterte Übertreibung, wenn wir immer wiederholen, daß der Krieg für Großbritannien heute wie ehedem nichts weiter als ein Geschäft ist, denn andere als geschäftliche Ziele und Gesichtspunkte kommen nicht in Betracht. Um diese allein treibende Kraft möglichst zu verschleiern, hat man stets einen großen Bedarf an Deckphrasen gehabt. In keinem Lande der Welt ist die öffentliche und private Lüge so herrschend und im Schwange wie auf der Insel des auserwählten Volkes.

Es ist eine Frage, die in dieser Betrachtung nur nebenher berührt werden kann, ob und inwieweit die deutsche Politik die große Bedeutung des Marokkoabkommens und der Entente cordiale erkannt und gewürdigt hat. Blicken wir heute auf die damalige europäische Lage zurück, also die Lage der Jahre 1904 und 1905, so hätte es keinen günstigeren Augenblick gegeben, um mit einem entschlossenen Streiche den Zweibund zu sprengen und sich von dem bedrängten Rußland große Zugeständnisse machen zu lassen. Rußland war so gut wie wehrlos. Die orientalische Frage hätte nahezu gelöst werden können. Frankreich war nicht kriegsbereit, es konnte nach dem Zugeständnis der einschlägigen Minister 1905 einen Krieg mit Deutschland nicht wagen und wollte es nicht. Großbritannien freilich hätte um die Jahre 1904 und 1905 mit der Vernichtung der deutschen Flotte und des deutschen Handels sehr leichtes Spiel gehabt, und das ist wohl auch in erster Linie der Grund gewesen, weswegen es 1904 und 1905 nicht zum Kriege kam. Vergegenwärtigt man sich heute die damalige Lage, so könnte man zum Ergebnis kommen, daß trotz der sicheren Vernichtung der deutschen Flotte und des deutschen Seehandels für einen entschlossen geführten deutschen Krieg damals der richtige Augenblick war. Es kam hinzu, daß Großbritannien auf eine Landung im großen Maßstabe auf dem europäischen Festlande derzeit keineswegs vorbereitet war. Die zu überwindenden Widerstände im Landkriege waren damals absolut wie verhältnismäßig nur ein kleiner Bruchteil der heutigen.

Eduard VII. organisiert deutsche Erniedrigung und Vernichtung.

1905—1908.

Das Jahr 1905 brachte schon die erste europäische Krisis als unmittelbare Folge der neuen großbritannischen Politik. Das seiner Lage an der Meerenge von Gibraltar am Mittelländischen Meer und am Atlantischen Ozean in mannigfacher Beziehung wichtige Marokko wollte Großbritannien jetzt in der Hand des ihm dienstbar gewordenen Frankreich lassen, freilich den nördlichen Teil bekam Spanien, und die Stadt Tanger blieb „international". Befestigungen nahe der Meerenge von Gibraltar anzulegen, wurde von Großbritannien verboten. Mit diesen Einschränkungen gab die britische Politik nunmehr Marokko an Frankreich. Deutschland wurde absichtlich übergangen, und sogar der öffentliche Marokkovertrag wurde der deutschen Regierung nicht amtlich zur Kenntnis gebracht. Man wartete deutscherseits bis zum Jahre 1905, und als dann die französische Regierung ausgesprochene Schritte tat, um Marokko in französische Abhängigkeit zu bringen, erfolgte der bekannte deutsche Einspruch, dessen schließliche Folge der Rücktritt des Ministers des Auswärtigen, Herrn Delcassé, wurde. Delcassés Politik war gewesen, allen deutschen Forderungen und Ansprüchen gegenüber nein zu sagen, auch auf die Kriegsgefahr hin. Delcassé war überzeugt, daß Deutschland in dem Augenblick zurückweichen würde, wo es Großbritannien entschlossen hinter Frankreich wüßte. Die Haltung des Ministerpräsidenten Rouvier und die Erklärung der militärischen Unbereitschaft Frankreichs durch den Minister des Heeres und der Marine führten schneller, als man in Großbritannien gedacht hatte, zu Delcassés Rücktritt. Die Geschichte der inneren Vorgänge ist noch nicht völlig bekannt; nach dem Gange der Ereignisse aber kann man schließen, daß dann die britische Politik entschieden die Führung übernahm. Die anfangs entgegenkommende Haltung der französischen Regierung verschwand in kurzer Zeit, wurde teils ausweichend, teils feindlich, und als die deutsche Politik den großen Fehler machte, eine internationale Konferenz über die Marokkofragen anzuregen, da sah sich Deutschland auf der Konferenz allein einer gegensätzlichen, ja überwiegend feindlichen Mehrheit gegenüber. Es ist hier nicht der Ort, über die Ziele der damaligen Marokkopolitik zu sprechen. Fürst Bülow hat mit seiner Politik stets nur auf dem Grundsatz der offenen Tür gestanden und ist sich darin konsequent geblieben, ebenso wie es die nach ihm die Marokkopolitik führenden Staatsmänner gewesen sind. Die deutsche Politik vertrat ferner den Standpunkt, daß um Marokkos willen kein Krieg zu führen sei, außer wenn die nationale Ehrenfrage in Betracht käme. Daß das letztere nicht der Fall sei, war seit dem Sturze Delcassés die Meinung des Fürsten. Nun liefen die öffentlichen und geheimen Marokkoverträge zwischen England und Frankreich aber auf einen Zustand Marokkos hinaus, der früher oder später die offene Tür, die Integrität des Reiches und die Souveränität des Sultans mit Notwendigkeit beseitigen mußte und sollte. Wer von der „offenen Tür" sprach, hielt damit eine Fiktion aufrecht, an die er selbst nicht glauben konnte. Die Tatsache, daß die deutsche Regierung konsequent die Fiktion der offenen Tür aufrecht erhielt, mußte mithin notwendig bei Großbritannien und Frankreich den Eindruck erwecken, daß Deutschland gewissermaßen nur das Gesicht seiner Politik nach außen wahren und unter keinen Umständen Krieg führen wolle. Das war in erster Linie die schwache Seite, welche die deutsche Diplomatie und Politik damals den entschlossenen Feinden bot. Denn Großbritannien war entschlossen, der Welt zu zeigen, daß es mit seinem neuen Bundesgenossen Frankreich im scharfen Gegensatze gegen das Deutsche Reich und dessen Politik stehe und einen Krieg nur unter der Bedingung zu vermeiden geneigt sei, daß Deutschland zurückwiche. So kam es denn auch, wennschon die äußere Form durch die unglückselige Algecirasskonferenz dürftig gewahrt blieb. Die deutschen Vertreter wurden mit all ihren Forderungen überstimmt, keine einzige andere Macht trat tatkräftig an Deutschlands Seite auf. Die Vereinsamung war so absolut, daß man Österreich-Ungarn dankbar war, als sein Vertreter sich bereitfinden ließ, den deutschen Forderungen in einer besonders heiklen Frage eine Rückzugsbrücke zu bauen. Die Algecirasakte, eine sehr umfangreiche Niederschrift, war von Anfang an eine vollendete Farce. Wer die Verhältnisse kannte, zweifelte nicht daran, daß sie niemals praktische Gültigkeit und Kraft haben würde. Die Geheimverträge zwischen Frankreich und England allein genügten, um der Akte jeden Wert zu nehmen. Sie ist auch nie tatsächlich in Kraft gewesen, und Frankreich hat sich nie einen Augenblick in Wirklichkeit durch ihre Bestimmungen beeinflussen oder gar binden lassen. Für Deutschland blieb durch die Konferenz und die Akte ein gewisser Schein gewahrt, aber im Grunde handelte es sich um einen Mißerfolg auf der ganzen Linie. Die neue europäische Politik Großbritanniens hatte ihre erste Probe bestanden. Damals im Jahre 1905 wurde, abgesehen von den Deutschen, den Völkern Europas klar, daß fortan der britisch-deutsche Gegensatz die internationale Politik beherrschen und dem europäischen Leben den Stempel aufdrücken werde.

Vor und während der Konferenz zu Algeciras fanden die Vorbereitungen zu einer englisch-russischen Annäherung statt. Rußland war im fernen Osten besiegt, die großbritannische Diplomatie zog die Konsequenzen aus der Unschädlichmachung des alten Gegners. Sie fand in der französischen Diplomatie freudige und eifrige Helfer, um einen Dreibund gegen das Deutsche Reich ins Leben zu rufen. Während der Konferenz ergaben sich Anknüpfungspunkte genug. Anderseits erlebte die deutsche Politik die Überraschung, daß Rußland in völliger Vergessenheit der unschätzbaren und loyalen Dienste Deutschlands während der russischen Not zu Algeciras alle deutschen Forderungen entschlossen bekämpfte. Italien hatte sich Frankreich und England gegenüber schon vorher gebunden und dafür von diesen beiden Mächten Anwartschaft auf Tripolitanien erhalten. Auch die italienische Diplomatie sah man zu Algeciras unter den Gegnern Deutschlands, nicht anders die meisten kleineren europäischen Staaten und die Vereinigten Staaten von Amerika. Das war eine Erscheinung, hinter deren Bedeutung an sich die eigentlichen Marokkofragen weit zurücktraten und ganz unwesentlich wurden. Die Leiter der britischen Politik hatten mit außerordentlicher Geschicklichkeit, Schnelligkeit und Energie verstanden, plötzlich das Deutsche Reich als den Friedensstörer Europas, als den Bedroher Frankreichs und als den Neider Großbritanniens hinzustellen. Vor kurzer Zeit selbst völlig isoliert, eben durch die schweren Krisen des Burenkrieges und der ostasiatischen Russengefahr hindurchgekommen, hatte König Eduard mit seinen Beratern es erreicht, daß schon im Jahre 1905 Großbritannien Frankreich und Rußland als feste und ergebene Freunde um sich vereinigt hatte, daß die Zugehörigkeit Italiens zum Dreibunde loser geworden war und, ganz abgesehen von der Frage einer Beteiligung Italiens am Kriege, sogar die Politik und Diplomatie Italiens sich zu Algeciras auf die Seite der Gegner Deutschlands gestellt hatte. Mit Spanien war Deutschland bis vor wenigen Jahren in ausgezeichneten Beziehungen gewesen. Großbritannien sprach hinter den Kulissen ein Machtwort, Spanien erhielt Anwartschaft auf ein Stück Marokko und befand sich fortan in den Reihen der Gegner Deutschlands. In den Vereinigten Staaten hatten die britischen Künste durch die Venezuelaaffäre eine solche Erbitterung gegen Deutschland zu schaffen verstanden, daß die Amerikaner, obgleich die Marokkoangelegenheiten sie nicht das geringste angingen, sich vor „Entrüstung" über die deutschen Übergriffe und Friedensstörungsversuche nicht zu lassen wußten.

Wie angedeutet wurde, kann die deutsche Marokkopolitik von damals auf Bewunderung keinen Anspruch machen. Sieht man davon ab, so kann anderseits kein sachlicher Beurteiler bestreiten, daß jene deutsche Marokkopolitik auf dem Boden von internationalen Verträgen beruhte, die unter den Auspizien Großbritanniens zustande gekommen waren; ferner daß die deutsche Marokkopolitik nach ihren Zielen und Mitteln keine Macht schädigte; ferner daß eine Erfüllung der deutschen Forderungen einer tatsächlich offenen Tür usw. in Marokko für keine Macht eine wirkliche Gefahr oder gar Bedrohung bedeuten konnte. Die Motive der französischen Politik sind klar: Man war von vornherein entschlossen, aus Marokko ein zweites Tunis zu schaffen, gab dafür ägyptische Rechte und Ansprüche preis und betrachtete die deutsche Forderung nach Gleichberechtigung in Marokko als feindseligen Akt. Die großbritannische Politik wollte wohl in erster Linie durch kräftige Unterstützung Frankreich von der Sicherheit der englischen Freundschaft überzeugen. Eine französisch-russisch-deutsche Annäherung sollte ein für allemal unmöglich gemacht werden.

Im folgenden Jahre, 1906, kam das Einverständnis zwischen Großbritannien und Rußland tatsächlich zustande, besiegelt durch den 1907 veröffentlichten Vertrag über Persien und den mittleren Osten. Zugleich begann englisch-russisches Zusammenarbeiten in der Orientpolitik. Die Niederlagen Rußlands bei Tsuschima und Mukden hatten den von den britischen Staatsmännern gewünschten Erfolg gehabt: Außerstande, sein Vordringen in Ostasien fortzusetzen, beinahe seiner ganzen Kriegsflotte beraubt, militärisch geschwächt, im Innern durch Revolution durchwühlt, erblickte Rußland nunmehr seinen Vorteil darin, mit derjenigen Macht in ein enges freundschaftliches Verhältnis zu treten, durch deren systematische Arbeit und kalte Berechnung alles Unglück über das Russische Reich heraufgeführt worden war. Jenes englisch-russische Abkommen beseitigte für Großbritannien die früher ständige Sorge vor einem russischen Vordringen über Mittelasien nach Indien. Außerdem teilte man Persien in Interessensphären ein, schuf zwischen beiden Interessensphären eine neutrale Sphäre, um auch hier Ruhezustand eintreten zu lassen. In Persien hat England tatsächlich auf viel verzichtet, nur um die ihm unschätzbare Entente mit Rußland zustande zu bringen. Während der dem Kriege folgenden Jahre waren die britische und die französische Politik auf das eifrigste bestrebt, den russischen Ehrgeiz und den russischen Expansionsdrang nach dem Balkan und der Türkei zu richten. Der Zweck war: Reibungsflächen und Zwietracht zwischen Rußland und dem Deutschen Reiche nebst seinem Bundesgenossen Österreich-Ungarn hervorzurufen. Auch hier, im nahen Orient, sollte Rußland, diesmal im Vereine mit den Balkanvölkern, Großbritanniens Schlachten schlagen.

Nichts war natürlicher, als daß der Zusammenschluß der beiden großen Festlandmächte und Großbritanniens tiefen Eindruck auf die kleineren europäischen Mächte machte, nicht zum wenigsten auch auf Italien. Daß die sogenannte Tripleentente sich gegen Deutschland richtete und daß ihr Zustandekommen einzig im Hinblicke auf Deutschland erfolgt war, lag auf der Hand, und alle wußten es. Nur in Deutschland gab es sehr viele, die sich angelegen sein ließen, den Kopf in den Sand zu stecken und mit Genugtuung den englischen Worten von Erhaltung des Weltfriedens usw. in Andacht zu lauschen. Der Umschwung gegen frühere Jahre war in der Tat ein enormer. Das englische Einverständnis mit Rußland bildete gewissermaßen die Schlußwirkung jener überstürzten Nichterneuerung des deutsch-russischen Rückversicherungsvertrages im Jahre 1890.

König Eduard und seine Minister legten besonderen Wert darauf, die kleineren Mächte an sich zu binden. Das geschah mit Geschicklichkeit und System. Häufige Reisen befestigten die persönlichen Beziehungen zwischen Herrschern und Staatsmännern, immer wußte ihnen Großbritannien einen wirklichen oder scheinbaren Vorteil zu sichern oder glaubhaft zu versprechen. Mit Griechenland und Italien wurden die alten Vormundschaftsbeziehungen erneut und gefestigt, ebenso mit Spanien. Es gelang König Eduard von England, eine britische Prinzessin auf den spanischen Thron zu bringen. Der Neuaufbau der spanischen Flotte wurde in britische Hände gelegt und durch eine britische Anleihe ermöglicht. Beiläufig bemerkt, sind solche Wiederaufbauten oder Neuaufbauten von Kriegsflotten kleinerer Mächte eine Spezialität Großbritanniens. Dieses selbstlose Werk beginnt mit einer Anleihe des betreffenden Landes in Großbritannien. Dann folgt die Bestellung der Schiffsbauten auf großbritannischen Werften, oder aber, was auch nicht unbeliebt ist, großbritannische Techniker, Ingenieure und Kapitalisten richten Werften in dem betreffenden anderen Lande ein, es können auch Geschütz- und Panzerplattenfabriken sein. Auf diese Weise gibt es doppelten Verdienst, denn sowohl die Anleihezinsen wie die Kosten der Schiffe mit allem, was drum und dran hängt, fließen in britische Taschen. Dazu kommt in zwingender Folge, daß die betreffende neuaufgebaute Marine fortan unter großbritannischer Kontrolle steht. Britische Techniker und Seeoffiziere gehen nicht wieder aus dem Lande heraus, überwachen die Marinepolitik des Staates und die Verwendung der Flotte. Vorher werden gewöhnlich Konventionen für den Kriegsfall abgeschlossen, welche verhindern, daß die Flotte nicht zum Nutzen, daß heißt nicht im Dienste Großbritanniens verwandt werde. Sollte aber die betreffende Macht sich in der Folge irgendwie „unzuverlässig" zeigen, besonders in Zeiten politischer Spannung, so nimmt Großbritannien ihr die Schiffe wieder fort oder liefert sie ihr nicht aus, wenn sie sich noch auf britischen Werften befinden. Kurz, das Geschäft ist, von jeder Seite gesehen, äußerst einträglich und verhindert beinahe immer, daß der derart großmütig unterstützte Staat je die Kraft gewinnt, selbst seine Flottenbedürfnisse aus eigener Kraft zu befriedigen.

Mit Spanien schlossen Großbritannien und Frankreich einen sogenannten Status-quo-Vertrag über das Mittelländische Meer, während über die damaligen Abmachungen mit Italien nichts Näheres bekannt geworden ist. Man kann aber nicht bezweifeln, daß sie sich ebenfalls gegen das Deutsche Reich richteten. Im Norden war der britischen Politik schon vorher ein großer Schlag gelungen: die Trennung der bis dahin unter Schweden vereinigten beiden skandinavischen Reiche. Dieses große Skandinavien mit seiner schwedischen Leitung lebte in freundschaftlichen Verhältnissen mit dem Deutschen Reiche. Das durfte nicht so bleiben. Mit allen für solche Fälle ihm zur Verfügung stehenden Mitteln bewirkte Großbritannien, daß die alten norwegischen Eifersüchteleien derart entflammt wurden, daß es zur Trennung kam. Ein dänischer Prinz mit einer englischen Frau bestieg den norwegischen Thron, und seitdem stand Norwegen stark unter englischem Einfluß. Dänemark gegenüber wurde alles getan, um einen Anschluß dieses Landes an Großbritannien zu bewirken. Im Jahre 1905 erschien an der Westküste Jütlands im Hafen von Esbjerg, dann auch im Skagerrak und Kattegat eine großbritannische Flotte. Es war in den Zeiten der Marokkospannung, gerade als durch die sogenannten Delcasséschen Enthüllungen die Welt von den britischen Landungsplänen auf jütischem Boden gegen Deutschland im Falle eines Krieges erfahren hatte. Das damalige Dänemark war, was sein Königshaus betraf, wohl geneigt gewesen, in einem großen Kriege gegen Deutschland die Waffen zu erheben, die Bevölkerung, abgesehen von einer Reihe von Fanatikern, wohl weniger. Immerhin gab ein Vertreter der dänischen Regierung beim Empfang des englischen Besuches dem Programme Ausdruck: Dänemark beabsichtige, neutral zu bleiben. Er spielte dabei ebensowohl auf die englischen Schandtaten gegen Dänemark von 1800 und 1807 an wie auf den Krieg von 1864 und seine Folgen. Dänemark war, beiläufig bemerkt, schon um 1905 den Engländern von großer strategischer Wichtigkeit wegen der Frage der Durchfahrt im Kriege durch den Sund und den Großen Belt. Schon seit dem Jahre 1900 war die großbritannische Presse angefüllt von Betrachtungen über die Durchfahrtfrage im Kriege, und mit allen Mitteln versuchte man, das dänische Volk davon zu überzeugen, daß sein Platz in einem solchen Kriege an der Seite Großbritanniens sein werde. Auch jene englische Flottenreise von der Nordsee durch Skagerrak und Kattegat in die Ostsee hatte einen Grund, welcher helles Licht auf die Gedanken der Londoner Staatsmänner warf. Ganz plötzlich kündete während der Marokkospannung die britische Admiralität an, die Nordseeflotte werde in die Ostsee gehen und dort üben. Die Presse gab, wie immer in solchen Fällen, den Kommentar dazu mit der Erklärung, die Deutschen betrachteten die Ostsee als ein geschlossenes, ihnen gehöriges Meer und glaubten eine Art Besitzanspruch entsprechend der wachsenden Stärke ihrer Flotte darauf zu haben. Großbritannien wolle ihnen und der Welt hiermit zeigen, daß es einen solchen Anspruch nicht anerkenne, sondern seine Flotten in allen Meeren üben lasse, wo die Admiralität es wolle. In der Maßnahme lag also eine durch nichts hervorgerufene Drohung gegen Deutschland. Weder das Deutsche Reich noch die deutsche Bevölkerung waren je auf den törichten Gedanken verfallen, die Ostsee als ein geschlossenes Meer zu behandeln. Ein geschlossenes Meer hat in unseren Zeiten nur einen Sinn, wenn es von außen geschlossen wird. Die Ostsee in Friedenszeiten der Flotte einer anderen Macht zu schließen, wäre eine törichte und zwecklose Handlung, auch wenn die betreffende Macht fähig ist, sie auszuführen. Jene Reise der großbritannischen Flotte, die sich bis nach einer Reihe deutscher Ostseehäfen ausdehnte, war in der Tat nichts anderes als eine wohlberechnete demonstrative britische Drohung. Sie sollte den nordischen Mächten zeigen, daß die Flotte Großbritanniens, wenn es ihr gefiele, durch nichts aufgehalten werden könne, nach der Ostsee und den deutschen Häfen dort vorzubringen; daß die deutsche Flotte nur ein kleines Hindernis im Kriege bedeute: Ihr nordischen Staaten laßt euch also nicht einfallen, zu Deutschland zu halten, es würde euch schlecht bekommen! —

Mit Belgien ging Großbritannien in den Jahren 1905 und 1906 feste Abmachungen für den Fall eines europäischen Krieges ein. Diese Abmachungen überdeckten und ergänzten sich mit französisch-belgischen und französisch-britischen. Belgien war bekanntlich ein neutralisierter Staat. Großbritannien wußte schon damals, daß Frankreich in einem Kriege mit Deutschland, wenn irgend möglich, durch Belgien marschieren werde, im Vertrauen auf die Zuverlässigkeit seines Festungsgürtels an der deutsch-französischen Grenze. Großbritannien hatte aber eine geringe Meinung von der französischen Bereitschaft und Wehrkraft überhaupt und glaubte deshalb selbst von der Partie sein zu müssen. In den Militärkonventionen und sonstigen Abmachungen mit Belgien wurde, kurz ausgedrückt, ein britisch-belgisch-französischer Feldzug, vom belgischen Boden ausgehend, gegen Deutschland bis in alle Einzelheiten vorbereitet. Großbritannien wollte Expeditionskorps landen und unter allen Umständen Antwerpen zur Verpflegungsbasis machen, ob die Belgier damit einverstanden wären oder nicht; — gerade dieses ist dokumentarisch festgelegt und bekannt geworden. Bei der Überschau der ganzen Vorgänge ergibt sich vor allem unzweifelhaft, daß neben den rein militärischen Absichten mit dieser von ihm organisierten Kooperation Großbritannien die Hand auf Antwerpen legen wollte. Wie immer, hatte die britische Politik einen doppelten Boden. Je nachdem, wie sich der Kampf gestaltete, konnten sich die britischen Expeditionstruppen direkt gegen Deutschland wenden oder auf belgischem Boden bleiben, sich in Antwerpen und an belgischen Küstenpunkten festsetzen. Dann wäre aus dem Glacis der Brückenkopf nach dem Festlande geworden, und Großbritannien hätte aus eigener Machtvollkommenheit sich die Schelde auf Kosten Hollands geöffnet. Belgien wäre in stärkerer Auflage ein Portugal geworden mit freiem Benutzungsrecht der Häfen usw. für Großbritannien. Genug, jene militärischen Abmachungen von den Jahren 1905/06 hatten sich britischerseits sehr weite Ziele gesteckt, politisch, maritim und militärisch. Damals verlor Belgien seine Neutralität und wurde zum dienenden Bundesgenossen Großbritanniens und von Großbritanniens erstem Diener, Frankreich.

Die großbritannische Regierung versuchte noch weiter zu gehen und einen großen antideutschen Bund der Neutralen zu bilden. Zu diesem Zwecke versuchte man zunächst mit allen Mitteln, ein Bündnis zwischen Belgien und den Niederlanden zu erreichen. Dieses Bündnis scheiterte am loyalen Widerstande Hollands. Holland hat im Frieden wie jetzt im Kriege stets unentwegt eine ehrliche Neutralität durchgehalten, so schwer ihm dieses zuweilen auch gemacht wurde. Durch einen solchen Bund der Neutralen hätte Großbritannien für sich einen Bund der Vasallen geschaffen, die im Augenblick eines britisch-französisch-deutschen Krieges in ihrer Eigenschaft als Bund gegen Deutschland auf den Plan getreten wären. Auch über diesen Plan hat der Krieg dokumentarische Beweise geliefert. Alles in allem zeigt sich, in wie großem Stile die Vorbereitungen einsetzten, deren Zweck einzig und allein war, das Deutsche Reich entweder durch die Größe der Drohung im Schach zu halten oder aber, falls dies nicht gelang, mit überwältigender Übermacht den Krieg zur Vernichtung des Deutschen Reiches als Seehandelsmacht, als Festlandgroßmacht und als Seemacht zu führen. Man hat sich in Deutschland darüber gestritten, ob diese riesige diplomatisch-militärische Einschüchterungs- und Angriffsorganisation unter Großbritanniens Führung eine „Einkreisung“ gewesen sei oder nicht. Wenn es sich da auch nur um einen Wortstreit handelt, so muß doch gesagt werden, daß Einkreisung nicht den richtigen Begriff des Manövers gibt. Es handelte sich um nicht mehr und nicht weniger, als im englischen Vernichtungskriege gegen die Niederlande, gegen Ludwig XIV., gegen das revolutionäre Frankreich und schließlich gegen Napoleon. Alle Unterschiede und Abweichungen begründeten sich lediglich in den Änderungen der Zeit und der Verhältnisse, die nie ganz die gleichen sein können. Eine grundsätzliche Abweichung liegt darin, daß die großbritannische Politik von vornherein mit der Alternative kriegerischer Vernichtung oder friedlicher Erstickung des Deutschen Reiches rechnete und bereit war, die friedliche Erstickung anzuwenden, wenn das Deutsche Reich sie sich gefallen ließ. König Eduard darf man wohl insbesondere die Berechnung zuschreiben, daß Deutschland unter keinen Umständen einen Krieg führen, sondern vorziehen werde, sich einem geschickt ausgeübten Drucke zu unterwerfen. König Eduard und seine Staatsmänner glaubten, die Friedfertigkeit des Deutschen Reiches, zumal des Deutschen Kaisers, gehe so weit, daß sie, um Deutschland nicht dem Risiko eines Weltkrieges auszusetzen und um die Linie seines wirtschaftlichen Gedeihens nicht zu unterbrechen, annähernd alles über sich und das deutsche Volk ergehen lassen würden. Die Männer an der Themse rechneten hiervon ausgehend weiter, daß mit jedem neuen Zurückweichen und Nachgeben das Ansehen des Deutschen Reiches, der deutschen Politik wie ihrer Träger in der ganzen Welt fortschreitend abnehmen müsse. Das Prestige — ein unübersetzbares Wort — ist aber in der Tat ein überaus wirklicher politischer Begriff. Das alte französische Wort: „Erst erniedrigen, dann vernichten!“ enthält gleichfalls eine große politische Wahrheit: die Wahrheit, daß ein systematisch erniedrigter Staat, daß eine Macht, die fortgesetzt Beweise liefert, daß sie in jeder Frage zurückweicht, welche auch nur die nahe Möglichkeit eines Krieges in den Bereich der Berechnung bringen könnte, sich selbst enorm schwächt, ebenso wie eine Armee, welche, physisch intakt, fortgesetzt zurückweicht, sobald eine große Entscheidung bevorsteht. Der moralische Kraftverlust allein kann dann die endgültige Niederlage, den vollständigen Zusammenbruch einer solchen Armee und einer solchen Macht unvermeidlich zur Folge haben. Eine solche Macht gewinnt keine Freunde.

Niemand vertraut ihr, wenn sie politisch etwas unternimmt, und am allerwenigsten wird eine kleine oder mittlere Macht geneigt sein, sich dem Schutze der großen immer unentschlossen zurückweichenden Macht anzuvertrauen. Das bedarf keiner Erläuterung. Man kann in der Tat nicht bezweifeln, daß der König von England und seine Staatsmänner sich genau darüber klar geworden sind, was sie mit jenem ungeheuren Apparat erreichen wollten, und wie sie ihr Ziel erreichen zu können glaubten. Der tiefste Grund der großbritannischen Politik war wie immer Großbritanniens Handel und Industrie und in zwingender Folge deren Hauptmittel: die militärische Macht auf dem Lande und zu Wasser. Wurden die letzteren Faktoren beim Gegner vernichtet, so waren auch Industrie und Seehandel, unter Voraussetzung der altbewährten Methoden Großbritanniens, nicht mehr „gefährlich". In diesem Lichte muß die oft und mit scheinbarem Recht hervorgehobene Friedfertigkeit der großbritannischen Politik betrachtet werden. Selbstverständlich lag hinter dem Ziele, welches friedlich erreicht werden konnte, nämlich hinter der Erniedrigung und der langsamen inneren und äußeren Schwächung des Deutschen Reiches noch der eigentliche Vernichtungskrieg. Man wollte ihn führen, jedoch nicht zu teuer bezahlen.

Die großbritannische Politik sah sich, im Vergleich zu ihren früheren europäischen Raubkriegen, insofern in günstigerer Lage, als das Deutsche Reich allgemein in Europa gehaßt und durch alle im Frieden anwendbaren Mittel bekämpft wurde. Der große Unterschied lag darin, daß seinerzeit Spanien, die Niederlande, Frankreich und im Laufe des 19. Jahrhunderts Rußland alte anerkannte Großmächte waren; Großmächte, die, wenn sie erobern wollten, auf dem deutschen Boden immer ein bequemes „Wirkungsgebiet" hatten. Wir wissen, mit welchem Eifer diese Gelegenheit in den früheren Jahrhunderten benutzt worden ist. Seit 1871 war die Lage völlig verändert: an der Stelle des europäischen Kriegsschauplatzes, dargestellt durch Dutzende kleiner und mittlerer, stets unter sich uneiniger deutscher Staaten, die zum größten Teile immer freudig bereit gewesen waren, auf jede Intrige des Auslandes hereinzufallen, stand jetzt das Deutsche Reich als ein gewaltiger wehrhafter Block. Hinter dem Schutze seiner ungeheuren Wehrkraft entwickelte das deutsche Volk bisher ganz ungeahnte Kräfte und Erfolge wirtschaftlicher Natur. Wie diese von Mitte der neunziger Jahre an auf Großbritannien wirkten, ist an anderer Stelle geschildert worden. Auf dem Festlande waren die Wirkungen anders, aber dem Ergebnisse nach ganz ähnlich. Allen war der neue große Machtfaktor in Zentraleuropa höchst unerwünscht, allen brachte er Beschränkungen ihrer über die eigenen Landesgrenzen bisher gewohnheitsmäßig ausgreifenden Willkür. Der Ärger hierüber wuchs mit den Jahren und den Jahrzehnten, weil eben das Deutsche Reich und Volk wuchs und sein Naturrecht auf Dasein geltend machte. In dem großen deutschen Einheitskriege hatte Deutschland sich die ihm früher geraubten Provinzen Elsaß und Lothringen mit Gewalt zurückgenommen. Dadurch hatte ein unversöhnlicher und unausgleichlicher Zwiespalt zwischen dem Deutschen Reiche und der französischen Republik Platz gegriffen, eine Tatsache, die besonders während der letzten 20 Jahre viele deutsche Illusionisten und Schwärmer internationaler Solidarität immer wieder in Abrede gestellt haben. König Eduard und seine Leute wußten genau Bescheid. Sie wußten, was Bismarck im hohen Alter sagte: Frankreich werde im selben Augenblick das Deutsche Reich angreifen, wo es zur Überzeugung gelangt sei, mit seinen Helfern stark genug zu sein, um den Rachekrieg für 1870 zu führen. Die russischen Strömungen, welche auf einen Krieg gegen Österreich-Ungarn und Deutschland drängten, waren zu ihrem erheblichsten Teil das eigenste Werk der amtlichen und unamtlichen Politik Großbritanniens. Immer und überall war es nur die Besorgnis vor der deutschen Macht und Stärke, welche die Festlandmächte abhielt, sich auf das neue Reich zu stürzen und diesen unbequemen Organismus in seine einzeln machtlosen Bestandteile von früher aufzulösen. Eine derartige Einmütigkeit der Mißgunst gegen eine einzige Macht hatte England früher nie von vornherein zu seiner Verfügung gehabt. Die napoleonischen Zeiten ließen sich damit nicht vergleichen, denn Napoleon hatte, vielfach getrieben und gezwungen durch England, das ganze Festland zu unterjochen versucht und zu erheblichen Teilen die Unterjochung vollbracht. Das Deutsche Reich dagegen war seit mehr als einem Menschenalter ruhig innerhalb seiner Grenzen geblieben, hatte unausgesetzt seine Friedensliebe betätigt und niemals auch nur Miene gemacht, einem anderen Lande oder Volke etwas wegzunehmen, was diesem gehörte. Aber, wie gesagt, es war ein neues und deshalb unbequemes Gebilde.

Den europäischen Ärger über die Tatsache des neuen Deutschen Reiches und seines Gedeihens hat die großbritannische Politik auch auf anderen Gebieten mit allen Mitteln und in größtem Maßstabe zu benutzen verstanden. Alle jene Geschichten von deutschen Eroberungsplänen in Europa und über See, im Orient, in Afrika und auf dem amerikanischen Kontinente und in Ostasien führen sich auf planmäßige, kühl und ruhig ausgeheckte, aber mit wildem aufgeregten Geschrei in die Welt gesetzte großbritannische Mache zurück. Wir alle erinnern uns jener sonderbaren Darstellungen und Erzählungen, was der Deutsche Kaiser und ein einflußreicher Teil des deutschen Volkes plane und wolle. Bald sollte Brasilien erobert werden, bald das Tal des Yangtse, bald Holland, bald die baltischen Ostseeprovinzen, bald Nordfrankreich, gar nicht zu reden von der Schweiz und von Oberitalien. Eine andere Methode war der Vergleich Deutschlands mit einem überhitzten Dampfkessel: Die deutsche Bevölkerung wachse so enorm und damit ihre Bedürfnisse, daß die große und europaverheerende Explosion über kurz kommen müsse, ganz einerlei, ob die Deutschen sie wollten oder nicht. Dann würde es aus sein mit Frankreich, mit Holland und Belgien, mit Dänemark, Westrußland, wahrscheinlich auch mit einem selbständigen Österreich-Ungarn. Das einzige Mittel, gegen diese fürchterlichen Katastrophen und zur Erhaltung der europäischen Kultur und Gesittung liege in einem festen vertrauensvollen Zusammenschlusse aller übrigen Mächte, aller großen und kleinen Staatswesen. Der Weltfriede und die Möglichkeit gesicherten Daseins für alle diese Staatswesen stehe denn doch himmelhoch über dem brutal über seine Grenzen hinaus begehrenden germanischen Koloß. In Deutschland pflegte man über solche Dinge zu lachen, die Köpfe zu schütteln und zu meinen: das sei ja ganz unbegreiflich, sei ja Unsinn, erkläre sich aber zweifellos in dem Glauben der anderen Mächte, Deutschland werde sich durch seine Kraft und zunehmende Stärke verführen lassen, eine Eroberungspolitik zu treiben. Man könne ja nicht mehr tun, als immer das Gegenteil zu versichern, und mit der Zeit würde das Ausland ja sicher auch merken, daß es sich mit seinem Mißtrauen gegen die Friedfertigkeit und Ehrlichkeit des deutschen Volkes und der deutschen Politik geirrt habe. Dem Verfasser sagte vor einer Reihe von Jahren ein Staatsmann unter Bezugnahme auf die mißtrauische Feindseligkeit des Auslandes gegen Deutschland: Einmal müsse doch der Tag kommen, wo alle jene Mächte einsähen, wie sie sich getäuscht hätten und „wie harmlos (dieses war der Ausdruck) wir sind". Nur ganz wenige Deutsche haben damals und in den folgenden Jahren begriffen, daß jenes Mißtrauen und jene Besorgnis vor deutschen Angriffen lediglich Spiegelfechterei war. Nie hat sich die geringe Fähigkeit der Deutschen, „politisch angewandte Geschichte" zu treiben und sie auf die Beurteilung gegenwärtiger Vorgänge anzuwenden, deutlicher und nachteiliger gezeigt als während der letzten anderthalb Jahrzehnte in der Beurteilung der englisch-deutschen Beziehungen. Man begriff nicht, ja, man dachte nicht daran, daß Großbritannien hier eine alte, immer wieder mit Erfolg angewandte Methode wiederholte, die die Mächte und die Völker in die Rolle des Gegners einer Macht gegenüber treiben wollte, deren Blühen und Gedeihen Großbritanniens Eifersucht erregte. Deshalb mußte sie vernichtet werden. Alle seine europäischen Kriege hat Großbritannien so eingeleitet, aber immer haben es die angeführten Völker, deren die klugen Männer an der Themse bedurften, erst gemerkt, nachdem sie ausgenutzt worden waren.

Das stärkste und wirksamste Argument in dem britischen Verhetzungssystem aber bildete von nun an die deutsche Flotte.

Der Brandstifter arbeitet.

Die Zeit der Flottenlüge.

Wie kurz dargelegt worden ist, wurde seit dem Jahre 1899 nach einem genau festgelegten Programm und nach einer festumschriebenen Kostenaufstellung die deutsche Flotte ausgebaut. Dem ersten Flottengesetz von 1898 war 1900 das zweite Flottengesetz gefolgt. Langsam, aber regelmäßig wurde der Bau der Schiffe im Verein mit der Ausgestaltung der zugehörigen Hafen- und Landeeinrichtungen fortgesetzt. In Großbritannien sah man diese Arbeit mit dem Mißfallen, das zur großbritannischen Überlieferung gehört: daß ein selbständiges Industrie- und Ausfuhrhandel treibendes Land eine Flotte bauen wollte, war in sich schon eine unfreundliche Handlung gegen Großbritannien und eine Beleidigung der britischen „Suprematie". Außerdem empfand man es in England als Rücksichtslosigkeit, weil deutsche Flottenbauten das britische Flottenbudget erhöhten. Der großbritannische Steuerzahler verlangte, daß die europäischen Seemächte Rücksicht auf seine Tasche nähmen, und die britische Regierung hat oft genug in der bekannten, naiv hochmütigen Art des auserwählten Volkes gesagt: Alle Mächte wüßten nun doch einmal, daß Großbritannien die unbedingte Seeherrschaft sich erhalten müsse und deshalb einen Zweimächtemaßstab oder Dreimächtemaßstab, es koste was es wolle, aufrechtzuerhalten gezwungen sei. Es sei also eine Rücksichtslosigkeit und Torheit der anderen Mächte, wenn sie durch ihre Schiffbauten Großbritannien zu ungeheuren Geldausgaben zwängen. Wenn man dieses erzählt, so klingt es wie groteske Übertreibung. Deshalb sei besonders hervorgehoben, daß englische Staatsmänner, Parlamentarier und Preßorgane eben dieses Moment mit größtem Ernste andauernd betont haben.

Über die deutsche Flotte selbst beunruhigte sich in England kein Mensch. Man hatte nur Spott und Geringschätzung für das Spielzeug des Kaisers, man verglich die Flotte mit einer Dohle, die sich mit Papageienfedern schmückte, und ließ nicht nach mit Beweisen der englischen Überlegenheit, quantitativ und qualitativ. Das waren die fachmännischen Kreise. Im übrigen aber wurde die deutsche Flotte, als sie noch eine keineswegs beachtenswerte Größe war, als ein furchtbares Kriegsinstrument hingestellt, und schon in den ersten Jahren des neuen Jahrhunderts behauptete man in England und verbreitete man von England aus: Deutschland, an der Spitze der Deutsche Kaiser, bereiteten den fürchterlichen Plan vor, die großbritannische Flotte anzugreifen und zu vernichten und dann mit einer über die Nordsee gesetzten Armee an den Küsten der geheiligten großbritannischen Inseln zu landen und das freie Volk zu Sklaven zu machen. Man braucht nur an alle diese Geschichten zu erinnern. Näher auf sie einzugehen, ist nicht nötig, aber wichtig die nachdrückliche Feststellung, daß von ernsthaften Politikern und Fachleuten in Großbritannien nie ein Mensch daran geglaubt hat. Man erfand und verbreitete sie, weil das politisch nützlich schien. Das Deutsche Reich und Volk wurde damit als die einen Angriffskrieg von langer Hand vorbereitende, planmäßig auf Störung des europäischen Friedens hinarbeitende Macht ausgeschrien. Die Briten als Meister in solchen Verleumdungsfeldzügen wußten und wissen, daß auch die dummste derartige Lüge geglaubt wird, wenn man sie nur mit der nötigen Ausdauer und sittlichen Entrüstung unablässig wiederholt. So ist es geschehen. Der eigentliche Grund, der seit dem Jahre 1902 die britische Politik leitenden Devise: „Germaniam esse delendam" wurde durch den Flottenhumbug in ausgezeichneter Weise verborgen. Es liegt ohne weiteres auf der Hand, daß der großbritannischen Regierung wünschenswert war, diesen eigentlichen Grund, nämlich die gemeine Eifersucht auf die deutsche Industrie und den deutschen Seehandel, nicht als ihr treibendes Motiv erkennbar werden zu lassen. Wo es ging, hat man diesen Beweggrund immer zu verbergen versucht. Hier gab die deutsche Flotte den erwünschten Vorwand. Wer sich heute die Mühe nimmt, die damaligen Zahlenverhältnisse der Kriegsschiffe und die individuelle Stärke der Schiffe zu vergleichen, wird das ohne weiteres einsehen. Jene vielberufene britische Nervosität aber, welche unseren braven deutschen Internationalisten in vorwurfsvollem Tone unseren Flottenbau zur Last legten, war ebenfalls nur Mache. Daß das alles bei uns nicht begriffen wurde oder nicht geglaubt, das beruht neben anderen Ursachen hauptsächlich auf einer deutschen Eigenschaft, die im Jahre 1913 der Berliner Vertreter eines großen französischen Blattes treffend kennzeichnete. Er sagte: In politischen Dingen seien die Deutschen „simplistes". In dieser „Einfalt" sind wir in der Tat an der Spitze der Nationen gewesen und haben die Mittel für den Zweck, die Maske für das Gesicht angesehen. Wie oft ist von deutschen Politikern, Zeitungen und Professoren in jenen Jahren mit Entrüstung die „Unterstellung" zurückgewiesen worden: Handelseifersucht sei der wirklich einzige Grund aller englischen Mißstimmungen. Demgegenüber wurde angeführt, einmal werde England ja immer reicher, außerdem müßte es sich doch selbst über den frischen Wettbewerb freuen, und dann sei es in unseren Zeiten der Kultur und Zivilisation eine in ihrer Ungeheuerlichkeit lächerliche Unterstellung, daß heute im Zeichen des Verkehrs und des internationalen Handels eine Kulturmacht wie

England, durch niedrige Handelseifersucht beeinflußt, einer anderen Großmacht auch nur feindlich gegenüberstehe. — Was Großbritannien eigentlich unter seiner vielberufenen „Suprematie" versteht, das fängt erst jetzt an, den Deutschen durch diesen Krieg klar zu werden.

Nachdem König Eduard durch die Entente cordiale mit Frankreich den großen politischen Frontwechsel Großbritanniens zustande gebracht hatte und während er ihn folgerichtig und ausdauernd fortsetzte, leitete die großbritannische Admiralität nunmehr auch den militärischen Frontwechsel in die Wege. Vom Jahre 1905 an begann eine große Reorganisation der Flotte, eine bedeutende Erhöhung ihrer Schlagfertigkeit und Bereitschaft, hauptsächlich aber eine durchgreifende Änderung ihrer bisherigen Verteilung auf den Meeren. Sobald durch die Entente cordiale Frankreich treuer Vasall Großbritanniens geworden war, brauchte das Mittelmeer nicht mehr den Schwerpunkt der britischen Flottenmacht zu bilden. Dieser Schwerpunkt wanderte nun aus dem Mittelländischen Meer nach der Nordsee. In der Schlacht von Tsuschima im Fernen Osten war die russische Flotte vernichtet worden, das dort bisher gehaltene starke Schlachtschiffkontingent wurde also ebenfalls überflüssig; man zog es nach den heimischen Küsten zurück. Außerdem wurde eine große Anzahl von Kreuzern aller Art, die auf den Ozeanen verteilt gewesen waren, ebenfalls nach den heimischen Häfen zurückgeholt. Alles in allem: es fand in den genannten Jahren eine Konzentration beinahe der ganzen großbritannischen Flotte an den Nordseeküsten statt. Diese Konzentration hatte man vorbereitet. Neue Häfen, Werften und Stützpunkte an den englischen und schottischen Nordseeküsten waren angelegt worden, zum ersten Male in der großbritannischen Geschichte, denn, in diesem Sinne verstanden, war die Front Großbritanniens bisher immer von den Süd-, Südost- und Südwestküsten der britischen Inseln nach dem Ärmelmeere und den atlantischen Küsten hin gerichtet gewesen. Natürlich sollte diese — im Sinne des Wortes epochemachende — Neueinrichtung nur der Sicherheit der großbritannischen Inseln dienen. Die ganze Flotte mußte man doch zusammenhaben, damit sie nicht durch die deutsche Flotte vernichtet würde und um die großbritannischen Küsten gegen Invasion zu sichern. Nebenher ging eine Bewegung unter Führung des Feldmarschalls Lord Roberts. Sie forderte sofortige Einführung der allgemeinen Dienstpflicht für die Armee: denn die Flotte könne die britischen Küsten nicht mit Sicherheit gegen deutsche Truppeneinfälle schützen, und diese Truppeneinfälle seien geplant und würden in einem unbewachten Augenblicke zur Durchführung gebracht werden. Lord Roberts hat diese seine Agitation seit dem Jahre 1905 in wachsender Stärke getrieben und seine ganze in Großbritannien große Autorität in die Wagschale geworfen. Auch seine Invasionsreden hat man durchweg in Deutschland ernst genommen und wirklich geglaubt, dieser alte listige Praktiker fürchte eine deutsche Invasion. Heute, nachdem die britisch-belgischen Machenschaften dokumentarisch festliegen, werden die deutschen Gläubigen von damals vielleicht begriffen haben, daß auch diese Robertssche Invasionspropaganda nur eine Mache war, weil er die Wahrheit nicht sagen konnte. In Wirklichkeit wollten er und seine Anhänger die Stärkung des Heeres auf die allgemeine Dienstpflicht allerdings für eine Invasion. Nicht aber dachten sie an eine deutsche Invasion nach England, sondern an eine englische Invasion nach Belgien. Diese vom Verfasser seit acht Jahren verfochtene These ist durch die belgischen Enthüllungen und den Verlauf des Krieges selbst bestätigt worden. Nicht zum wenigsten hierauf bezog sich auch die englische Flottenanhäufung an der Nordsee: man wollte die Truppenübersetzungen nach Belgien sicher garantiert haben. Lord Roberts ist mit seiner allgemeinen Dienstpflicht nicht durchgedrungen, aber die britischen Kriegssekretäre, hauptsächlich der deutschfreundliche und ideale Lord Haldane, haben verstanden, mit den vorhandenen Mitteln die Invasion nach Belgien in einer Weise vorzubereiten, wie sie nicht zum wenigsten in Deutschland Überraschung hervorgerufen hat.

Nach diesen Ausführungen wird verständlich, wenn wir wiederholen: mit dem politischen ging der militärische Frontwechsel Hand in Hand, beide ergänzten einander. Ohne den politischen Frontwechsel war der militärische nicht möglich, und ohne diesen wäre der erstere jedenfalls zur See ein stumpfes Schwert gewesen. In dieser Verbindung muß auch wiederholt werden, wie der Plan, das Deutsche Reich im Kriege durch Absperrung der See auszuhungern, im selben Augenblick praktisch vorbereitet wurde, als die Verbindungen Großbritanniens mit Frankreich und Rußland politisch den Krieg gegen Deutschland als Zukunftsziel organisierten. Die großbritannischen Staatsmänner, Militärs und Seeoffiziere haben verstanden, in völligem Einklange miteinander und mit ihren Festlandkollegen den großen Plan auszuarbeiten und mit jedem Jahre ihn zu vertiefen. Während dieser Arbeit ertönte ohne Unterlaß das Geschrei: Deutschland bereite sich auf Störung des europäischen Friedens vor, es wolle Rußland unterdrücken, Frankreich zerschmettern, die kleinen Staaten aufsaugen, in Großbritannien einfallen und den Orient zu einer preußischen Provinz machen. Das war praktisch und geschickt, auch psychologisch gut auf die Deutschen berechnet, denn diese wurden immer bescheidener, überlegten sich verschiedene Male, ob man es auch wirklich verantworten könne, eine deutsche Flotte zu bauen, und versuchten immer wieder die Harmlosigkeit der deutschen Politik zu beweisen. Währenddessen arbeitete Großbritannien rastlos und geschickt, um immer mehr Mächte in die große antideutsche Koalition, sei es offen, sei es heimlich, hineinzuziehen. Im günstig erscheinenden Augenblicke sollte das deutsche Haus in Brand gesteckt und zerstört werden. Als erfahrener alter Brandstifter häufte Großbritannien von allen Seiten Brennstoffe um das deutsche Haus an, mit Petroleum und Sprengstoffen wurde nicht gespart; auch nicht mit Stinktöpfen.

Ein Weiterwachsen der deutschen Flotte wollten König Eduard und seine Staatsmänner nach Möglichkeit verhindern, sie wollten selbst Kosten sparen, auch, wie später in England häufig ausgesprochen wurde, risikolos die Vernichtung jeder europäischen Flotte unternehmen können. Lediglich zu diesem Zwecke wurde im Jahre 1905 eine neue Ära des britischen Kriegsschiffbaues eingeleitet, die durch den mittlerweile weltberühmt gewordenen Namen „Dreadnought" bezeichnet wird. Ohne auf militärische und technische Einzelheiten einzugehen, sei nur das Folgende gesagt: Die Dreadnought und ihre Nachfolger waren Schiffe von einer so ungeheuren Stärke und Größe, daß sie alle in den verschiedenen Marinen bis dahin gebauten und vorhandenen Schiffe zu minderwertigen Werkzeugen machten. Im Kampfe mit einer Dreadnought waren alle jene Vorgängerschiffe, auch zu mehreren gegen eine machtlos und beinahe wehrlos der Vernichtung preisgegeben. Die großbritannische Admiralität hatte in aller Stille diese neuen Schiffe vorbereitet und gebaut, ihre Pläne und ihre konstruktiven Einzelheiten sorgfältig geheimgehalten. Die Welt wurde mit dieser maritimen Umwälzung völlig überrascht, und England hatte sich damit zunächst einen seiner Meinung nach sehr großen zeitlichen Vorsprung vor den anderen Marinen, hauptsächlich vor der deutschen, gesichert, denn abgesehen von der Bauzeit besaß keine Marine die für den Bau so großer Schiffe erforderlichen Werfteinrichtungen, wie Hellinge usw., später Docks usw. Das war der eine Punkt, der andere waren die hohen Kosten, der dritte die konstruktive Schwierigkeit für Marinen, welche bisher nur viel kleinere Schiffe gebaut hatten, nun auf einmal den großen Sprung zu wagen und erfolgreich durchzuführen. Für Deutschland lagen die Verhältnisse besonders ungünstig, weil alles noch ganz neu und im Entstehen war, weil die Werftbetriebe und was dazu gehörte gerade begannen, aus den Kinderschuhen herauszutreten, zumal aber weil der Nordostseekanal nur kleine Schiffe durchließ, und manche deutsche Häfen mit ihren Einfahrten für die damals gebräuchlichen kleineren Schlachtschiffe gerade eben ausreichten. Die englische Rechnung war also ungefähr: Deutschland wird entweder den Dreadnoughtschritt nicht nachmachen, weil er technisch zu schwierig, außerdem zu teuer ist, oder man wird den Schritt nachtun, aber mit großer zeitlicher Verzögerung, weil der deutsche Schiffbau und die Geschützindustrie den plötzlich vervielfachten Anforderungen nicht gewachsen sind; außerdem wird, um die

Kostenfrage zu erleichtern, dann die Zahl der Schiffe gegenüber dem gesetzlichen Sollbestande im Flottengesetze stark vermindert werden. Wünschenswerter war natürlich der erste Fall. Trat er ein, so würde Deutschland seine kleinen Schiffe weiterbauen, und damit wäre seine Flotte zu ewiger Minderwertigkeit verurteilt. Sie konnte dann niemals, auch bei noch so großer Schiffszahl, ein ernstzunehmender Gegner der britischen Flotte werden, die Deutschen konnten so viele von diesen Schiffen bauen, wie sie wollten. Sollte aber in späteren Jahren Deutschland nach Erkenntnis dieses Irrtums versuchen, ihn wieder gutzumachen, dann wäre das ein aussichtsloses Beginnen gewesen angesichts des uneinholbaren zeitlichen Vorsprunges der britischen Flotte. Trat der zweite Fall ein, baute Deutschland Dreadnoughts, aber wegen der Kosten und technischen Schwierigkeiten nur in geringer Zahl und wahrscheinlich von mangelhafter Qualität, dann war und blieb ebenfalls die britische Überlegenheit eine so ungeheure, daß die deutsche Flotte niemals ein wirklich beachtenswerter Gegner werden konnte. In beiden Fällen war der Traum einer großen deutschen Flotte ein für allemal ausgeträumt.

Der enge Zusammenhang zwischen der politischen Frontwendung Großbritanniens gegen Deutschland und zwischen der militärischen ist nunmehr klar. Niemals vorher ist aber die öffentliche Meinung in Deutschland bewußt geworden des ebenso engen Zusammenhanges des englischen Dreadnoughtschrittes mit der politischen Frontwendung und der Zusammenziehung der ganzen britischen Flotte an den Nordseeküsten. Diese Zusammenziehung war durch den politischen Umschwung möglich geworden, die deutsche Maxime war zuschanden geworden: Großbritannien könne im Kriege niemals seine gesamte Flotte gegen uns einsetzen, sondern immer nur einen Teil, da die übrigen in anderen Meeren festgehalten wären. Dazu kam nun die große Kraftvervielfachung durch den Dreadnoughtbau. Alle Maßnahmen sollten Deutschland sagen: Begreifst du noch nicht, daß es dir nichts hilft, daß du erdrückt und erstickt wirst und daß dir nichts anderes übrigt bleibt, als dich dem Oberbefehle Großbritanniens politisch, militärisch und wirtschaftlich zu fügen? — Das war überhaupt der Sinn der Politik König Eduards VII. und Sir Edward Greys, eines Mannes, der mit Unrecht noch heute von manchen hochgestellten Deutschen für einen energielosen Schwachkopf, einen „dilettantischen" Diplomaten und einen „Gentleman" gehalten wird. — In der englischen Presse hat man dieses Lied Tausende von Malen gehört. Und kaum in einem ihrer zahllosen Betrachtungen fehlte der Hinweis auf die Aushungerung Deutschlands in einem Kriege und auf die Englandfeindlichkeit des deutschen Volkes, das sich durch Industriezölle von der Welt abschlösse und die friedenerhaltende Freiheit des internationalen Wirtschaftsverkehrs bekämpfe.

Begeistert beteten viele Deutsche das nach. Diese harmlosen Männer ahnten nicht, daß die englische Freihandelsforderung nicht nur den Konkurrenzgrund hatte, sondern daß hinter ihr der sorgfältig verborgene Gedanke stand, sobald Deutschlands Produktion und Markt durch keine Zölle mehr geschützt sind, verliert es für alle Zukunft jede Möglichkeit, gegen England zu kämpfen, und kann in jedem Augenblick gezwungen werden, eine für England nachteilige und unangenehme Politik aufzugeben: Großbritannien hat es dann in der Hand, durch Sperrung der Zufuhr nach Deutschland innerhalb weniger Wochen den Deutschen seinen Willen aufzuzwingen.

Das Deutsche Reich hat seinen freundlichen Vettern nun den Gefallen nicht getan, seine Produktion und seinen Markt dem Konkurrenten zu opfern und sich durch die Unmöglichkeit der Selbsternährung auf Gnade und Ungnade preiszugeben. Großbritannien täuschte sich aber auch mit seinen Berechnungen und Hoffnungen, welche die Admiralität an den Dreadnoughtschritt geknüpft hatte. Die maßgebenden Persönlichkeiten in Deutschland erfaßten die Bedeutung des Augenblickes. Sie begriffen, daß es sich nicht nur um die Zukunft einer deutschen Marine als solcher handelte, sondern um die Frage der Möglichkeit oder Unmöglichkeit, eine vom englischen Willen unabhängige deutsche Politik, sei es Übersee, sei es auf dem europäischen Festlande, zu treiben. Die deutsche Volksvertretung und weite Kreise der Bevölkerung selbst haben wohl nicht so tief und weit gesehen, aber es genügte, wenn sie nur begriffen, daß es sich um die Zukunft der deutschen Flotte handelte. Die Folge war, daß Deutschland sofort auf der Grundlage des bisher geltenden Flottengesetzes zum Dreadnoughtbau überging, daß die Erweiterung des Nordostseekanals und aller anderen in Betracht kommenden Fahrwasser und Anlagen ungesäumt in die Hand genommen wurde. So bilden die Jahre 1905 und 1906 eine maritime und politische Entscheidung von höchster Bedeutung, eine Entscheidung, deren Wirkungen weit über das maritime Gebiet hinausreichen. Der großbritannische Versuch, Deutschland zur See „tot zu bauen", war mißlungen. Einige Jahre glaubte man in Großbritannien noch, die Deutschen würden technisch mit dem Dreadnoughtbau nicht zustande kommen, aber diese Täuschung wurde mit dem Jahre 1908 jäh zerrissen.

Betrachten wir jene Versuche Großbritanniens im Rahmen seiner Gesamtpolitik, so ist nicht zu verkennen, daß sie genau in der alten, immer wieder durch die Geschichte bestätigten Linie lagen. Das Deutsche Reich hatte Großbritannien nichts getan, es trieb keine feindliche Politik, es intrigierte nicht gegen britische Interessen, es versuchte keine Koalition gegen Großbritannien zusammenzubringen. Das Deutsche Reich befand sich vielmehr unausgesetzt in der Verteidigungsstellung, wirtschaftlich und politisch. Die maßgebenden deutschen Persönlichkeiten trieben eine Politik, die an Friedlichkeit ihresgleichen in der Welt und in der Geschichte suchte. Die Anfänge der deutschen Flotte und ihre Weiterförderung konnten auch nicht entfernt eine Gefahr für Großbritannien bedeuten. Trotzdem war aber Deutschland eine große Festlandmacht, deren Handel und Industrie gediehen, es machte Anspruch auf den Schutz seiner nationalen Produktion, es versuchte, sich eine Flotte zu bauen, also mußte es vernichtet werden. Wie ungemein lügenhaft, beiläufig bemerkt, die englische Redewendung von der „deutschen Gefahr" zur See gewesen ist, zeigt sich am besten in der Tatsache, daß nach fünfzehnjähriger Bauzeit bei Ausbruch des Krieges 1914 die deutsche Flottenstärke, im ganzen genommen, noch nicht die Hälfte der großbritannischen betrug. —

In die neunziger Jahre des vergangenen Jahrhunderts fiel die gewissermaßen amtliche Proklamierung des großbritannischen Imperialismus. Der Gedanke des größeren Britanniens freilich war damals schon lange nicht mehr neu. Schon in den sechziger Jahren war er aufgeworfen und dann in dem berühmten Buche von Dilke: „Greater Britain" geistvoll und bahnbrechend behandelt worden.

Aus dem immer enormer angewachsenen Kolonialbesitze Großbritanniens in allen Weltteilen und in der wirtschaftlichen wie politischen Entwicklung der einzelnen Kolonien ergab sich das imperialistische Problem von selbst. Der Abfall der nordamerikanischen Kolonien von Großbritannien hatte einen unauslöschlichen Eindruck auf das britische Volk gemacht. Nie ist es seitdem von dem Gedanken verlassen worden: derartiges darf uns nicht wieder passieren! Unter allen Umständen mußte für die Zukunft ausgeschlossen werden, daß jemals wieder eine britische Kolonie sich vom Mutterlande losriß, ein selbständiges Gebilde wurde und so in Gegensatz zum Mutterlande trat. Der Gedanke, mit dem eine Zeitlang englische Staatsmänner kokettiert hatten, die Kolonien seien eine Last für das Mutterland, verschwand bald genug von der Tagesordnung, und es trat an seine Stelle, wenn schon mit Unterbrechungen und unter Schwankungen, die politisch produktive Idee, aus Großbritannien und seinen Kolonien ein organisches Ganzes zu bilden. Man wurde sich des Fehlers bewußt, der durch die Verwirklichung der Cobdenschen Lehre den Kolonien gegenüber begangen worden war, eine Lehre, die sich in der sorgfältig verborgenen Überzeugung begründete, daß der Freihandel unter der Firma der Weltbeglückung die Herrschaft der britischen Industrie und des britischen Handels und damit die britische Weltherrschaft unbeschränkter denn je befestigen werde. Die britischen Kolonien hatten damals gar keine Neigung, sich vom Mutterlande wirtschaftlich für mündig erklären zu lassen, denn sie waren eben nicht mündig. Sie waren nicht imstande, sich wirtschaftlich selbständig zu machen, und empfanden den Freihandel als eine Preisgabe ihrer Interessen durch das Mutterland. Als man in Großbritannien im Laufe der Jahrzehnte nun sah, daß die europäischen Mächte die unerhörte Anmaßung besaßen, ihre eigene Industrie schützen zu wollen, als Großbritannien klar wurde, daß selbst sein ungeheurer Vorsprung auf wirtschaftlichem Gebiete und die Überflutung aller Märkte mit britischer Ware auf die Dauer die Erwerbstätigkeit der Festlandvölker nicht ganz ertöten und sie selbst nicht völlig aussaugen konnte, da ertönte, wie immer, der Ruf des alten Räubers durch die größerbritische Welt: Großbritannien muß seine heiligsten Güter und seine Existenz gegen die wirtschaftlichen Angreifer des Festlandes verteidigen!

Schon in den neunziger Jahren, ja vorher schon durch Handelsverträge, war in Großbritannien der Gedanke reinen Freihandels durchbrochen worden, denn der Handelsvertrag ist an und für sich schon eine Sünde wider den Freihandel. Die an anderer Stelle erwähnte Kennzeichnung deutscher Waren auf dem englischen Markte war ebenfalls mit dem Freihandelsprinzip nicht vereinbar, und dasselbe galt vom Patentschutz usw. Diese und zahlreiche andere Durchbrechungen der Cobdenschen Theorie zeigten als Kehrseite die Neigung, das Mutterland und die Kolonien durch Handelserleichterung untereinander zu verbinden. Und daraus ergab sich wieder folgerichtig der Gedanke, den Chamberlain gegen Ende der neunziger Jahre mit aller seiner weitblickenden Energie aufnahm: aus Großbritannien und seinen Kolonien ein großes Reich zu machen, innerhalb dessen Freihandel oder Vorzugsbehandlung herrschen müsse. Gegen die übrige Welt sollte sich dieses ungeheure und so verschiedenartig zusammengesetzte Wirtschaftsgebiet durch Zölle abschließen. Diese rein wirtschaftliche Erwägung bildete die eine Seite des imperialistischen Gedankens. Die andere war die Idee, daß die angelsächsische Rasse zur Weltherrschaft bestimmt sei. Chamberlain und seine Nachfolger haben das immer wieder ausgeführt: der Angelsachse, der in keinem Klima und unter keinen Bedingungen sein Wesen ändere, der, zäher und dauerhafter, zur Beherrschung aller auch wie immer gearteten Völker am meisten geeignet sei, sei der geborene Herrscher der Welt. Deshalb müßten sich alle vom Angelsachsen beherrschten oder gelenkten Gebiete organisch zu einem Riesenreiche zusammenschließen. Es sei ganz gleichgültig, ob Ozeane zwischen ihnen lägen, ob sie an der Nordsee, in Kanada, in Indien, in Südafrika und Australien oder wo auch immer wohnten; derart aneinander geschlossen und jedes Glied für das Wohl des Ganzen und erst dadurch für das eigene Gedeihen arbeitend, werde das Größerbritannien in der Tat den Grund zu einer dauernden und absoluten Weltherrschaft der angelsächsischen

Rasse legen. Nach dem Burenkriege erklärte Chamberlain, jetzt brauche Großbritannien keine Festlandbündnisse mehr zu suchen, denn die ganze Welt habe den opferwilligen Eifer der britischen Kolonien gesehen, wie sie dem bedrängten Mutterlande zu helfen bestrebt gewesen seien.

Die Grundvoraussetzung dieses zunächst mit dem Namen Chamberlain verknüpften Imperialismus war die Beherrschung der Meere, die Suprematie der großbritannischen Flotte auf den Ozeanen. In den ersten Jahren des neunzehnten Jahrhunderts drückte sich der damalige Erste Lord der Admiralität, Lord Selborne, über die Rolle der Flotte kurz und treffend aus mit den Worten: „Alle Meere bilden eine Einheit, auch die Flotte muß es tun.“ Das sollte heißen, daß die Flotte Großbritanniens nicht an irgendwelche bestimmten Meere und Küsten gebunden sein dürfte, sondern stets bereit sein müßte, jeweilig da zu erscheinen und zu wirken, wo ein Feind zu vernichten wäre. Allgegenwärtig sollte die Flotte Größerbritanniens sein. Die Suprematie der Flotte war also die Voraussetzung. Sie mußte absolut sein, denn sonst wurden die Meere zwischen Großbritannien und seinen Kolonien aus sicheren Verbindungswegen trennende Schranken. Im südafrikanischen Kriege und zugleich im Boxerkriege hatte Großbritanniens Flotte die Meere beherrscht und gesichert. Indische Truppen hatten in Ostasien, Kanadier, Indier und Australier in Südafrika gekämpft. In diesem Sinne sagte Chamberlain: Die Lehre des südafrikanischen Krieges sei die Lehre von der britischen Stärke, diese sei eine Offenbarung für die Welt gewesen.

Chamberlains Wirtschaftspläne, zumal der von ihm gedachte große Zollverein, sind gescheitert, da für sie keine Mehrheit sich finden wollte. Chamberlain trat aus dem Kabinett aus, suchte als Privatmann für seinen Gedanken zu wirken und wurde dann durch Krankheit außer Tätigkeit gesetzt. Der imperialistische Gedanke aber blieb und wuchs. In regelmäßigen Zwischenräumen fanden zu London Kolonialkonferenzen oder, wie sie zuletzt genannt wurden, Reichskonferenzen statt, wo die Minister der selbstregierenden Kolonien über Fragen weittragender Natur sich unterhielten. Die Reichsverteidigung bildete stets den Hauptgegenstand, dazu kamen Verkehrsfragen, der Kabel- und sonstiger Nachrichtendienst, Wirtschaftsfragen usw. Die selbstregierenden Kolonien haben wachsende Neigung und Begeisterung gezeigt, lebendige und tätige Glieder eines großbritannischen Reiches zu werden. Schwierigkeiten und Längen ergaben sich aber aus naheliegenden Gründen: Die Staatsmänner in London wollten von den Kolonien Leistungen für das Reich, sie sollten vor allem an den Kosten für die Flotte mittragen, sie sollten Kriegshäfen und Werften anlegen, Landarmeen organisieren und ausbilden und das alles unter britischen Oberbefehl stellen. Die Kolonien sagten nicht nein, beanspruchten aber ihrerseits Teilnahme an der Leitung in den Reichsangelegenheiten. Sie wollten diese nicht Großbritannien allein überlassen. So entwickelte sich der größer-britische Reichsgedanke in den Köpfen der kolonialen Staatsmänner folgendermaßen: Früher sei Großbritannien als das Mutterland der Kopf und der Wille des Reiches und aller Kolonien gewesen. Die fortschreitende Entwicklung der Kolonien, ihre immer selbständiger werdende Stellung und ihre wachsende Bedeutung gestalte den Reichsgedanken nunmehr derart, daß dieser nicht mehr in London liege, sondern in einem gedachten Mittelpunkte. Um diesen Mittelpunkt sollten sich Großbritannien und die Kolonien wie die Planeten um die Sonne gruppieren. In London war man mit dieser idealen Auffassung wenig einverstanden, erkannte aber theoretisch ihre Berechtigung an, war zufrieden, wenn die Kolonien steigende Lasten auf sich nahmen, tat alles Denkbare, um Streitfragen in versöhnlicher und geschickter Weise zu behandeln, hielt die Kolonialregierung aber nach wie vor von der Reichsregierung fern. In der Praxis war das leichter, als es auf den ersten Blick hätte scheinen können, denn die Staatsmänner an der Themse standen nach Erfahrung, nach Tradition und Gerissenheit weit über den Kolonialregierungen und hatten mit ihnen verhältnismäßig leichtes Spiel. Zuweilen ließ man sie in gewisse Reichsangelegenheiten hineinschauen, suggerierte ihnen mit Geschicklichkeit ihre Haltung in maritimen und seerechtlichen Fragen und führte ihnen Flottenparaden vor. Nur mit Kanada bestanden zeitweilig Schwierigkeiten, weil diese älteste der großbritannischen Kolonien Selbständigkeit der Entschlüsse für sich beanspruchte, unter anderem auch für Stellungnahme in einem Kriege Großbritanniens mit einer anderen Macht. Über die Frage der Selbständigkeit dieser Entschließung haben lange und harte Kämpfe stattgefunden. Sobald der Krieg mit Deutschland aber ausbrach, stand Kanada ohne weiteres auf der Seite Großbritanniens. Daraus geht hervor, wie lebendig der Zusammenhang zwischen den Bestandteilen des Großbritischen Reiches in Wahrheit ist.

Dabei muß allerdings ein Moment beachtet werden: die schon lange Jahre vor dem Kriege planmäßige, von London ausgehende Hetze gegen das Deutsche Reich in den großbritannischen Kolonien. Ohne Unterlaß arbeiteten die britischen Kabel, fortgesetzt bereisten großbritannische Imperialisten die Kolonien, um dort zu erzählen, wie furchtbar von Jahr zu Jahr die deutsche Gefahr anwüchse. Mit unheimlicher Schnelligkeit baue Deutschland seine Angriffsflotte gegen Großbritannien. Der Deutsche Kaiser sei entschlossen, Großbritannien anzugreifen und das Großbritische Reich zu zersprengen. Im deutschen Generalstab und Admiralstab lägen längst die Pläne fertig für die Eroberung Australiens und Neuseelands. In Kanada wollte man Häfen besetzen, in Südafrika Gold- und Diamantengruben mit Beschlag belegen, Australien erobern. Durch den Orient bereite der Deutsche Kaiser das Vordringen seiner Horden nach Indien vor. Wenn diese fürchterlichen Pläne gelängen, dann würden an die Stelle der angelsächsischen Freiheit die Potsdamer Knute und der preußische Militarismus treten. Dann würde es vorbei sein mit dem schönen Selbstbestimmungsrecht in allen Teilen des Britischen Reiches. Nur ein Mittel gäbe es, um dieser furchtbaren Gefahr vorzubeugen: festen Zusammenschluß aller Kolonien um das Mutterland. Die Sicherheit des Reiches beruhe in der Flotte und in den Armeen. Hier müßten die Kolonien zeigen, daß sie willens wären, dem unter der Last der Rüstungen schon immer schwerer seufzenden Mutterlande tatkräftig beizustehen. Dazu kamen anklagende Hinweise auf die deutsche Wirtschaftspolitik und Wirtschaftstätigkeit. Die deutsche Industrie in Verbindung mit dem deutschen Seehandel arbeite nicht nur auf den wirtschaftlichen Ruin Großbritanniens hin, sondern wolle vor allem auch politisch durch Überflutung der britischen Kolonialmärkte die Kolonien allmählich unfrei machen, dem alten Mutterlande entfremden. Auch so betrachtet würden die Kolonien eines Morgens als preußische Provinzen erwachen.

Die imperialistische Bewegung hat, je weiter sie fortschritt, steigend im Zeichen des Deutschlandhasses gestanden. Der Kabinettswechsel, welcher 1905 die liberale Partei in Großbritannien an das Ruder brachte, hat daran nichts geändert, vielmehr die Lügenhaftigkeit der Hetze noch verschärft. Der Haß und die eifersüchtige Wut gegen das Deutsche Reich ist wirksamstes Agitationsmittel für den großbritannischen Zusammenschluß gewesen. Den stärksten Ausdruck dafür bildete wohl die „Panik" von 1909, wo die Presse der britischen Kolonien von Zorn und Entrüstung gegen Deutschland überschäumte, weil es im Begriff stehe, das harmlose Albion mit seinen Flottenrüstungen zu übertölpeln, um demnächst den ruchlosen Überfall zum Ereignisse werden zu lassen. Man kann schon heute, wo nur ein kleiner Teil der Einzelarbeit bekannt ist, die politische Lügentechnik der Londoner Staatsmänner, ihrer politischen und wirtschaftlichen Organe über den Ozeanen aufrichtig bewundern. An und für sich ist die Lüge kein Kunststück, am allerwenigsten in Großbritannien, wo sie und die Heuchelkunst zu den heiligsten Überlieferungen aus dem Werdegang des Reiches gehören. Hier handelte es sich aber um ein riesenweit ausgedehntes, verzweigtes und in sich verwickeltes System des Lügens. Dem einheitlichen Zwecke sollte es dienen: das auf Deutschlands Vernichtung systematisch hinarbeitende Großbritannien als eben von Deutschland schwer bedroht glaubhaft hinzustellen; es sollte der britische Koloniale bewogen werden, tief in sein Portemonnaie zu greifen, um dem großbritannischen Steuerzahler einen steigenden Teil der Flottenlasten abzunehmen. Dazu mußte bewiesen werden, daß die deutsche Drohung nicht nur dem Mutterlande, sondern allen Kolonien galt. Bewiesen mußte ferner werden, daß die kleine deutsche Flotte tatsächlich eine Lebensgefahr für die riesige britische Seemacht bedeute, bewiesen mußte endlich werden, daß alles, was in Deutschland gesagt und geschrieben wurde, niederträchtige Lüge sei. — Das ist der britischen Arbeit gelungen, die Kolonien haben Großbritannien alles, dem Deutschen Reiche nichts geglaubt. Der britische Koloniale hat von Deutschland und was sich in Deutschland befindet ähnliche Vorstellungen wie die Völker des Altertums, wenn ihnen die Phönizier von den Ungeheuern jenseit des Lebermeeres erzählten.

In Deutschland stellte man sich vor wenigen Jahren noch gern vor, daß im Falle eines großen Krieges die selbstregierenden britischen Kolonien die Gelegenheit benutzen würden, um sich selbständig zu machen und die großbritannische Autorität abzuschütteln. Mit großer geduldiger Geschicklichkeit, mit unendlicher Vorsicht und Sorgsamkeit haben die großbritannischen Staatsmänner verhindert, daß derartige Stimmungen in den Kolonien aufkamen. Sie gaben, von außen betrachtet, den Kolonien die größten Freiheiten, zeigten ihnen ein Vertrauen, das manchen Engländer in Schrecken setzte, wie z. B. die Verleihung der Selbstregierung an das geeinigte Südafrika, und dabei hielten sie sie doch am seidenen Faden. König Eduard hat, als er den politischen Frontwechsel Großbritanniens vollzog und mit der englisch-französischen Annäherung den Grund zu der großen europäischen Koalition gegen Deutschland legte, auch den imperialistischen Gedanken und dessen Vertreter zielbewußt in den Dienst seiner auf Deutschlands Vernichtung und Erdrückung gerichteten Politik gestellt.

Eduards VII. mißlungene Orientbrandstiftung.

Die Zeit der bosnischen Krisis.

Wie gezeigt worden ist, hat die Orientpolitik Großbritanniens häufige und scheinbar unberechenbare Stellungswechsel durchgemacht. Bald war die Regierungspolitik für den Sultan, bald gegen ihn, bald trat sie für die Heiligkeit und Unverletzlichkeit der Meerengenverträge ein, bald verletzte sie diese durch Einlaufen von Flotten in die Dardanellen. Bald herrschte in London frohe Begeisterung für die Erhaltung und Integrität des Türkischen Reiches, bald nahm man, sorgenvoll seufzend, selbst ein Stück Türkei. Und wenn die großbritannische Regierung mit einer über den Erdball hinhallenden Entrüstung armenische oder mazedonische Greuel beklagte, so waren großbritannische Emissäre, insbesondere das berühmte „Balkankomitee", eifrig bei der Arbeit, in Mazedonien, in Armenien und wo es sonst der Mühe lohnen mochte Unruhen zu provozieren und damit die „Greuel". Bald ist Großbritannien im Orient mit Rußland zusammengegangen, bald gegen Rußland, bald mit Österreich-Ungarn, bald gegen Österreich-Ungarn. Wo ist der rote Faden der großbritannischen Orientpolitik während der vergangenen 25 Jahre?

Der Sultan Abdul Hamid galt den großbritannischen Staatsmännern als der Inbegriff aller Schlechtigkeit und Abscheulichkeit. Man fingierte schon Ekel, seinen Namen auszusprechen. Abdul Hamid hatte ja seine nach dem russisch-türkischen Kriege gelobten Reformen zum Wohle seiner Untertanen nicht durchgeführt, er war ein Unterdrücker, ließ „Greuel" in Armenien und Mazedonien verüben. Die Engländer behaupteten sogar mit unsäglichem Abscheu, Abdul Hamid lasse bisweilen ihm unbequeme Menschen beiseite schaffen. In Wirklichkeit begründete sich diese sittliche, mit Entrüstung gepaarte Abscheu hauptsächlich in der großen politischen und diplomatischen Gewandtheit Abdul Hamids, auch darin, daß dieser Sultan nicht endgültig auf Ägypten verzichten wollte. Abdul Hamid hatte die unangenehme Eigenschaft, von Zeit zu Zeit die ägyptische Frage auf die Tagesordnung zu setzen, und das gerade in Augenblicken, wo es der großbritannischen Regierung wenig paßte. Abdul Hamid hatte ferner die Großbritannien höchst unangenehme Eigenschaft, geschickt ein diplomatisches Schaukelspiel zwischen den Großmächten durchführen zu können, ohne sich an eine von ihnen dauernd anzulehnen. Der Sultan spielte vielmehr eine gegen die andere aus und machte aus der chronischen Not der Türkei, die, wie ein türkischer Staatsmann einmal sagte, „leider zu viel Freunde" habe, eine Tugend. Großbritanniens Bestreben war natürlich, das Türkische Reich ganz unter britische Autorität zu bringen und dann mit dessen Bestandteilen je nach Umständen und Gelegenheit zu schalten. Das russische Streben nach dem Besitze Konstantinopels und der Meerenge zu bekämpfen, war in erster Linie das britische Ziel. Um es zu erreichen, mußte die Pforte bald als Freund, bald als Gegner herhalten. Im Besitze der Seeherrschaft der Ozeane wie des Mittelländischen Meeres war es für Großbritannien bis zur Entente cordiale mit Frankreich eine tatsächliche Sorge, daß Rußland mit seinem Bundesgenossen Frankreich die Meerengenfrage gewaltsam lösen könnte.

Kurz nach dem Regierungsantritt Kaiser Wilhelms II. kam ein ganz neues Moment in die orientalischen Verhältnisse, hauptsächlich die der Türkei, hinein. Die erste Reise des Kaisers nach Konstantinopel erregte europäisches Aufsehen. Sie mißfiel im besonderen Rußland und erfreute deshalb Großbritannien. Die deutsche Regierung versicherte, daß die nun beginnende Freundschaft mit der Türkei lediglich wirtschaftliche Ziele habe und daß irgendwelche politischen Gedanken und Pläne nicht dabei beteiligt seien. Bald folgten die ersten Eisenbahnkonzessionen für deutsche Gesellschaften in der Türkei. Sie waren die Anfänge des späteren großen Bagdadbahnunternehmens. Seit jenem ersten Besuche des Deutschen Kaisers beim Sultan ist mit geringen Schwankungen die deutsch-türkische Freundschaft die gleiche geblieben. Der Schlüssel dazu war und ist die einfache Wahrheit, daß das Deutsche Reich als einzige der Großmächte nicht auf Kosten der Souveränität des Sultans, der finanziellen und wirtschaftlichen Kraft des Landes und der Integrität des Reiches seinen Einfluß oder Besitz vermehren wollte. Das Deutsche Reich ist und war zu Lande keine Nachbarmacht der Türkei, und zu Wasser befand es sich nicht in der Lage Großbritanniens und Frankreichs und Italiens, in jedem Augenblicke drohend vor Saloniki oder Konstantinopel mit Flotten zu erscheinen. Die deutschen Bestrebungen liefen in der Hauptsache auf Eisenbahnbauten in der Türkei hinaus, deren Ausführung die Türkei selbst politisch und wirtschaftlich stärkte, denn die Bahnen gestatteten dem Sultan und der Regierung, schnell Truppen von einem Ende des Reiches nach dem anderen zu schaffen, was schon wegen der Aufstände von besonderer Wichtigkeit sein mußte. Dazu kam die wirtschaftliche Belebung im Innern durch die Hebung des Verkehrswesens und die Erschließung von Gebieten, die bisher brach lagen. Hätten Großbritannien oder Frankreich die Möglichkeit zu derartigen Unternehmungen erhalten, so würden sie diese in weitestgehendem Maße benutzt haben, um politischen Einfluß auf die Türkei und ihre Verhältnisse zu gewinnen und um sich sogenannte Interessensphären zu schaffen, die in einem gegebenen Augenblick militärisch besetzt, zum französischen oder englischen Schutzgebiet oder zur Kolonie geworden wären. In Berlin aber hatte man erkannt, daß das deutsche Interesse nicht eine schwache, sondern eine starke Türkei brauchte. Je größer die politische Geschlossenheit und Stärke des Türkischen Reiches war, je besser seine wirtschaftlichen Verhältnisse, je geschlossener und konsolidierter die Zustände im Innern, — desto besser für das Deutsche Reich. Großbritannien und Rußland arbeiteten ihrerseits nach alter Tradition in entgegengesetzter Richtung, sie mißgönnten zwar einander die Türkei, aber keiner von ihnen wollte eine starke Türkei, und jeder von ihnen wollte die Erhaltung des Türkischen Reiches nur unter der Voraussetzung, daß der Konkurrent gehemmt, womöglich gelähmt würde. Das Ziel dieser Mächte war, Einfluß auf Kosten der Konkurrenten zu gewinnen, jeden diplomatischen oder militärischen Schritt des anderen zu paralysieren, sich bald mit dem einen, bald mit dem anderen zeitweilig gegen einen Dritten zu verbinden und der Türkei selbst zu erzählen, man sei ihr einziger wahrer Freund, alle anderen seien falsche Freunde. Die Türkei, durch alte lange Erfahrungen gewitzigt, fügte sich zwar, wo sie mußte, traute aber niemandem. Nun kam der neue Freund Deutschland, und Abdul Hamid erkannte bald die Gleichheit des deutschen und des türkischen Interesses. Später haben wir erlebt, daß die Türkei sich bisweilen beklagte: Deutschland träte nicht so tatkräftig für sie ein, wie man erwartet habe. Diese Klagen waren subjektiv wohl berechtigt, und es sind auch Fehler deutscherseits in dieser Richtung gemacht worden. Aber meist lag der Grund einfach darin, daß die deutsche Politik selbst sich in einer komplizierten und bedrückten Lage befand.

Es liegt auf der Hand, daß Großbritannien bei seiner überlieferungsmäßigen Türkenpolitik diese von wirklichem Vertrauen getragenen deutsch-türkischen Beziehungen mit höchstem Unwillen betrachtete. Zunächst war es eine Beleidigung gegen Großbritannien, daß in die Reihe der an der Türkei interessierten Mächte die neue Großmacht Deutschland eintrat. Das beunruhigte Großbritannien von vornherein besonders, weil, wie die Staatsmänner an der Themse klar erkannten, das deutsche Motto: Erhaltung und Stärkung der Türkei! — keine leere Redensart war, sondern Wahrheit. Großbritannien brauchte aber keine starke Türkei und wollte keine. Je stärker die Türkei, desto unsicherer Ägypten als britischer Besitz, desto enger und fester die Verknüpfung des Islam mit Konstantinopel. Eben diese Verknüpfung erschien Großbritannien, der Gewaltherrscherin über viele Millionen Mohammedaner, als eine Gefahr für die britische Stellung in Indien, in Mittelasien und in Afrika. In allen Dingen, die auch nur von ferne nach Gefahr oder Bedrohung rochen, sind die britischen Staatsmänner immer außerordentlich weitsichtig gewesen.

Dazu kam natürlich die alte britische Hauptsorge: der Markt. Es war unerhört, es war empörend, eine Beleidigung und eine unfreundliche Handlung, daß die deutsche Industrie immer mehr Eingang nach dem Türkischen Reiche fand. Hier kämpfte die britische Industrie bereits mit der französischen und österreichisch-ungarischen. Nun kamen auch noch die Deutschen. Die deutschen Bahnpläne und ihre beginnende Ausführung steigerte diese Unruhe, und vom Beginn des neuen Jahrhunderts an setzte länger als ein Jahrzehnt lang Großbritannien der Ausführung der deutschen Bagdadbahn im Verein mit Frankreich und bis 1910 auch mit Rußland allen denkbaren Widerstand entgegen. Wir stoßen hierbei auf ein Grundprinzip der großbritannischen Politik. Jedes derartige Grundprinzip wurzelt, wie genugsam gezeigt worden ist, im britischen Handel. Seit diese Verkehrsart besteht, ist Großbritannien die schärfste Gegnerin aller großen Eisenbahnstrecken gewesen — soweit sie nicht in britischem Besitze oder unter britischer Kontrolle waren oder gebracht werden konnten. Die Träger der großbritannischen Inselpolitik sind sich der Tatsache immer klar bewußt gewesen, daß jeder große, britischer Kontrolle entzogene Landhandelsweg den Einfluß der britischen Seemacht und den britischen Handel beeinträchtigt. Die Beherrscherin der Meere verfügte über alle Wasserwege der Welt und konnte sie sperren oder öffnen oder einschränken, wie sie wollte. Der Frachtfuhrmann der Welt verfügte über eine allen anderen weit überlegene Handelsflotte, über eine gewaltige Überzahl von eigenen Häfen. Alle Häfen der Welt standen und stehen ihm offen. Durch diese Häfen fand die britische Ware Eingang in die Marktgebiete. Diese Häfen bildeten die Brückenköpfe zur Eroberung von neuen Marktgebieten. Soweit die Eisenbahnen der Länder diesen Einbruch britischer Waren in Marktgebiete vermittelten, begrüßte Großbritannien sie natürlich als Werkzeug der Kultur, Humanität und Zivilisation, als eine Waffe des Fortschrittes und einen Bahnbrecher für internationale Verbrüderung. Sobald aber eine solche Eisenbahn nicht von einem Hafen ausging, sondern der Industrie einer Festlandmacht den Eingang in ein festländisches Marktgebiet unmittelbar erschloß, da erhob sich die britische sittliche Entrüstung: Geld wurde verdient, welches nicht in die britischen Taschen floß! So war Großbritannien seinerzeit außer sich über den Bau der sibirischen Bahn und in höchster Entrüstung über deren südliche Abzweigung durch die Mandschurei nach Port Arthur. Der deutsche Bagdadbahnplan aber, also der Schienenweg, der ursprünglich Konstantinopel oder, wenn man will, Berlin mit dem Persischen Golfe verbinden sollte, war für jeden Briten eine Herausforderung, eine unerhörte Unverschämtheit, eine „unfreundliche Handlung" der deutschen Regierung.

In früheren Jahren und Jahrzehnten hatte man sich britischerseits oft bemüht, von der Türkei die Erlaubnis zur Anlage einer Überlandverbindung mit dem Persischen Golfe zu erlangen. Das war schon geschehen, als es noch keine Eisenbahnen gab und nur die Anlage einer Handelsstraße in Rede stand. Der Sultan hatte niemals darauf angebissen, denn er wußte genau, daß es dann mit der Selbständigkeit seines Reiches ein für allemal zu Ende sei, und er nur noch die Ehre haben würde, als das „Glacis" des britischen Indiens zu gelten. Außer der Erkenntnis, daß jeder große Verkehrsweg über Land den Wert der Ozeanherrschaft für Großbritannien verringere, das Festland selbständig mache und das britische Handels- und Industriemonopol einschränke, kam in diesem Falle die

Rücksicht auf das teure Indien hinzu. Wer stand dafür, daß nicht eines Tages deutsche Armeekorps nach dem Persischen Golfe und von da aus über Land nach Indien vordrangen! Wer konnte gewährleisten, daß nicht in einem großen Kriege deutsche und türkische Truppen vereint auf Ägypten marschierten. Und vor allem, wer konnte angesichts eines türkischen Eisenbahnnetzes verhindern, daß wirklich eines Tages die weiten Gebiete des Türkischen Reiches zu einem einheitlich geschlossenen und kraftvollen Staatswesen würden. Bis dahin war es so bequem gewesen, besonders für Großbritannien, an irgendeinem Ende des Türkischen Reiches Unzufriedenheit und Aufstände hervorzurufen und schwer ausrottbare Lügen zur Schürung des inneren Unfriedens zu verbreiten. Besaß die Türkei aber eines Tages große durchgehende Bahnlinien, dann konnten rasch Truppenmengen in jeder erforderlichen Stärke nach dem Aufstandsgebiete geworfen werden, um die Unruhen im Keime zu ersticken. Die ungeheuren Schwierigkeiten, die im besonderen mit den arabischen Stämmen und ihren chronischen Revolutionen bestanden, fielen dann weg, und kein englisches Gold konnte es ändern. Deutschlands Einfluß im Türkischen Reiche würde immer stärker werden, je mehr die Türken sahen, daß die deutsche Freundschaft sie stark machte, die deutsche Industrie würde sich einen gewaltigen Markt im Orient schaffen, die deutschen Bahnen würden ein ursprünglich reiches Land wieder in alter Üppigkeit auferstehen lassen, ohne daß der großbritannische Geldbeutel etwas davon hätte, — kurz, höchste Gefahr für das Wohl der Menschheit, für die Kultur und das Christentum war im Verzuge! In Wirklichkeit fürchtete man nicht für Indien. Die Furcht der englischen Staatsmänner beruhte in ihrer Annahme, daß durch Erstarkung der Türkei der britische Plan zunichte werden könnte: einst das Türkische Reich zu trennen, Arabien gewissermaßen von ihm abzureißen, mit Ägypten zusammen unter britischer Kontrolle zu halten und in Mekka ein neues Kalifat zu errichten. Dann hatte man von Ägypten aus den Landweg nach Indien. Als Beginn zur Verwirklichung dieses riesigen Eroberungsplanes brach die großbritannische Regierung im Jahre 1906 mit der Hohen Pforte einen Streit vom Zaune über die ägyptische Ostgrenze. Die Pforte mußte nachgeben, und Großbritannien schob die Grenze Ägyptens bis über die Halbinsel Akaba hinaus. Dieser sogenannte Akabastreit bildete eins der ersten Ergebnisse des Zusammenschlusses zwischen Großbritannien, Frankreich und Rußland. Zwanzig Jahre früher würde ohne Zustimmung Deutschlands keine britische Regierung einen solchen Schlag gewagt haben. Der Plan, die Ländermasse zwischen Ägypten und dem Persischen Golfe in irgendeiner Form unter das britische Zepter zu bringen, ist nach britischer Art nie proklamiert, aber auf allen jeweilig betretbaren Wegen und mit allen zur Verfügung stehenden Mitteln von der britischen Politik angewandt worden. Sorgenvolle Betrachtungen las man in der britischen Presse, daß das Ansehen des Sultans in seiner Eigenschaft als Kalif der Bekenner des Islam immer mehr abnähme, und man auf die Dauer den Gedanken nicht von der Hand weisen könne, daß die alten heiligen Stätten des Islam — also Mekka — sich besser als Wohnsitz des Kalifen eignen würden. Dazu sei das Geschlecht der türkischen Sultane in Arabien und gar in Indien und Ägypten keineswegs angesehen usw. Die Kundigen wußten, was mit solchen Andeutungen bezweckt war, und am besten wußte man es in Konstantinopel. Bei so großen Plänen und Absichten ist es nie englische Art gewesen, vorzeitig zuzugreifen und ein bedeutendes Risiko unmittelbar auf sich zu nehmen. Man hat immer gewartet, solange es ging, aber nicht in Gleichgültigkeit, sondern in schärfster Aufmerksamkeit, daß die Bahn freibleibe.

Seitdem der Verwandte des englischen Königshauses auf dem griechischen Throne saß, und man außerdem Griechenland an der goldenen Kette hielt, zeigte Großbritannien diesem Volke seine besondere Sympathie. Im Griechisch-Türkischen Kriege war die britische Politik die Anstifterin. Man hoffte, die Türkei würde besiegt werden, und hatte den Griechen großen Gebietsgewinn in Aussicht gestellt. Als das Gegenteil eintrat, als die Griechen besiegt wurden, da erreichte es der britische Einfluß, daß Griechenland trotz seiner Niederlage mit großem Gebietszuwachse aus dem Kriege hervorging, neben anderem ein schlagender Indizienbeweis, daß und weshalb Griechenland Krieg für Großbritannien führte. Derartige Ereignisse wie jener orientalische Krieg und ähnliches, wo die Mächte Flottendemonstrationen vor türkischen Häfen machten und Noten an die Pforte richteten, benutzte Großbritannien, und seit 1904 mit seinen Ententegenossen Frankreich und Rußland, ganz besonders, um die deutsch-türkische Freundschaft zu sprengen.

Auf der Balkanhalbinsel und innerhalb der europäischen Türkei, welche heute unter Griechenland, Serbien und Bulgarien und durch die Bildung eines neuen Staates Albanien, bis auf ein kleines Stück einschließlich Adrianopels, aufgeteilt worden ist, hat die großbritannische Politik ohne Aufhören an der Schwächung des Türkischen Reiches gearbeitet. Amtlich traten die großbritannischen Staatsmänner fortgesetzt mit Vorstellungen, Ermahnungen und Drohungen bei der Pforte auf, sie möge in jenen Gebieten Ruhe schaffen und Reformen einführen, insbesondere ihren christlichen Untertanen Sicherheit und Achtung ihres Bekenntnisses tatsächlich verbürgen. Man konnte nur mit innerlichster Erbauung die schönen würdigen und festen Worte der weisen Männer an der Themse lesen. Anderseits arbeitet das Balkankomitee unter der bewährten Führung der Brüder Buxton mit ungezählten Mengen britischer Guineen unter den türkischen Untertanen auf dem Balkan, um die berühmten „Komitatschis" zu organisieren, um die türkischen Beamten gegen die Regierung zu hetzen und nicht zum wenigsten, um in Albanien einen beständig brennenden Herd des Aufruhrs zu unterhalten. War diese Arbeit dann von Erfolg gekrönt, so erklärte die britische Regierung mit ernstem Unwillen der Pforte: Wenn sie nicht eine festere und gerechtere Hand auf dem Balkan zeige, so erweise sie damit ihre Unfähigkeit, zu regieren. Wiederum tat aber die britische Regierung alles, um der Pforte ein schnelles energisches Niederschlagen der aufständischen Bewegungen und des Bandenkrieges unmöglich zu machen: Man hängte ihr den finanziellen Brotkorb immer höher, so daß der Sultan, um Geld zu bekommen, zu illegalen Mitteln schreiten mußte und damit wieder tiefe Unzufriedenheit und Unruhen in seinem Lande hervorrief. Kurzum, die Politik Großbritanniens hat in der Türkei und gegen die Türkei mit allen Mitteln gearbeitet, um Schwäche und Zerrüttung zu fördern, dabei sorglich aufpassend, daß keine andere Macht dort beherrschenden Einfluß gewönne.

Die alte tiefe britisch-russische Gegnerschaft im Orient wurde überbrückt durch die Tripleentente. Die Brücke bildeten einerseits der britische Haß und die gegen Deutschland organisierte Koalitionspolitik, anderseits der alte russische Österreicherhaß und der überlieferungsmäßige Drang der russischen Politik nach Konstantinopel mit den Meerengen; dazu kam der in dem Dienst dieser Idee arbeitende Panslawismus und die als russische Schicksalsaufgabe angesehene Bevormundung der slawischen Balkanvölker. Wie in diesem Zusammenhange wiederholt sein mag, hatte die britische Politik es durch die Zurückwerfung Rußlands mittels des japanisch-russischen Krieges und mittels der vertraglichen Bindung Rußlands in Mittelasien und Persien meisterhaft geschickt verstanden, den Ausdehnungs- und Tätigkeitsdrang der russischen Politik ausschließlich auf den Balkan und den nahen Orient zu vereinigen. England brauchte da die russische Landmacht. Rußland, das für die Orientpolitik wohl ein Erbfeind der britischen Politik genannt werden kann, mußte den Männern in London jetzt als Sturmbock gegen Deutschland-Österreich dienen.

Jahrelang hatten Rußland und Österreich-Ungarn sich auf dem Balkan auf einer mittleren Linie verglichen und die Lösung der Streitfragen vertagt. Das gleiche galt von Österreich-Ungarn und Italien, dessen Balkaninteresse sich in gemäßigten Bahnen bewegte; freilich war es seit der Aussöhnung mit Italien Frankreichs beständiges Bemühen gewesen, die Augen der Italiener von Tripolis und Tunis ab nach Albanien zu lenken. Auf der anderen Seite hatte die Heirat des Königs von Italien mit der Prinzessin von Montenegro auch die Beziehungen zwischen Italien und Rußland, gewissermaßen auf der Grundlage der Balkaninteressen, enger geknüpft, denn das Montenegriner Fürstenhaus ist der russischen Zarenfamilie durch Heirat verbunden. Die alten italienisch-österreichischen Gegensätze, zumal der stets wache Haß der irredentistischen Bewegung, boten der englischen Zwietrachtpolitik wieder die besten Unterlagen. Dazu kam die Türkei selbst als Objekt dieser Politik.

Die jungtürkische Bewegung, von der man in Deutschland politisch erst sehr spät Notiz genommen, und die man bis zuletzt wohl unterschätzt hatte, besaß ihre Kraftmittelpunkte in London und in Paris. Hier erhielten die Jungtürken ihre politische Erziehung und Richtunggebung sowie zum großen Teil auch die Mittel für ihre Propaganda. Diese lief auf die Anbahnung freierer politischer Zustände im Türkischen Reiche hinaus. Dazu war als Hauptvoraussetzung die Beseitigung Abdul Hamids notwendig. Großbritannien aber betrachtete die Person Abdul Hamids von jeher mit dem größten Hasse, besonders, seitdem die Freundschaft zwischen ihm und dem Deutschen Kaiser bestand. Man war in London der Ansicht, daß die deutsch-türkische Freundschaft im wesentlichen nur auf den zwei Augen Abdul Hamids beruhe und daß allein diese persönliche Beziehung die Eisenbahn- und andere Konzessionen an Deutschland möglich gemacht hätten. Abdul Hamid sobald wie möglich zu beseitigen, war somit das Ziel der britischen Politik. Das Balkankomitee und die anderen britischen Emissäre schürten die Unzufriedenheit in der Türkei gegen das Regiment Abdul Hamids, wo es immer möglich war, und sie scheuten keine Kosten, wie man überhaupt Großbritannien und seinen Beauftragten zugestehen muß, daß sie in solchen Fällen mit den Mitteln nicht kleinlich sind.

Im Jahre 1905 gelang es der großbritannischen Politik unter Führung König Eduards, das bisherige österreichisch-russische (Mürzsteger) Abkommen über die Balkandinge zu beseitigen und an die Stelle eine Vereinbarung von sechs europäischen Mächten zu setzen, welche von Großbritannien geführt wurden: die Insel führte die Festlandmächte in einer Festlandangelegenheit! Eine bemerkenswerte Erscheinung und ein Beweis der immer mehr ausgreifenden Weltherrschaft Großbritanniens.

Das Etikett für diese neue Politik gaben die „mazedonischen Reformfragen". In diesen nahm Großbritannien nunmehr das Wort, mit Frankreich, Italien und Rußland im Gefolge. König Eduard ging seit 1903 ungefähr jedes Jahr nach Wien oder Ischl, um den Kaiser Franz Joseph zu besuchen, die „historische Freundschaft" zwischen Großbritannien und Österreich-Ungarn zu pflegen. Diese historische Freundschaft hat nie in etwas anderem bestanden, als daß die österreichisch-ungarischen Staatsmänner kurzsichtig und schwach genug waren, um sich und Österreichs Heer für das Geschäft Großbritanniens mißbrauchen zu lassen. König Eduards

Ziel damals war, die österreichisch-ungarische Balkan- und Orientpolitik in das britische Schlepptau zu bringen. War das erste geschehen, so mußten in notwendiger Folge Meinungsverschiedenheiten zwischen dem Deutschen Reiche und Österreich-Ungarn entstehen. Darauf kam es an, denn so war nicht nur die deutsche Orientpolitik zu fassen und zu treffen, sondern die europäische Stellung des Deutschen Reiches überhaupt. Erinnern wir uns in diesem Zusammenhange, daß diese neue britische Orientpolitik zur Zeit der europäischen Marokkospannung während und unmittelbar nach dem Russisch-Japanischen Kriege einsetzte. Damit wird ohne weiteres klar, was merkwürdigerweise heute noch in Deutschland geleugnet wird, daß Großbritannien bereits in jenen Jahren den Krieg gegen das Deutsche Reich zielbewußt vorbereitete und organisierte, den Krieg oder zunächst die Demütigung, welcher dann später in geeignetem Augenblicke der Vernichtungskrieg gefolgt sein würde. Um dieselbe Zeit verweigerte die britische Politik die von der Türkei verlangte Erhöhung der Einfuhrzölle. England wollte hierfür Konzessionen haben und erhielt sie, überdies diente der Widerstand gegen die Zollerhöhungen England und Frankreich ständig als Mittel, um dem Baue der Bagdadbahn Hindernisse in den Weg zu legen, denn die Überschüsse aus den Zöllen hatten die Türken nötig für die Kilometergarantien. Durch solche Dinge, zumal durch die mazedonischen Reformprogramme zeigte Großbritannien mit seinen Gefolgsmächten, daß die Souveränität der Türkei mißachtet und eingeschränkt werden sollte, daß man den türkischen Untertanen zeigen wollte: Solange Abdul Hamid auf dem Throne sitze, werde die Türkei schlimme und immer schlimmere Tage sehen.

Im Jahre 1908 veröffentlichte der österreichisch-ungarische Minister des Auswärtigen, Freiherr v. Aehrenthal, den Entschluß seiner Regierung, eine Eisenbahn durch den Sandschak Novibazar zu bauen. Durch die Ausführung dieser Bahnstrecke wäre eine Verbindung zwischen Bosnien und Saloniki hergestellt worden. Nach dem Berliner Vertrage von 1878 stand Österreich-Ungarn das Recht zu, diese Bahnstrecke zu bauen. Die Folge der österreichischen Veröffentlichung war ein wilder europäischer Lärm. Großbritannien hatte zu ihm das Signal gegeben. Auch in London, Paris und St. Petersburg konnte man zwar das vertragliche Recht Österreich-Ungarns nicht in Abrede stellen, aber man erklärte dieses Vorgehen als dem Geiste uneigennützigen internationalen Zusammenwirkens zuwiderlaufend. Man unterstellte der österreichischen Politik gleichzeitig die Absicht, die nach Süden gerichtete Bahn- und Wirtschaftspolitik nur als Vorläufer politischen Vordringens bis Saloniki zu betrachten. In Wirklichkeit galt dieser Sturm mehr dem Deutschen Reiche als Österreich-Ungarn. Dieses sollte eingeschüchtert und durch die Einschüchterung von Deutschland abgesprengt werden. Die englische Presse erklärte, die Balkanhalbinsel und der ganze Orient sollten unter germanische Hegemonie gebracht werden. Die später dominierend werdende „serbische Frage“ erhob ihr Haupt, und unter Führung Großbritanniens standen alle jene Großmächte hinter Serbien, als dieses erklärte, seine Lebensinteressen würden durch die Bahn und deren Konsequenzen auf das schwerste geschädigt werden. Die Angliederung des Sandschaks Novibazar gehörte zu den großserbischen Plänen, und der Bau einer österreichischen Bahn durch eben diesen Sandschak war den Serben ein Strich durch ihre Rechnung.

Die Gründe, welche Großbritannien hatte, um in so hohem Maße von seiner für solche Fälle stets bereitliegenden sittlichen Entrüstung Gebrauch zu machen, sind im großen und ganzen schon dargelegt worden. Es kamen aber auch noch wirtschaftliche Gründe hinzu. Eine Bahn von Wien nach Saloniki hätte nach britischer Ansicht den großbritannischen Seehandel in der Levante, nach Kleinasien und Mesopotamien geschädigt; wieder ein Beleg für die Feststellung, daß Großbritannien jeden internationalen Schienenweg, der nicht unter britischer Kontrolle steht, als eine Kränkung seiner gottgewollten Rechte betrachtet. Österreich-Ungarn besaß, wie gesagt, dieses Recht durch den Berliner Vertrag. Den Berliner Vertrag hatten Großbritannien und alle jetzt mitentrüsteten Mächte unterzeichnet. Trotzdem wurden Österreich-Ungarn und das Deutsche Reich in der europäischen Öffentlichkeit als Räuber und Einbrecher bezeichnet, und Österreich-Ungarn ward Vertragsbruch vorgeworfen, weil es Sondergeschäfte mit dem Sultan mache, während die anderen Mächte unter Führung Großbritanniens einträchtiglich und zum Wohle der Menschheit zusammenarbeiteten.

In Österreich-Ungarn erregte besonders die ganz unerwartete Haltung Großbritanniens tiefes Erstaunen; man fühlte sich verletzt. Österreich-Ungarn hat wohl die eigentlichen Triebfedern und Richtungen der großbritannischen Politik früher niemals recht erkannt und gewürdigt. Man war dort gewissermaßen stolz auf die alten freundschaftlichen Beziehungen zur Inselmacht, war sich bewußt, ihr früher sehr große Dienste geleistet zu haben, und betonte gerade seit dem Bestehen der antideutschen Koalition gerne, daß zwischen Österreich-Ungarn und Großbritannien Reibungsflächen nicht denkbar, geschweige denn vorhanden seien. Die auswärtige Politik Österreich-Ungarns hatte im besonderen seit dem Beginn der deutsch-englischen Entfremdung großen Wert darauf gelegt, ihre Wertschätzung der österreich-britischen Beziehungen zu betonen. Dazu kamen die jährlichen intimen Besuche König Eduards auf österreichischem Boden. Kurz, in Österreich-Ungarn war man aufrichtig erstaunt, ja bestürzt, als die sittliche Entrüstung Großbritanniens den Aehrenthalschen Eisenbahnplan zur größten Schurkerei des Jahrhunderts stempelte. Italien stimmte in jene Entrüstung mit ein, oder vielmehr war zu ihr durch Großbritannien gebracht worden. Die italienische Presse erklärte: Der italienische Handel auf dem Balkan werde nach Vollendung der österreichischen Bahnstrecke schwer geschädigt werden, Italien könne nicht dulden, daß Österreich-Ungarn nach Saloniki marschiere usw. Diese italienische Erbitterung war ein wertvoller Nebenerfolg der großbritannischen Mache.

Eifrig und zähe setzten König Eduard und seine Leute die unruhestiftende Propaganda auf dem Balkan fort und förderten insbesondere das „mazedonische Reformprogramm“. Der berühmte Besuch König Eduards in Reval, seine Zusammenkunft mit dem Zaren, die Tischreden und offiziösen Zeitungsstimmen (19. Juli 1908) bildeten den Abschluß der englisch-russischen Verhandlungen und in gewissem Sinne den Gipfel der diplomatischen Erfolge König Eduards. Die üblichen diplomatischen Versicherungen: in Reval sei nichts vereinbart worden, was sich gegen die deutschen Interessen richte, konnten nichts an dem Eindruck ändern, daß die Koalition König Eduards gegen das Deutsche Reich nunmehr fertig sei. Das Mittel sollte die mazedonische „Frage“ bilden, denn die Durchführung des mazedonischen Reformprogrammes hätte eine Vergewaltigung des Türkischen Reiches bedeutet, welche im Widerspruch zu dessen Souveränität und Integrität stand. Das Deutsche Reich wäre damit vor die Frage gestellt worden, ob es die Türkei im Stiche lassen wollte oder nicht und damit nach dem bewährten englischen Rezept vor die weitere Frage: Nachgeben oder Krieg! Österreich-Ungarn wollte man damit vor die Entscheidung stellen, ob es sich unter solchen Umständen noch lohne, beim Deutschen Reiche zu bleiben, oder sich eventuell gegen Entschädigung zu den anderen Mächten zu halten. Kurz, es eröffnete sich der britischen Politik eine ganze Reihe von Aussichten und Möglichkeiten, welche, klug benutzt, zum Ziele der Schwächung, womöglich der Erniedrigung Deutschlands dienen konnten.

Da trat etwas Unerwartetes ein: die Revolution in der Türkei. Das britisch-russisch-französisch-italienische „Reform“-Projekt für Mazedonien hatte äußersten Schrecken in der Türkei erregt. Bisher hatten sich die in ihren Zielen entgegengesetzte Türkeipolitik Rußlands und die Großbritanniens mehr oder minder die Wage gehalten, und eben diesem Gegensatze hatte das Türkische Reich sein Bestehen verdankt. Reval aber gab jetzt den Türken die Gewißheit, daß die beiden alten Gegner sich über den Orient einig geworden waren: das mußte das Ende der Türkei bedeuten. Die Jungtürken nahmen den Vorwand der Großmächte nach Reformen in Mazedonien usw. wörtlich und setzten Abdul Hamid ab, der diese Reform bisher nicht ernsthaft in Angriff genommen hatte. Die Jungtürken führten die Verfassung in der Türkei ein, schrieben auf ihr Programm den ungeschmälerten Bestand des Reiches, daneben aber die Gleichheit aller in der Türkei vertretenen Nationen und Religionen. Damit war dem Revaler „Reformprogramm" Großbritanniens und Rußlands zunächst der Boden entzogen. Sir Edward Grey erklärte sich „mit der Wendung befriedigt", man wolle dem Jungtürkentum zunächst Zeit lassen. Großbritannien versprach sich von der Absetzung Abdul Hamids den Zusammenbruch der deutsch-türkischen Freundschaft, änderte sofort seine äußerliche Stellung zur Türkei und verkleidete diesen Umschwung wie gewöhnlich geschickt hinter Prinzipienfragen: Das freie Großbritannien hatte kein Freund der tyrannisch und rückständig von Abdul Hamid regierten Türkei sein können. Mit um so aufrichtigerer Freundschaft und Hilfsbereitschaft näherte sich die großbritannische Nation dagegen dem freiheitlich regierten und fortschrittlich gesinnten, vom Gedanken der Humanität durchdrungenen Osmanenreich. Auf diese Weise hoffte man Deutschland in der Türkei aus dem Sattel heben zu können. Die Orientpolitik Großbritanniens seit der Thronbesteigung König Eduards konnte leider in ihren Einzelheiten hier nicht vorgeführt werden. Sie bietet aber im kleinen Rahmen ein Musterbeispiel, mit welcher Geschicklichkeit die britische Staatskunst sich heute das eine, morgen das entgegengesetzte Ereignis zunutze macht, um den gleichen politischen Endzweck zu erreichen oder ihm näher zu kommen. Die Berechnungen schienen zunächst Erfolg zu haben, Großbritannien war in Konstantinopel eine Zeitlang überaus volkstümlich im Gegensatz zu Deutschland. Das war natürlich, denn man sagte den Jungtürken, Deutschland sei Abdul Hamids Freund und der Jungtürken Feind gewesen, es habe der Türkei niemals effektiv geholfen, sondern verfolge nur selbstsüchtige Zwecke. Erst allmählich gelang es, die deutsche Stellung in Konstantinopel wieder zu befestigen, und es dauerte einige Zeit, bis auch die jungtürkischen Politiker begriffen, daß Deutschland die einzige Großmacht war, deren Orientbestrebungen mit den Interessen des Türkischen Reiches im Einklang standen.

Im Herbst desselben Jahres sah sich Österreich-Ungarn gezwungen, sich die schon vor 30 Jahren von ihm okkupierten Provinzen Bosnien und die Herzegowina staatsrechtlich anzugliedern, also zu annektieren. Es bestand tatsächlich die Notwendigkeit, denn die großserbische Propaganda drohte, Bosnien zu revolutionieren, außerdem war das jungtürkische Programm ein nationales und verlangte ebenfalls Bosnien und die Herzegowina als altes türkisches Gebiet, in welchem überdies zahlreiche Muselmanen lebten, kurz, Österreich-Ungarn mußte die Gebiete sich staatsrechtlich angliedern, wollte es sie nicht verlieren.

Großbritannien kam dieser Schritt überraschend, um so mehr, als anderthalb Monate vor Verkündung der Annexion König Eduard das letzte Mal in Ischl Kaiser Franz Joseph besucht hatte, ohne das mindeste von dem österreichischen Plane zu erfahren. Die Überraschung und Wut in London war so groß, daß sogar König Edurad seine Gentlemanmaske verlor. Der österreichisch-ungarische Botschafter zu London hatte den Auftrag, dem König die Annexionserklärung und ein Schreiben seines Kaisers zu übergeben. Er wurde unhöflich und unfreundlich behandelt und erklärte selbst: „Man hat mich fortgejagt". — Die Annexion von Bosnien und der Herzegowina änderte, wie gesagt, an dem tatsächlichen Zustande auf dem Balkan und an der dortigen Gebietsverteilung nichts, sondern machte nur einen seit 30 Jahren bestehenden Zustand der Form nach endgültig. Unter Großbritanniens Führung entrüstete sich gleichwohl ganz Europa über den „Vertragsbruch" Österreich-Ungarns. In Großbritannien und ebenso in Rußland und Frankreich hielt man nicht mit der Ansicht zurück, daß das Deutsche Reich die eigentlich treibende Kraft, Österreich-Ungarn nur verleitet sei. So entwickelte sich die vielbesprochene **bosnische Krisis**, deren Brennpunkt, auf den ersten Blick geurteilt, Serbien war. Serbien schrie über die Vernichtung seiner großserbischen Zukunftsaussichten, verlangte Kompensationen und Zugang zum Adriatischen Meere, setzte seine Armee auf Kriegsfuß und erklärte, vor Österreich-Ungarn nicht zurückweichen zu wollen. In Wirklichkeit war Großbritannien der Brennpunkt, der Erreger und der Unterhalter der bosnischen Krisis. Den britischen Staatsmännern war es nicht um Serbien zu tun, auch nicht um Bosnien, nicht um Rußland und nicht um Italiens Hoffnungen, sondern um Demütigung des Deutschen Reiches und Österreich-Ungarns und um Sprengung ihres Bündnisses. Man hoffte, Deutschland würde seinen Bundesgenossen im Stiche lassen. Damit wäre es nach der Krisis leicht gewesen, Österreich-Ungarn an die Tripleentente heranzuziehen, außerdem wäre es mit der deutschen Orientpolitik, mit der Bagdadbahn und allem, was an ihr hing, zu Ende gewesen. König Eduard gedachte mit der von ihm organisierten „bosnischen Krisis" also einen großen Schlag zu tun. Der Schlag mißlang, weil das Deutsche Reich sich hinter Österreich-Ungarn stellte und dessen Standpunkt zu dem seinigen machte. Rußland und Frankreich ihrerseits waren nicht bereit, der deutsch-österreichischen Festigkeit entschlossene Kriegsdrohung und deren Ausführung gegenüberzustellen. Durch ein geschicktes diplomatisches Manöver des Fürsten Bülow wurde der russischen Regierung die Zustimmung zur Annexion Bosniens und der Herzegowina erleichtert. Die Krisis war damit nicht nur entschieden, sondern beendet. Österreich-Ungarn aber hatte in der Tat nichts Neues gewonnen, sondern nur sich selbst vor Schaden bewahrt. Den Sandschak Novibazar hatte die österreichisch-ungarische Regierung zugleich mit dem Annexionsakte der Türkei zurückgegeben. Die Türkei hatte, genau genommen, damit nichts gewonnen. Rußland hatte nichts gewonnen, nichts verloren, Serbien hatte das Ziel seiner Wünsche nicht erreicht. Der einzige gewinnende Teil war im Grunde Großbritannien, denn durch die Rückgabe des Sandschaks Novibazar an die Türkei war jener österreichische Eisenbahnplan ein für allemal vereitelt worden. In London brauchte man nicht mehr die Konkurrenz einer solchen internationalen Landhandelsstraße zu fürchten.

Überhaupt konnte Großbritannien mit der durch die bosnische Krisis geschaffenen europäischen Lage zufriedener sein, als man im allgemeinen anzunehmen pflegt. Gewiß, der Plan König Eduards und seiner Staatsmänner, den deutsch-österreichischen Bund zu sprengen, beide Mächte zu demütigen oder aber Frankreich und Rußland dem Deutschen Reiche auf den Hals zu hetzen, war mißlungen. Warum war er mißlungen? Die Antwort lautet: weil Frankreich und Rußland nicht bereit waren, weil ihnen beiden die bosnische Krisis überraschend gekommen war, ebenso wie Großbritannien. An der Themse hatte man mit einer langsameren und konsequenteren Entwicklung der britischen Minierarbeit auf dem Balkan gerechnet. Die türkische Revolution und die bosnische Annexion waren dazwischen gekommen. Die großbritannischen Staatsmänner hatten trotzdem ohne Besinnen, mit ihren Gefolgsmächten zusammen, mit den stärksten diplomatischen Mitteln gegen das Deutsche Reich mobil gemacht. Sie rechneten: habe man keinen Erfolg, so sei es kein Unglück, man würde dann auf alle Fälle einen „Vorgang“ haben. Man irrte sich in Deutschland mit der Schlußfolgerung: der Verlauf der bosnischen Krisis habe ein für allemal gezeigt, daß Deutschland und Österreich-Ungarn zusammen sich durch das Gewicht ihrer Macht in jeder Festlandfrage ohne Schwertstreich siegreich behaupten könnten. Auch Fürst Bülow hat vor Jahr und Tag in seinem Buche über Deutschlands auswärtige Politik diesen Standpunkt eingenommen. Das zeigt, wie der ehemalige Kanzler gleich den meisten Deutschen seinen Erfolg in der bosnischen Krisis gewissermaßen als ein europäisches Schulbeispiel betrachtete, als die definitive Lösung der Frage: nun wissen wir, daß wir uns friedlich durchsetzen können, wenn wir mit unserem Bundesgenossen nur fest zusammenhalten! — Daß diese Berechnung ein Fehler gewesen ist, ja daß sie dazu gedient hat, einen großen Teil des deutschen Volkes in sorglose Sicherheit zu wiegen, — das wissen wir heute. Der Fehler der deutschen Auffassung: jede neue Krisis müsse wie die bosnische ausgehen, wenn man nur entschlossen zusammenhalte, lag in der stillschweigenden Annahme, daß auch in Zukunft Rußland und Frankreich niemals genügend gerüstet sein würden, um sich als bereit für den großen Krieg anzusehen.

Durch das Geständnis ihrer Unbereitschaft, durch ihre diplomatische

Niederlage hatte Großbritannien seine beiden Festlandhelfer in ihrer Eigenliebe und in ihrem Prestige sehr empfindlich treffen lassen. Die britische Berechnung trog nicht, denn von der bosnischen Krisis an begannen Frankreich und Rußland mit aller Kraft und Sorgfalt zu rüsten. Die britische Politik hatte außerdem erreicht, daß Rußland auf die Wiederherstellung seines Ansehens unter den Balkanmächten mehr bedacht war denn je, daß die Serben Rache sannen nicht nur gegen Österreich-Ungarn, sondern auch gegen die Türkei; auch die Verhetzung Italiens gegen Österreich-Ungarn war erfreulich gefördert worden.

Alle diese neuen, für das englische Endziel gute Früchte verheißenden Keime mußten aber Zeit zur Entwicklung haben. Und so zog König Eduard vor, inzwischen ein versöhnliches Gesicht zu zeigen. Die britische Presse wurde freundlicher, der König machte endlich seinen Antrittsbesuch in Berlin. Und die deutschen Propheten deutsch-englischer Freundschaft und „Verständigung" waren zuversichtlicher denn je. Insbesondere glaubte man in Deutschland, daß ein zu Beginn der bosnischen Krisis zwischen Deutschland und Frankreich geschlossenes Abkommen über Marokko die Lage dauernd entspannen, eine schlimme Reibungsfläche zwischen Deutschland und Frankreich ausschalten und mittelbar so die französisch-britische Intimität lockern würde: Deutschland verzichtete in diesem Abkommen auf politischen Einfluß in Marokko. Die französische Regierung ließ sich gern das deutsche Entgegenkommen gefallen. Sie gab nichts dafür auf und lächelte im stillen über die genannten deutschen Ziele und Hoffnungen. Ihr Verhältnis zu Großbritannien war viel zu fest verankert, als daß seine Ziele durch deutsches Liebeswerben verrückt werden konnten.

Der Brand wird wirksamer vorbereitet.

Das letzte Halbjahrzehnt.

Die guten Deutschen aber atmeten auf und freuten sich der „Entspannung". Um so mehr waren sie erstaunt, als schon gegen Ende 1908 und zu Anfang 1909 sich jenseit der Nordsee plötzlich ein ungeheures Geschrei über die drohend und fürchterlich gewordene „deutsche Gefahr" erhob. Die deutsche Dreadnoughtflotte, so hieß es, sei im Begriffe, der Flotte Großbritanniens über den Kopf zu wachsen. Hinterlistige Machenschaften der deutschen Regierung, insbesondre des Staatssekretärs des

Reichs-Marine-Amtes, Großadmirals von Tirpitz, hätten eine heimliche Beschleunigung des deutschen Flottenbaus fertiggebracht. Wir haben schon in einem vorigen Kapitel ausgeführt, wie die britische Regierung diese Alarmlüge ihren Kolonien und den Vereinigten Staaten gegenüber geschickt und zielbewußt ausnutzte. Es war eine glatte Lüge, denn von einer heimlichen deutschen Baubeschleunigung war keine Rede, und die großbritannische Regierung wußte das genau. Zum Überfluß gab man ihr deutscherseits auf diplomatischem Wege und in europäischer Öffentlichkeit amtliche Erklärungen ab und bewies, daß die englischen Scheinberechnungen über die Anzahl und das Wachstum der deutschen Panzerschiffe völlig falsch waren. Nichts konnte und kann deutlicher die englische Haltung beleuchten, als die Tatsache, daß die großbritannische Regierung von diesen wiederholten amtlichen deutschen Erklärungen öffentlich keinerlei Notiz nahm, sondern die Hetzlüge weiterlaufen ließ, ja, sie selbst in der Öffentlichkeit wiederholte und förderte. Das war eine Beleidigung für die deutsche Regierung, deren amtliche Feststellung von dem britischen Kabinette und Parlamente als Luft behandelt wurde. Damit deutete man an, daß der deutschen Regierung keine Achtung und der deutschen Erklärung kein Glauben zu schenken sei. Man brauchte die „Flottenpanik" in London, die Regierungspartei und die Opposition stießen in dasselbe Horn. Das Ergebnis bestand in ungeheuren Flottenbauprogrammen während der kommenden fünf Jahre und in steigender, mit Angst vermischter Wut der irregeführten großbritannischen Bevölkerung und derjenigen der Kolonien. Auch die Vereinigten Staaten beteiligten sich lebhaft an der sittlichen Entrüstung über die hinterlistigen Angriffsabsichten Deutschlands gegen das harmlose Großbritannien. Die britische Regierung verfolgte aber noch einen dritten Zweck mit ihrer Panik: dem deutschen Volke sollte gezeigt werden, daß die wachsende deutsche Flotte eine „schwere Gefahr für ein gutes britisch-deutsches Einvernehmen" sei. Die großen Bauprogramme in Großbritannien sollten den Deutschen von der anderen Seite her beweisen, daß all ihr Flottenbauen ihnen nichts helfen würde. So bezeichnete das Jahr 1909 eine neue Entwicklungsphase in der Stellungnahme Großbritanniens der deutschen Flotte gegenüber. Vor vier Jahren noch, 1905, hatte man in London geglaubt, durch die Einführung der Dreadnoughtschiffe die deutsche Flotte qualitativ tot zu bauen. In den dann folgenden Jahren hatte man mit Erstaunen gesehen, daß auch die neuen großen Schiffe von den deutschen Werften und Kanonenfabriken gut und pünktlich fertiggestellt wurden, daß der Dreadnoughtstreich der britischen Admiralität mißlungen war, ja den früheren Vorsprung der großbritannischen Flotte vor der deutschen zu vermindern drohte, wenn nicht die Bauprogramme wesentlich erhöht wurden. Dazu trat die Geldbeutelfrage in den Vordergrund. Durch den britischen Dreadnoughtschritt waren die Schiffbaukosten enorm gestiegen und stiegen weiter. Wollte man die für nötig gehaltene ungeheure Übermacht im Verhältnis zur deutschen Flotte aufrecht halten, so kostete das dem britischen Steuerzahler um so mehr, je mehr Schiffe die Deutschen bauten. Ferner gab es technische Schwierigkeiten. Auf der anderen Seite aber kam dazu das wachsende Bedürfnis mancher deutschen Kreise, die unnatürliche Freundschaft mit Großbritannien künstlich auf jede Weise zu betreiben und die deutsche Flotte sowie deren Förderer als Sündenböcke der deutsch-englischen Beziehungen zu betrachten und entsprechend zu behandeln. Mit Wohlgefallen und Geschicklichkeit pflegte man zu London diese Keime, denn sie bildeten ein neues Moment politischer Schwäche Deutschlands, das im Interesse maritimer Schwächung ausgenutzt werden mußte.

In demselben „Panikjahre" 1908/09 tagte in London, auf Einladung der großbritannischen Regierung, eine Konferenz, welche von den größeren seefahrenden Mächten beschickt worden war. Das Ergebnis dieser Londoner Konferenz war die nachmals so viel besprochene Londoner Seerechtsdeklaration. Ihr Ursprung war der folgende: Im Verlaufe der Haager Konferenz von 1907 hatten sich die Hauptseemächte mit der deutschen Anregung der Einrichtung eines permanenten internationalen Prisenhofes einverstanden erklärt. Dieser Prisenhof sollte als Appellinstanz über den nationalen Prisengerichten der kriegführenden Parteien in zukünftigen Seekriegen stehen. Für die neu zu schaffende Einrichtung einer internationalen Gerichtsbarkeit fehlte aber ein entsprechendes internationales Recht. Das sollte die Londoner Konferenz schaffen und schuf es in Gestalt jener Londoner Deklaration. Ihr ausgesprochener Zweck und Inhalt waren Bestimmungen, die dem Schutze der neutralen friedlichen Schiffahrt im Kriege dienen sollten. In der Tat könnte der Inhalt der Deklaration eine, wenn nicht vollkommene, so doch sehr brauchbare Grundlage für die Wahrung der Sicherheit und der Rechte der neutralen Seefahrt im Kriege abgeben. Die großbritannische Regierung hatte durch ihre Delegierten die Deklaration unterzeichnen lassen, ebenso wie 1907 die Haager Konvention betreffend den internationalen Prisenhof. Eine Ratifizierung beider Akte erfolgte aber nicht, sondern die britische Regierung, immer unter der Maske, daß sie für die Ratifizierung sei, ließ auf Umwegen eine heftige Agitation gegen die Londoner Deklaration und gegen die Einrichtung eines internationalen Prisenhofes entfachen. Diese Agitation dauerte mehrere Jahre. Ihre Vorkämpfer erzählten dem schaudernd und gläubig aufhorchenden Inselvolke: Es handle sich hier um ganz niederträchtige deutsche Ränke. Der deutschen Regierung sei gelungen, die harmlosen britischen Staatsmänner und Seeoffiziere im Haag und in London zu übertölpeln. Das internationale Prisengericht und die Londoner Deklaration bedeuteten ein „Sea law made in Germany“, um in einem deutsch-englischen Kriege Großbritannien der Mittel zu berauben, seinen eigenen Seehandel zu schützen und gegen seinen Gegner jene altbewährten Mittel anzuwenden, die in den Kriegen früherer Jahrhunderte so glänzende Früchte gezeitigt hätten. Die großbritannische Bevölkerung war natürlich tief entrüstet ob dieser abgründigen deutschen Schurkerei, und die Folge war, daß das Oberhaus durch Ablehnung eines Entwurfes zur Änderung der bestehenden britischen Prisenordnung die Ratifizierung der Haager Bestimmung über die Errichtung des internationalen Prisenhofes und ebenso der Londoner Deklaration zu Falle brachte. Die Deklaration hatte somit bei Ausbruch des Krieges 1914 keine internationale Gültigkeit, aber naive Seelen in Deutschland und in neutralen Ländern hatten fest geglaubt, daß Großbritannien sich gleichwohl nach der Deklaration richten werde, denn diese sei ja das Ergebnis der Übereinstimmung aller seinerzeit beteiligten seefahrenden Kulturstaaten gewesen.

Die britischen Admirale und der Marine nahestehende Staatsmänner hatten freilich seit 1909 kaltblütig betont: Es sei ganz gleichgültig, ob die Deklaration ratifiziert werden würde oder nicht, denn mit dem Beginn eines Krieges werde sie ohne weiteres „in Fetzen gerissen ins Meer fliegen“. Der bisherige Verlauf des Krieges hat nun auch denen, die vorher anders dachten, gezeigt, daß die britischen Admirale gut unterrichtet waren. Dazu wäre freilich der Rang eines Admirals nicht notwendig gewesen, denn es ist eine alte Gewohnheit der Regierungen Großbritanniens gewesen, ihre Bereitwilligkeit für derartige internationale Verhandlungen und Abmachungen mit besonderem Pathos zu betonen. Großbritannien war immer ernst begeistert für Recht und Billigkeit im Seekriege, wenn es damit andere Seestaaten, nicht seine eigene Kriegführung band. Im ersten Teile dieser Schrift ist das Gebiet schon gestreift worden, und wir haben beispielsweise gesehen, wie Großbritannien den Standpunkt des bewaffneten Neutralitätsbundes von 1780 zunächst scheinbar annahm, ohne sich zu binden und nachher alles kalt lächelnd von sich abschüttelte. 1856, in der berühmten Pariser Seerechtsdeklaration, bekannte Großbritannien sich zu gewissen Grundsätzen, die während des vorhergegangenen Krimkrieges mit seinen ganz besonderen Verhältnissen der britischen Kriegführung nicht hinderlich gewesen waren. Die britische Admiralität ließ auch ihren Anspruch auf das Recht der Kaperei fallen, weil die damaligen Zeiten und Verhältnisse den Anspruch auf ein solches Recht nicht als zweckmäßig erscheinen ließen. Ratifiziert worden ist aber auch die Pariser Deklaration nicht, und im Winter 1914/15 zögerte die großbritannische Regierung keinen Augenblick, auch sie „in Fetzen zu reißen und ins Meer zu werfen", indem sie die Bestimmung „Frei Schiff, frei Gut" und die Blockadebestimmungen mit Füßen trat.

„Internationales Seerecht" im Kriege hat für den seebeherrschenden Seeräuber in Wirklichkeit nie etwas anderes als schrankenlose Raubwillkür bedeutet. Er sah es aber gern, wenn andere Nationen sich banden und besonders, wenn sie in unverwüstlicher Gläubigkeit den britischen Reden von internationaler Zivilisation und vom Schutze der Neutralen lauschten, und wenn mit schwerem Ernste die juristischen Autoritäten dicke Bücher über die Fortschritte und die „Entwicklung" des Seerechtes im Kriege schrieben. Die Torheit der Festlandvölker ist auf diesem Gebiete immer ebenso unverbesserlich gewesen wie auf allen anderen, wo es sich um die Beziehungen der geheiligten Insel zum auszubeutenden Festlande handelte.

Internationale Veranstaltungen hat Großbritannien deshalb immer gern gefördert, sie waren zum mindesten eine brauchbare Kulisse. Als die Haager Konferenz von 1907 vorbereitet wurde, versuchte die britische Regierung eine internationale Unterhaltung über „Einschränkung der Seerüstungen" auf die Tagesordnung der Konferenz zu setzen. Der Zweck war: ein unbequemes Stärkerwerden der deutschen Flotte international zu unterbinden und der Flotte Großbritanniens derart mit geringstem Kostenaufwande ihre damals erdrückende Überlegenheit zu sichern. König Eduard wußte, daß er seine europäische Koalition einmütig auf der Seite Großbritanniens haben würde. Sollte aber die deutsche Regierung sich dem Ansinnen nicht fügen, so würde das Deutsche Reich als der gefährliche Rüstungstreiber und Kriegsvorbereiter der Welt gebrandmarkt sein. Der damalige Reichskanzler, Fürst Bülow, sah die Falle und erklärte vor der Konferenz: Deutschland werde sich an einer Erörterung dieser Art nicht beteiligen. Damit fiel der schöne britische Plan ins Wasser, und der damalige Premierminister Campbell Bannerman fand Worte höchster sittlicher Entrüstung, daß man ihm zugetraut habe, er wolle Deutschland eine Falle stellen. In den folgenden Jahren haben dann britische Minister bald auf dem Wege der Werbung, bald unter der versteckten Drohung versucht, mit der Rüstungseinschränkung zu krebsen.

Jene Periode bietet überhaupt das folgende Bild: auf einem anderen Wege als bisher wollte man die Entwicklung der deutschen Flotte hemmen. Das Ziel im einzelnen wie im ganzen blieb das gleiche: das Deutsche Reich zu schwächen, es einzuschüchtern, seine Politik unfrei zu machen. „Erst erniedrigen, dann vernichten." Es gab viele Deutsche, zumal Politiker in Deutschland, die das nicht begriffen, die an wahrhafte deutsch-englische „Freundschaft" glaubten und an denen die Geschichte

Großbritanniens spurlos vorübergegangen war. Von jenen Jahren an wurde das schöne Wort gebräuchlich, welches wir bis zum Kriege ununterbrochen gehört haben: Großbritannien müsse und werde uns als gleichberechtigt in Europa und in der Welt anerkennen. Dann sei der Weltfriede dauernd gesichert, und im friedlichen freundschaftlichen Wettbewerb würden der deutsche und der englische Kaufmann nebeneinander arbeiten und die beiden naheverwandten Völker die Kultur und den Fortschritt der Menschheit, die internationale Solidarität der Völker fördern. Dann sollten, so rieten die Briten, auch die hemmenden Zollschranken fallen, denn sie hinderten die Intimität der beiden Völker. Dann würden auch die erdrückenden Rüstungskosten auf ein Minimum vermindert werden können, und die so freiwerdenden Summen würden anstatt dem Moloch des Marinismus den friedlichen Aufgaben der Kultur verfügbar werden. Wer diese frohen Botschaften nicht glaubte, galt in den Jahren von 1910 bis 1914 als Anglophobe, als einer der bornierten Schreier, welche im Widerspruch zu der „erdrückenden Mehrheit des deutschen Volkes“ gewissenlos einen Krieg zwischen den beiden rasseverwandten Völkern herbeiführen möchten. Es war eine Periode, an die man heute ohne Freude zurückdenkt, nämlich eine Periode grober Selbsttäuschung und, wie wir sehen werden, folgenschwerer Irrtümer eines sehr großen Teiles des deutschen Volkes. Die Wurzeln dieser Selbsttäuschung lagen zu einem Teile in der deutschen Eigenschaft, das zu glauben, was man wünscht, zum andern in sonderbarer Verblendung über das Wesen des Britischen Reiches und Volkes. Wann je in seiner Geschichte hat Großbritannien ein anderes blühendes und starkes seefahrendes europäisches Reich gutwillig als „gleichberechtigt“ anerkannt? Niemals! Aber das waren die alten Zeiten der Unkultur und Gewalttätigkeit, argumentierte man in Deutschland. Jetzt seien diese Zeiten vorüber, und ebenso wie die anderen Völker, ja vielleicht noch mehr, wisse Großbritannien, daß die Segnungen des Friedens unendlich viel größer seien als selbst der siegreichste Krieg. Deutschland sei überdies Großbritanniens bester Kunde, von dem es also am meisten verdiene. Der Brite sei viel zu geschäftsklug, um sich dieser Einnahme durch Schwächung oder Vernichtung seines besten Kunden zu berauben. Und dann die internationale Bande, welche die Völker der Neuzeit so sehr voneinander abhängig machen und aufeinander anwiesen, und schließlich nicht zum wenigsten die gemeinsamen „Menschheitsideale“. Wenige Monate vor dem Kriege erklärte öffentlich der deutsche Botschafter zu London, daß die Nation und die nationale Idee nur eine Zwischenstufe sei, über die man zum Ideale der „Menschheit“ schreiten würde. So fest war dieser Diplomat damals vom Vorhandensein deutsch-englischer Harmonie erfüllt.

Großbritannien ist sich im Laufe der letzten 350 Jahre in seinen politischen und wirtschaftlichen Motiven und Methoden ganz gleich geblieben. Das britische Reich und das britische Volk sind nur aus ihrer Geschichte heraus zu verstehen. Der praktische Staatsmann und Politiker, der diese Geschichte nicht kennt oder nicht versteht, kann auch den unveränderlichen Grundzug der britischen Art nicht sehen und nicht verstehen. Er muß deshalb mit Naturnotwendigkeit Großbritannien gegenüber mit seiner Politik in die Irre gehen.

* * *

Noch ein letzter Weckruf war die Marokkokrise im Jahre 1911. Ihr Wesen ist in Deutschland meist mißverstanden worden. Deswegen muß auf dieses mit ein paar Worten eingegangen werden. Der Zweck der Entsendung des Kanonenbootes „Panther" nach Agadir war deutscherseits nicht Eröffnung einer vordringenden deutschen Marokkopolitik, sondern der Zweck war Liquidierung der bisherigen Marokkopolitik des Deutschen Reiches. Weil, durch frühere Fehler begünstigt, die französische Ausbreitung in Marokko mit keiner Berufung auf die bestehenden Verträge aufzuhalten war, und der damalige deutsche Staatssekretär, v. Kiderlen-Waechter, fürchtete, eines Tages würde Deutschland sich vor einer Lage sehen, die uns ganz leer ausgehen ließe, so wählte er die Entsendung des Kanonenbootes „Panther" als Mittel, um Frankreich zur Aussprache und Zwiesprache mit Deutschland zu zwingen. Die deutsche Politik, das sei besonders betont, wollte von vornherein Marokko an Frankreich vollständig überlassen, aber Gegenwerte dafür verlangen. Ob das Mittel der Demonstration vor Agadir das richtige war, ob die Anlage und Führung der deutsch-französischen Verhandlungen immer auf der Höhe gestanden hat, das ist eine Sache für sich und nicht unserer Betrachtung. Genug, Frankreich ließ sich zu Verhandlungen herbei, und diese Verhandlungen würden allem Anscheine nach in Kürze zu einem Ergebnis geführt haben, wenn nicht Großbritannien sich plötzlich eingemischt hätte. Am 1. Juli 1911 erschien der „Panther" vor Agadir. Am 21. Juli hielt nach vorhergegangenem Ministerrate der großbritannische Schatzkanzler Lloyd George im Mansion-House eine Rede, die er vom Papier ablas und deren wichtigster Teil folgendermaßen lautete:

„Englands mächtiger Einfluß hat sich manches Mal in der Vergangenheit unschätzbar für die Sache menschlicher Freiheit erwiesen und kann es vielleicht auch in Zukunft sein. Es hat mehr als einmal in der Vergangenheit kontinentale Nationen, die manchmal nur zu geneigt sind, diesen Dienst zu vergessen, aus erdrückendem

Unglück gerettet und sogar vor nationaler Vernichtung bewahrt. Ich glaube, daß nur Fragen von ernster nationaler Bedeutung eine Störung der internationalen Friedfertigkeit rechtfertigen könnten. Wenn uns aber eine Situation aufgezwungen würde, in welcher der Friede nur durch Aufgeben der großen und wohltätigen Stellung erhalten werden könnte, die England sich in Jahrhunderten des Heroismus und Erfolges erworben hat, und nur dadurch, daß Großbritannien in Fragen, die seine Lebensinteressen berühren, in einer Weise behandelt würde, als ob es im Rate der Nationen gar nicht mehr mitzählte — dann, ich betone es — würde ein Frieden um jeden Preis eine Erniedrigung sein, die ein großes Land wie das unsrige nicht ertragen könnte."

Heute trennen uns vier Jahre von dem Zeitpunkte, als diese Worte gesprochen wurden, und wir können sie in aller Kühle werten. Die Sätze, welche Lloyd George im Auftrage seiner Ministerkollegen sprach, zeigen mit ganz ungemeiner Anschaulichkeit die englische Auffassung der Rolle Großbritanniens in der Geschichte und dem Festlande gegenüber. — In dieser Schrift wurde versucht, den Leser im Fluge durch einige Jahrhunderte europäisch-großbritannischer Geschichte hindurchzuführen; Großbritannien wurde ohne eine einzige Ausnahme als der Vampir des europäischen Festlandes gefunden. Seine Wirtschaftspolitik, seine Machtpolitik und seine Kriege dienten immer dem einen Zwecke: die Festlandvölker auszunutzen und — damit das möglich sei — sie aufeinander zu hetzen und so zu schwächen. — Lloyd George aber in jener echt englischen naiven Dreistigkeit des auserwählten Volkes spricht von den unschätzbaren Diensten Großbritanniens für die Freiheit auf dem Festlande und hat die Stirn, den Festlandnationen „Jahrhunderte von Heroismus und Erfolg" vorzuhalten, wo es sich für Großbritannien nie um etwas anderes gehandelt hat, als um Raub und Diebstahl unter den mannigfachsten Gestalten und Devisen. — Was Deutschland und Frankreich 1911 miteinander verhandelten, ging, rein der Sache nach betrachtet, Großbritannien nichts an und berührte nichts, was ihm gehörte. Es handelte sich um Marokko, welches Großbritannien längst an Frankreich überlassen hatte, anderseits um französische Kolonien in Afrika. Trotz ihrer Ableugnungen wußten die britischen Staatsmänner genau, daß das Deutsche Reich nichts in Marokko erwerben wollte. Sie wußten ebenso genau, daß Deutschland nur darauf ausging, die deutsch-marokkanische Reibungsfläche aus der Welt zu schaffen. Das wollte man nicht, nur darauf kam es an! Deshalb entzündete man von London aus während der Verhandlungen die französischen Volksleidenschaften durch die albernsten Lügen. Deshalb mischte sich Großbritannien mit Gewalt ein und schrie, das Deutsche Reich wolle Frankreich überfallen. Alles andere, alle Schlagworte und Einwände waren

Lügen oder Verschleierungen. Die eigentliche Marokkofrage stand für England erst in fünfter Linie zur Erwägung, aber daß die beiden großen Festlandnationen miteinander ohne England verhandeln und abschließen könnten, das lief dem Jahrhunderte alten Grundsatze der Politik Großbritanniens zuwider, und so traten die Leiter des Inselreiches schnell entschlossen dazwischen; wie immer in solchen Fällen, mit der Kriegsdrohung. Französische Blätter in englischem Solde schrieen über Verrat, und französische Politiker und Finanzmänner beseitigten mittelbar den Ministerpräsidenten Caillaux, der geneigt war, mit Deutschland zu einem beide Teile befriedigenden Abschlusse zu kommen. Englischen Ursprungs waren die Lügen über alle möglichen deutschen Absichten auf Marokko und gegen Frankreich. Die großbritannischen Staatsmänner fürchteten, die große in britischen Diensten stehende europäische Festlandkoalition könne durch ein deutsch-französisches Abkommen in die Brüche gehen oder zum mindesten ihre Gegensätzlichkeit im Hinblick auf Deutschland verlieren. Das durfte nicht sein, und man erreichte das Ziel. Im Reichstag sagte kurz darauf der konservative Führer v. Heydebrand: „Wir wissen jetzt, wo unser Feind steht. Wie ein Blitz in der Nacht haben diese Vorgänge dem deutschen Volke gezeigt, wo sein Feind sitzt. Das deutsche Volk weiß jetzt, wenn es seinen Platz an der Sonne sucht, wenn es den Platz sucht, der ihm von der Bestimmung zugewiesen ist, wo der Staat ist, der darüber zu entscheiden hat.“ — Diese Sätze waren an und für sich richtig, werteten aber doch den Kern des Problems nicht erschöpfend, denn, um es noch einmal zu sagen: der Grund von Großbritanniens Eingreifen lag nicht in Marokko, nicht in Mittelafrika, sondern auf europäischem Festlande. Heute kann man das wie so vieles andere offen aussprechen. Der Leser sieht, daß die Geschichte der letzten Jahrhunderte gerade diese Politik Großbritanniens als logisch und, mit englischen Augen gesehen, als selbstverständlich und notwendig erscheinen läßt. Jenes Ereignis zeigt aber umgekehrt, wie die Schritte und Maßnahmen britischer Staatsmänner nur aus der Geschichte heraus richtig verstanden werden können. Außerhalb geschichtlichen Zusammenhanges betrachtet, konnte man tatsächlich zu dem unrichtigen Schlusse gelangen: Lloyd George habe seine Kriegsdrohung nur in bezug auf Marokko verkündet und wirklich geglaubt, Deutschland wolle Frankreich vergewaltigen. Auch dieser Wille war deutscherseits nicht vorhanden — ob das zweckmäßig war oder nicht, bleibe dahingestellt —, denn die Leiter der deutschen Politik wollten nichts als die Marokkofrage aus der Welt schaffen.

Jene Spannung von 1911/12 zeigt Großbritannien als die unbeschränkte Führerin der antideutschen Koalition. Man hätte in London den Krieg nicht ungern gesehen, wenn freilich Rußland auch damals noch nicht bereit war. Unter der Devise „Marokko" Krieg zu führen, hatte aber für das Deutsche Reich verschiedene Bedenken, nach außen wie nach innen, auch Dreibundbedenken. Dazu kam aber, wie gesagt, daß man deutscherseits schlechthin den Krieg zu vermeiden wünschte. Großbritannien hatte zur See alle Vorbereitungen getroffen, die deutsche Flotte wurde beobachtet und von Kundschafterschiffen ungesehen begleitet. Die Dislokation der englischen Flotte erfolgte unter dem Gesichtspunkte eines Angriffes auf die deutschen Küsten. Die großbritannische Presse im Vereine mit der englischem Gelde dienstbaren französischen Presse verlangte laut nach dem Kriege. Großbritannien erreichte schließlich ohne Krieg, was es anstrebte: festeren erbitterten Zusammenschluß Europas gegen das Deutsche Reich.

Die Militärkonventionen zwischen Großbritannien, Frankreich und Belgien wurden revidiert und genauer ausgearbeitet. Die Marokkokrisis hatte unter anderm gezeigt, daß die Pläne britischer Massenlandungen auf dem Festlande neuer Überarbeitung bedürften. Die Fachautoritäten und leitenden Männer in Großbritannien glaubten während der Krisis 1911 bemerkt zu haben, daß die Mobilmachung der Flotte des Expeditionsheeres nicht so funktioniert habe, wie es in einem Kriege gegen Deutschland der Fall sein müßte. Mit aller Energie und Sorgfalt machte man sich daran, die Lücken auszufüllen und die Maschine zu sofortigem Anspringen in Bereitschaft zu setzen. Dazu gehörte auch, wie vorgreifend bemerkt sei, die nunmehr definitive Abmachung mit Frankreich, daß die französische Flotte vollständig im Mittelmeer vereinigt wurde und Großbritannien an Frankreich die Sicherheit seiner nördlichen Küsten garantierte. Mit Rußland wurden Besprechungen wegen eines kriegerischen Zusammenarbeitens im Mittelmeer und Schwarzen Meer und in der Ostsee angebahnt. Kurz, man war sich in den leitenden Kreisen Englands darüber klar, daß die nächste Krisis den Krieg bringen solle oder aber zunächst die vollständige Demütigung Deutschlands. In Deutschland verstand man, begriff man das alles nicht. Man wiegte sich im schönen Kinderglauben, daß nach dem Überstehen der Marokkokrisis die Reibefläche mit Frankreich aus der Welt geschafft sei und daß man in England begriffen habe, die dortige Auffassung der Marokkokrisis sei ein Irrtum gewesen. Die Besiegelung dieser Auffassung zeitigte eine deutsche Erklärung nach der Zusammenkunft des Deutschen Kaisers und des Zaren zu Baltischport. Diese Erklärung betonte, daß die beiden europäischen Mächtegruppen Erhaltung des Friedens und des europäischen Gleichgewichtes wünschten und sie gewährleistet hätten. Die Londoner Presse erklärte triumphierend: Deutschland sei zu dieser Auffassung „veranlaßt" worden. Der Dreiverband war, wie wir wissen, sehr weit von einer solchen Auffassung entfernt, er wartete nur auf die Gelegenheit des Vernichtungskrieges. Die drei Mächte rüsteten zu Lande und zur See mit äußerster Anspannung.

Sehr bezeichnend für die Lage war in jenen Jahren der Streit um die Scheldemündung. Holland wollte seine dortigen Forts bei Vlissingen auf modernen Fuß bringen, um, wie sein Recht war, die Scheldemündung sperren zu können. Darüber erhob sich ein riesiger Lärm unter Großbritanniens Führung in Belgien, Frankreich und Rußland. Der Grund dieses Lärmes war nicht, wie diese Länder behaupteten, die Offenhaltung der Schelde für die großbritannische Flotte, damit sie Belgiens Neutralität verteidige. Großbritannien hatte sich vielmehr für den kommenden Krieg mit Deutschland Antwerpen als Basis seiner Operationen nach Deutschland hin ausersehen. Auf der gleichen Linie lag die große belgische Heeresvorlage. Sie war befohlen worden von Großbritannien, da man Belgien als Bundesgenossen stärker wünschte, als es bis dahin war. Das belgische Volk war während all jener Jahre planmäßig gegen Deutschland fanatisiert worden, und Großbritannien hatte die belgische Regierung veranlaßt, einen organisierten Spionagedienst in Westdeutschland zu unterhalten. Besondere Anstrengungen machte die britische Politik in jenen Jahren wieder, um Holland und Dänemark für den Vernichtungskrieg gegen Deutschland einzufangen. Dieses gelang aber ebensowenig wie vorher.

In Deutschland merkte man von allem dem nichts oder hielt es nicht für wichtig, sondern glaubte, nunmehr sei die Periode vertrauensvoller und dauernder deutsch-englischer Freundschaft herangekommen. Die großbritannische Regierung war mit dieser Stimmung im Deutschen Reiche wohl zufrieden. Der englische Minister Haldane, der bei uns für einen aufrichtigen Deutschenfreund galt, weil er Schopenhauers Werke übersetzt hatte und gern akademische Reden über Deutschland hielt, wurde nach Berlin geschickt. Der eigentliche Zweck seiner Reise war, die Weiterentwicklung der deutschen Kriegsflotte zu hindern, und Haldane ließ sich im Verein mit englischen Finanzleuten und anderen Deutschfreunden sowie der deutschfreundlichen englischen Presse besonders angelegen sein, die deutsche Flotte als das einzige Hindernis einer wirklichen vertrauensvollen britisch-deutschen Freundschaft hinzustellen. Das Ergebnis war, daß die für 1912 geplante deutsche Flottenvorlage ein Torso wurde. Auf der anderen Seite lehnte Großbritannien den deutschen Wunsch eines deutsch-englischen Neutralitätsabkommens ab. Haldane reiste wieder nach London. Er konnte mit dem Erfolge seiner Sendung wohl zufrieden sein, obgleich er nicht alles erreicht hatte, was er wollte. Man wußte aber jetzt in London, wie stark die deutsche Sehnsucht nach einer Freundschaft mit England war, und brachte vor allem die unschätzbare Erfahrung mit, daß man bei uns die großbritannischen Staatsmänner für ehrlich hielt. Dieses unverdiente Geschenk erleichterte natürlich den britischen Diplomaten ihre Arbeit mit Deutschland ganz ungemein. Eine bessere Unterlage für eine perfide Diplomatie, als vom Gegner für ehrlich gehalten zu werden, kann es nicht geben. Das wird gewiß jeder Hochstapler zugeben.

Bald darauf begannen auf dieser „Basis gegenseitigen Vertrauens" Verhandlungen zwischen dem Deutschen Reiche und Großbritannien über die Zukunft des portugiesischen Kolonialbesitzes in Afrika und über Eisenbahnfragen im Orient. Über das eigentliche Wesen dieser Verhandlungen hat man in Deutschland viel gestritten. Soweit man heute urteilen kann, wollte Großbritannien Deutschland einige Vorteile zugestehen, um die deutsche Vertrauensseligkeit noch mehr zu erhöhen und den Weiterbau der deutschen Kriegsflotte in Deutschland unpopulär zu machen. Die britische Regierung wollte damit deutschen Staatsmännern ein Mittel in die Hand geben, um dem Parlamente und dem Volke zu sagen: wir brauchen keine starke Flotte, denn der gute Vetter von jenseit der Nordsee gibt uns aus Freundschaft das, was wir an Kolonialbesitz noch brauchen. Die Flotte kostet immer mehr Geld, immer mehr Geld werden wir auch für unsere Kolonien brauchen, also wozu die Flotte? Der gute Vetter von jenseit der Nordsee möchte außerdem seine soziale Gesetzgebung durchführen, die kostet ihm sehr viel Geld. Wenn wir aber unsere Flotte weiter bauen, dann muß der gute Vetter — es ist ihm von der Vorsehung befohlen — noch viel mehr Geld für seine Flotte ausgeben, und das möchte er nicht gern. Also wozu sollen wir die dummen Kriegsschiffe noch bauen? Wir wollen doch den guten Vetter nicht böse machen! — Ihr besonderes Augenmerk richteten die britischen Staatsmänner, treu unterstützt von der Presse, auf den deutschen Staatssekretär des Reichs-Marine-Amtes. Könnte man diesen unheilvollen Mann beseitigen, so würde der wirklich vertrauensvollen Freundschaft nichts mehr im Wege stehen. Je freundlicher aber man in London tat, desto emsiger schürten den Haß gegen Deutschland die britischen Botschafter mit ihren Kollegen der Tripleentente: zu Petersburg, Paris usw. In welcher europäischen Hauptstadt auch immer diese Botschafter oder Gesandten zusammensaßen, da war ein antideutscher Kraftmittelpunkt.

Der italienisch-türkische Tripoliskrieg und die Balkankriege brachen aus. Im Tripoliskriege versuchte England vergeblich aber emsig, Italien vom Dreibunde abzusprengen. Es gelang nicht, weil die italienischen Staatsmänner begriffen, es sei gerade in der damaligen Lage Italiens vorteilhafter, fest zum Dreibunde zu halten. Ähnliche Versuche Englands in Konstantinopel hatten zunächst mehr Erfolg. Auf alle Fälle war die

Stellung des Deutschen Reiches im Tripoliskriege, wo der Freund und der Verbündete gegeneinander kämpften, schwierig, um so schwieriger, weil man England die große Freundschaftssehnsucht und das große — ach, so ehrliche! — Vertrauen entgegenbrachte, während dasselbe England mit alter Geschicklichkeit und Energie dem Deutschen Reiche immer mehr Feinde zu erwecken versuchte und emsig den um das deutsche Haus gehäuften Brennstoff mit Petroleum und Äther tränkte und die Zündschnuren legte!

In jenes Jahr des Tripoliskrieges fiel eine wichtige Entscheidung strategisch-politischer Natur durch die dauernde Vereinigung der gesamten französischen Flotte im Mittelländischen Meer. Den äußeren Anlaß zu dieser bereits erwähnten Maßnahme lieferten italienisch-französische Differenzen während des Tripoliskrieges. Frankreich fürchtete, es könne auch im Mittelmeere zu einem engen Zusammenschlusse der Dreibundmächte kommen, und die großbritannische Regierung ließ den Franzosen gerne das Odium Italien gegenüber. In London blieb man nach wie vor der große gute Freund und Vormund Italiens. Die anfängliche englisch-französische Berechnung: entweder Deutschland und Italien oder Deutschland und die Türkei auseinander zu bringen, war fehlgeschlagen, im Gegenteil bewirkten der tripolitanische Feldzug und die italienische Besitznahme Libyens eine Annäherung Italiens an den Dreibund. Es liegt auf der Hand, daß die Politik des Deutschen Reiches nach Kräften versuchte, diese Bewegung zu fördern, außerdem möglichst bald den Frieden wiederherzustellen. Die russische, britische und französische Diplomatie arbeiteten ebenso eifrig, vielleicht noch eifriger daran, den Frieden hintanzuhalten.

Denn nun entstand unter Rußlands Ägide der erste Balkankrieg. Die Balkanmächte hatten sich verbündet und im Einverständnis mit der russischen Regierung festgesetzt, was sie von der Türkei haben und wie sie die Beute untereinander verteilen wollten. Die Türkei hatte ihre Kraft und Bereitschaft überschätzt, und das gleiche war deutscherseits geschehen. In raschem Siegeslauf gelang es den Balkanmächten, beinahe die ganze europäische Türkei zu erobern. Bulgarien siegte für Rußland sogar zu stark, und es bedurfte energischen Druckes aus Petersburg, um die Bulgaren vom Marsch auf Konstantinopel zurückzuhalten. Dadurch gewannen die Türken Zeit, und nachher reichte die bulgarische Stoßkraft nicht mehr aus. Zur Neuregelung der Balkanverhältnisse trat in London die sogenannte Botschaftervereinigung zusammen, gleichzeitig mit den Bevollmächtigten der Pforte und der Balkanmächte. Den Vorsitz führte der britische Minister des Auswärtigen, Sir Edward Grey.

Man hat in Deutschland Vermutungen darüber angestellt, ob England um den Balkankrieg vorher gewußt oder ihn angezettelt habe. Daß der Balkanbund und seine Ziele der britischen Regierung und dem Balkankomitee nicht unbekannt gewesen sind, steht außer Zweifel. Daß die britische Regierung den Krieg direkt organisiert und angezettelt habe, ist einfach deshalb nicht anzunehmen, weil die Londoner Staatsmänner das nicht mehr nötig hatten. Der von ihnen in Bewegung gesetzte Wagen rollte nun, ohne daß sie zu schieben brauchten, und es ist nie die Art der britischen Staatskunst gewesen, sich ohne Not an die große Glocke zu hängen, im Gegenteil! Begünstigt worden ist von britischer Seite jede antitürkische Balkanbewegung immer! Als man gesehen hatte, daß auch das Jungtürkentum trotz seiner ursprünglich England und Frankreich geltenden Vorliebe zur Einsicht gekommen war, das wahre Interesse der Türkei liege in vertrauten und engen Beziehungen zu Deutschland, da war die britische Begeisterung von 1909 für die jungtürkische Freiheitsbewegung schnell zu Ende gewesen, und die britischen Emissäre für Christentum, Kultur und Freiheit auf dem Balkan hatten keine Gelegenheit unbenutzt gelassen, um einen ständigen Albanerkrieg auf dem Balkan, ständige armenische Unruhen in Kleinasien und schwere Aufstände in Südarabien anzuzetteln und zu unterhalten. In den Jahren 1912 und 1913 stellte sich für Großbritannien die Beurteilung der Balkandinge ziemlich einfach: Eine Vernichtung der europäischen Türkei als solche konnte die britischen Interessen als solche nicht schädigen, würde aber unter allen Umständen die Stellung Österreich-Ungarns auf dem Balkan und damit die des deutsch-österreichischen Zweibundes ganz ungemein erschweren und für den Zukunftskrieg schwächen. Nach außen hin hatte die britische Diplomatie den Vorteil, sich ganz „unverdächtig" als besorgt um den Status quo des Balkans und nachher um die Beschränkung des Brandherdes zu gebärden. Man arbeitete natürlich vertrauensvoll mit dem Deutschen Reiche, mit Österreich-Ungarn, mit Rußland und mit Frankreich, man war voll Bewunderung für die Balkanmächte, voll Schonung und Mitgefühl für die Türkei, die ja leider den treuen Mahnungen Englands nicht Folge gegeben habe. Voll redlichen Eifers förderte Sir Edward Grey im Laufe der Kämpfe die serbischen, auf Österreich-Ungarns Kosten gehenden Erweiterungsbestrebungen und unterstützte verständnisvoll Österreich-Ungarns Zauderpolitik. Voll ehrlicher Hingabe half Sir Edward Grey an der Schaffung des unabhängigen Albaniens und tat mit seinen Helfern alles, um diese in neuer Form auftauchende albanische Frage zum Zankapfel zwischen Österreich-Ungarn und Italien zu machen. Alle diese Vorgänge liegen noch zu nahe und hängen zu eng und unmittelbar mit der Gegenwart zusammen, als daß es möglich wäre, sie im einzelnen kritisch zu besprechen. Außer Frage steht, daß Großbritannien sich von vornherein bewußt war, durch die Entwicklung der Balkankämpfe nur gewinnen zu können, einerlei, wie sie im einzelnen enden mochten. Es ist immer eine besondere Stärke der britischen Politik gewesen, sich nicht in nebensächliche Fragen zu verbeißen, sondern ein großes Hauptziel fest im Auge zu behalten und diesem, unbekümmert um den jeweiligen Weg und das jeweilige Mittel, unbekümmert auch um zeitliche Verzögerungen, sich zu nähern, bald mit dieser, bald mit jener Macht zusammen, bald als Vertreter einer der europäischen Mächtegruppen, bald mit beiden in enger Fühlung, bald gleich fern von beiden, heute mit Gewalt drohend, morgen sanft überredend, übermorgen in scheinbar nachlässigem Gewähren und Gehenlassen, nie sich an Formfragen stoßend, stets auf das Wesentliche losgehend. So hat der politische und diplomatische Apparat Großbritanniens stets eine musterhafte Freiheit der Bewegung, Leichtigkeit der Umsteuerung und ein Mindestmaß von Kraftverlust durch innere Reibungen aufzuweisen gehabt.

Im Verlaufe der Balkankriege zeigte die britische Politik verschiedentlich eine zärtlich-freundschaftliche Sorge für die deutschen Mittelmeerinteressen. Von London aus gab man Deutschland Winke nach Syrien und nach Kleinasien, so daß in Paris und Petersburg Besorgnis wegen der „deutschen Aspirationen" entstand. Auch der Türkei flüsterte man zu, Deutschland wünsche ihre Aufteilung und bereite sich deshalb schon eine Interessensphäre in Kleinasien vor. In Berlin aber zeigten die Vertreter der britischen Politik sorgenvolle Mienen: die russische Stellung auf dem Balkan werde durch die Erfolge der Balkanvölker gegen die Türkei für England bedrohlich. Damit wollte man die Leiter der deutschen Politik glauben machen, daß Großbritannien des Deutschen Reiches bedürfe, und die britische Politik „unter der Hand" zu einer Lockerung der Tripleentente zugunsten einer vertrauensvollen und engen Annäherung an das Deutsche Reich sehr geneigt sei. In Wirklichkeit dienten diese Manipulationen berechneterweise, um den eigentlichen Zweck der britischen Orientpolitik zu verschleiern. Dieser Zweck war: die Verschärfung des Gegensatzes zwischen Rußland und dem Deutschen Reiche im Orient. Während die deutsche Politik glauben sollte, England sei tief besorgt und brauche Deutschlands Hilfe, werde also durch wirkliche Notwendigkeit an Deutschlands Seite getrieben, war das Ganze nur ein englisches Manöver. In der Tat hatte Großbritannien keinen besonderen Grund zu einer solchen Besorgnis, denn es wußte genau, daß ein weiteres Vordringen Rußlands auf dem Balkan die Existenzfrage für Österreich-Ungarn in sich schließen mußte, und damit wäre der große Konflikt gegeben gewesen, oder die beiden europäischen Zentralmächte hätten sich unterworfen. Nicht Anschluß an Deutschland wollte Großbritannien, sondern nur den Schein eines solchen Bestrebens. Dieser Schein brauchte nur in

Deutschland für Wirklichkeit gehalten zu werden. In Petersburg und Paris war man völlig beruhigt und wußte genau, daß Großbritannien in jeder ernsthaften Frage sich sofort tatkräftig auf die Seite des Zweibundes stellen würde. Das zeigte sich unter anderem um die Jahreswende 1913/14 in der Frage der deutschen Militärmission zu Konstantinopel. Als damals die britische Politik entschlossen — für die deutsche ganz unerwartet — mit Rußland und Frankreich zusammen zu Konstantinopel gegen Deutschland Stellung nahm, da hätten die Deutschen, die sehen wollten, sehen können, wie es um die vielgerühmte vertrauensvolle englisch-deutsche Freundschaft bestellt war.

Wer damals Mißtrauen äußerte, wurde immer wieder auf die deutsch-englischen Verhandlungen über Mittelafrika und die kleinasiatischen Bahnen hingewiesen. Dazu kamen im Frühjahr 1914 deutsch-englische Finanzverhandlungen über Petroleumquellen in Persien. Heute ist nicht möglich, sich öffentlich frei über jene Verhältnisse und Vorgänge auszusprechen, aber das kann man sagen: Jene deutsch-englischen Verhandlungen waren teils englische Spiegelfechterei, um die deutsche Aufmerksamkeit auf dieses friedliche Gebiet abzulenken von den zielbewußt und systematisch immer weiter geführten gemeinsamen kriegerischen Vorbereitungen Großbritanniens, Frankreichs und Rußlands. Mitten in der Blütezeit der vertrauensvollen englisch-deutschen Freundschaft des Jahres 1913/14 arbeiteten britische und russische Offiziere jene Flottenkonvention für gemeinsame offensive Operationen der englischen und russischen Flotte und der russischen Armee auf der Ostsee wie an deren Küsten aus! Die großbritannische Presse sprach viel von der neuen Freundschaft mit dem Deutschen Reiche und wurde nur sorgenvoll im Tone, wenn die Flotten das Thema ihrer Betrachtungen wurden. Mr. Churchill sprach von der deutschen Luxusflotte und machte einen zudringlich taktlosen Versuch nach dem anderen, eine sogenannte Flotten„verständigung" zwischen den beiden Mächten herbeizuführen. Solche „Verständigungen" beabsichtigten, ebenso wie früher, die Stärke der deutschen Flotte so zu limitieren, daß ihre Bekämpfung der britischen kein Risiko bedeutete. Von manchen deutschen Seiten wurden diese Pläne eifrig unterstützt, um eine vertrauensvolle Freundschaft zwischen den beiden Mächten zur Tatsache werden zu lassen.

Um dieselbe Zeit erklärten Londoner Blätter, die bekanntermaßen Sir Edward Grey sehr nahe stehen, wirkliche Ruhe in Europa könne nur eintreten, nachdem die „brennende Frage von Alsace-Lorraine geregelt" worden sei. Wer Ohren hatte zu hören, mußte auch nach diesem Anzeichen wissen, was die englisch-deutsche Freundschaft bedeutete. Dazu wurden die begeisterten Freundschaftsredner auf beiden Seiten vom drohenden Klirren der ungeheuren Rüstungen Rußlands und Frankreichs begleitet, und ebenso drohend wie die Rüstungen war die Sprache der russischen und französischen Presse. In Deutschland sagte man zwar, das sei nichts als Renommieren. Wenn wir nur England zum Freunde hätten, so wäre das alles ganz gleichgültig. Das ungeheure Ausmaß und vor allem die Sorgfalt und Systematik der russischen Rüstungen wurden in Deutschland meist nicht geglaubt. Den meisten Deutschen kam dabei nicht der Gedanke, daß die britische Politik bei wirklich aufrichtiger Freundschaft für Deutschland ein gefährliches Wachsen der französisch-russischen Drohung nie geduldet haben würde. Die wenigen aber in Deutschland, welche darauf hinwiesen, daß England dieses Treiben nicht nur duldete, sondern behaupteten, England sei der Führer und Organisator des konzentrischen Anmarsches der europäischen Mächte gegen das Deutsche Reich, der galt als ein „Schreier“, zu beschränkt, um die großen und erfreulichen Wandlungen des deutschen Verhältnisses zu England zu begreifen.

Setzt man den Fall, der österreichisch-ungarische Thronfolger wäre im Sommer des vergangenen Jahres nicht ermordet worden, und nimmt man weiter an, jene britisch-deutschen Verhandlungen im Orient und in Mittelafrika wären so abgeschlossen worden, wie man in Deutschland hoffte. Wäre dann ein stabiler Zustand eingetreten? Großbritannien hoffte darauf, auf einen stabilen Zustand im Sinne des großbritannischen Interesses. Man rechnete ungefähr folgendermaßen: Durch Erfüllung seiner kleinasiatischen und afrikanischen Wünsche sollte Deutschland wirtschaftlich auf absehbare Zeit sehr stark in Anspruch genommen werden. Man würde viel Geld in die Unternehmungen hineinstecken, und die Neigung zu großen militärischen Ausgaben würde in Deutschland schwinden. Durch die neue und wachsende Stellung Deutschlands im Orient würde der deutsch-russische Gegensatz schnell immer größere Schärfe annehmen. Großbritannien würde oft Gelegenheit haben, anstatt seiner selbst, Deutschland Rußland gegenüber vorzuschieben. Ebenfalls würde die französische Unzufriedenheit über Deutschland steigen. Das Deutsche Reich aber würde auf Großbritanniens Freundschaft vertrauen, fest von seiner Friedensliebe überzeugt sein. Durch die große neue kolonialwirtschaftliche Inanspruchnahme würden die Angriffsflächen des Deutschen Reiches direkt und indirekt wachsen und die Entschlußkraft, alles in einem Kriege aufs Spiel zu setzen, abnehmen. Dazu würde in der deutschen Bevölkerung das Argument immer kräftiger auftreten: Deutschland habe ja von Großbritannien gutwillig erhalten, was es gewünscht hätte, nun müsse es auch das Seinige tun und „guten Willen“ zeigen. Die Zeit der „fieberhaften Rüstungen“ sei vorbei. So gesehen, ging also die Politik vertrauensvoller Freundschaft Großbritanniens auf Entnervung und in weiterer Folge auf militärische Schwächung Deutschlands hinaus.

Um so leichteres Spiel würden dann, sobald die Dinge reif waren, die wohlgerüsteten Festlandvasallen Großbritanniens, Rußland und Frankreich, gehabt haben, sei es, daß sie Demütigung und Zerfall des deutsch-österreichischen Bundes durch Drohung allein erreichten oder mit dem Schwerte die Zentralmächte auf die Knie zwängen. Wann und wo es nötig erschien, würde bei einer großen Krisis Großbritannien sein Gewicht in die Wagschale werfen und einen um so größeren Eindruck auf Deutschland machen, je vertrauensvoller dieses an die Aufrichtigkeit und Selbstlosigkeit der großbritannischen Freundschaft glaubte. Also nur Geduld haben!

Diese Pläne wurden durch die Ermordung Franz Ferdinands zerschnitten. Die Ereignisse gingen ihren bekannten Gang. Sobald die europäische Lage sich gefährlich zuspitzte, trat die britische Regierung weit zurück, machte an Deutschland perfide Vermittlungsvorschläge und riet nach allen Seiten hin zum Frieden. Auch das ist ein historisches und wohlbewährtes Verfahren der britischen Diplomatie. So schmiedet sie sich vor dem Kriege die moralischen Schlagworte, die nach Ausbruch des Krieges zu ihrer Rechtfertigung und zum Entflammen der öffentlichen Meinung möglichst vieler Staaten gebraucht werden. So sammelt sie sich „unanfechtbare" diplomatische Dokumente für Blaubücher usw. So wartet sie, bis die letzten Entwicklungen der von ihr in Bewegung gesetzten Krisis das große Schlagwort ergeben, das als Parole für Großbritanniens Krieg dienen soll. Dieses Mal war das Schlagwort Belgiens Neutralität, eine Neutralität, die durch Großbritannien seit neun Jahren vernichtet worden war. Sobald man das große Schlagwort hatte, stand mit einem Male wieder Großbritannien als Führerin der europäischen antideutschen Koalition da und sagte: Deutschland muß vernichtet werden bis aufs letzte, militärisch, politisch und wirtschaftlich. Und unmittelbar folgten beinahe auf allen Punkten der Erde die Taten dem Worte. Es brauchte nur nach dem festgelegten langüberlegten, sorglich durchdachten Programme verfahren zu werden. Man ist danach verfahren, und doch gibt es noch heute in Deutschland Leute, die behaupten, Großbritannien sei durch die bösen Diplomaten aus Paris und Petersburg verführt und wider Willen in den Krieg hineingestoßen worden. Soweit die Vertreter dieser Auffassung nicht zu den unverbesserlichen Verständigungsgläubigen gehören und ihre früheren Urteilsfehler England gegenüber jetzt nicht wahr haben möchten, lassen sie sich täuschen durch das Verhalten der britischen Diplomatie während der Krisis. Dieses ist, wie gesagt, typisch: Seit zehn Jahren vor dem Kriege hat Großbritannien einmütig, König, Regierungspartei und Oppositionspartei, den Vernichtungskrieg gegen Deutschland durch europäische Koalition vorbereitet und organisiert. Die Krisis kam durch den Serajewoer Fürstenmord früher, als man angenommen hatte. Im

Augenblick, wo sie da war, trat der Führer der europäischen Koalition bescheiden ins Dunkel zurück, machte Vorschläge und riet zum Frieden; man sei nach keiner Seite hin gebunden, man habe die Hände frei und wolle nur Frieden. Die diplomatischen Notenwechsel jener Krisenperiode zwischen London, Paris und Petersburg sind nichts als ein Londoner Marionettenspiel und „geschichtliche Dokumente" in einem ganz anderen Sinne als dem der geschichtlichen Wahrheit.

Es trifft auch keineswegs zu, daß Sir Edward Grey sich diplomatisch gebunden habe Frankreich und Rußland gegenüber und deshalb wider eigenen Willen am Kriege teilnehmen mußte. Grey und seine Leute waren vielmehr die Knüpfer des europäischen Netzes gewesen, sie hatten es nicht zum Spaß geknüpft noch knüpfen wollen. Die europäische Krisis war britisches Werk, denn die britischen Staatsmänner hatten alles so vorbereitet und auf Räder gesetzt, daß im Augenblicke einer europäischen Krisis diese Lage eintreten mußte. Das Rechenexempel war einfach genug, und eben deshalb wollte und konnte die Londoner Diplomatie im diplomatischen Zwischenspiele vor dem eigentlichen Ausbruche des Krieges in ihre Kulissen treten, verschiedene Male Gesicht und Farbe wechseln, um die treibende Kraft ihres Einflusses vor der Welt zu verschleiern. Unmittelbar nachher, wie gesagt, war Großbritannien wieder die Seele und die Spitze der Koalition zur Vernichtung Deutschlands, stets und überall in der Initiative und Führung.

Der jetzige Krieg ist, wie wir hoffen gezeigt zu haben, ein echt englischer Vernichtungskrieg gegen eine beneidete und gefürchtete Festlandmacht. Seine Vorgeschichte kann im einzelnen heute noch nicht geschrieben werden. Das ist für den Zweck dieser Schrift, wie wir bewiesen zu haben hoffen, auch nicht notwendig. **Notwendig aber ist, daß das ganze deutsche Volk begreife, wo der Feind steht und was er will; daß es sich nicht um einen Zufalls- oder Gelegenheitskrieg handelt, sondern um die Vernichtung des wirtschaftlichen Nebenbuhlers.** Ist der wirtschaftliche Nebenbuhler Großbritanniens militärisch und zur See nicht kampfmächtig, dann kann er ohne Kampf erstickt werden. Das war bei Deutschland nicht möglich, also! Die britische Staatsmannschaft hatte stets zwei Programme und Wege fertig und klar vor sich: Frieden, wenn Deutschland nachgab und sich demütigte, Krieg im anderen Falle. Beides war durchdacht und vorbereitet. In Deutschland wollte man nur den Frieden und glaubte nur an den Frieden und war überzeugt, daß Großbritannien nicht gegen uns am Kriege teilnehmen würde, wenn das Deutsche Reich Großbritannien verspräche, keine Vorteile aus dem Festlandkriege zu ziehen, also ganz artig sich nach — fälschlich vorausgesetzten — Londoner Wünschen zu richten. Daß man in London hierauf nicht einging, war natürlich und selbstverständlich, denn man war dort himmelweit entfernt von den deutschen Auffassungen, Gesichtspunkten und Sorgen: Vernichtung Deutschlands wollte man und war augenblicklich nur mit der nebensächlichen Frage beschäftigt, wie der letzte äußere Anlaß zum Vernichtungskriege der Form nach zu gestalten sei.

Das Deutsche Reich und Volk steht mitten in diesem schweren Kriege. Im Augenblicke, wo diese Betrachtung abgeschlossen wird, ist noch auf keinem der Kriegsschauplätze eine Entscheidung gefallen. Die Deutschen kämpfen mit allen ihren Kräften nicht nur um Sicherung ihrer Zukunft, sondern um ihr Dasein als Reich und als Volk. Sie kämpfen den gerechtesten Kampf, der je gekämpft wurde, und blicken deshalb und im Vertrauen auf ihre Kraft zuversichtlich in die Zukunft. Wie sich diese gestalten werde, vermag niemand zu sagen. Die Überzeugung aber möge der Leser aus dieser geschichtlich-politischen Betrachtung gewonnen haben: Seine Freiheit und eine für die Zukunft gesicherte Unabhängigkeit kann das Deutsche Reich und Volk sich nur **gegen** Großbritannien erringen; sei es in diesem Kriege, sei es in einem folgenden. Die Etappen des deutschen Freiheitskampfes sind, weltgeschichtlich betrachtet, nur Einzelheiten und Formfragen. Blicken wir heute zurück, dann erscheinen die jahrzehntelangen Kriege Großbritanniens mit Frankreich als ein einziges Ringen und ebenso die Kriege mit Holland und Spanien. **Eine weltgeschichtliche Grundfrage ist aber, ob ein großes Volk in seinem Daseinskampfe seinen wahren Gegner erkennt und die richtige Front einnimmt.** Tut es das nicht, paktiert es vertrauensvoll mit seinem wahren Gegner, so verpfuscht es sich seine Zukunft. Auch im schwersten Kampfe müssen ein Volk und seine Leiter diesen großen Gesichtspunkt — unbeirrt durch Scheinopportunitäten — festhalten **und sich durch ihn leiten lassen.**

Zeitfracht Medien GmbH
Ferdinand-Jühlke-Straße 7
99095 Erfurt, Deutschland
produktsicherheit@kolibri360.de